名师名校名校长

凝聚名师共识
回应名师关怀
打造名师品牌
培育名师群体

伴读《红楼梦》

郝雁羽 张茗弈 主编

北京燕山出版社

BEIJING YANSHAN PRESS

图书在版编目（CIP）数据

伴读《红楼梦》/ 郝雁羽，张茗弈主编. —— 北京：
北京燕山出版社，2022.5
ISBN 978-7-5402-6511-3

Ⅰ.①伴… Ⅱ.①郝… ②张… Ⅲ.①阅读课—高中
—教学参考资料 Ⅳ.①G634.333

中国版本图书馆CIP数据核字（2022）第076729号

BANDU HONGLOUMENG
伴读《红楼梦》

主　　编	郝雁羽　张茗弈	
责任编辑	满　懿	
出版发行	北京燕山出版社	
地　　址	北京市丰台区东铁匠营苇子坑138号C座	
电　　话	010-65240430	
邮　　编	100079	
印　　刷	北京政采印刷服务有限公司	
经　　销	新华书店	
开　　本	170mm×240mm　16 开	
字　　数	468千字	
印　　张	26	
版　　次	2022年5月第1版	
印　　次	2022年5月第1次印刷	
定　　价	68.00元	

编 委 会

愿萤火之光　照亮你的读书之路

　　面对《红楼梦》这块中国文学史上的瑰宝，世界文学的巅峰之作，它的深厚，它的瑰丽，它的精彩纷呈，沉默也许是最理智的选择，但我们无法选择沉默。

　　当我们看到，许多初读者捧着《红楼梦》还一脸茫然，不知从哪儿开始，不知如何着手，或束之高阁，或弃之如敝屣；也有好书者，置之于书柜之中，聊为附庸风雅之陈设，我们不能不为之痛心。偶有谈论红楼者，只知《石头记》，或《金陵十二钗》，或《风月宝鉴》，徒然记得这些书名，却不知这里面有着一块怎样愚顽之石，十二金钗是何样玲珑之女子，风月宝鉴究竟有何神奇之处，我们不能不为之疾首。

　　《红楼梦》这部中国文化的百科全书，这本被人手抄流传于世的名著，因为它的宏伟，它的磅礴，它的兼容并包，让许多人望而生畏，许多人望而却步，许多人搔首踟蹰，他们不知道该如何走进这本书，又该如何走出这本书。

　　有鉴于此，我们选拔了一批教学一线的优秀高中教师，由他们根据自己的读书经验，自己的读书嗜好，写下自己的阅读方法，旨在激发读者兴趣，引导初读者走上一条"终南之径"，遂编撰了这本书。

　　伴读，只是陪伴而已。在懵懂处，稍加点拨；在疑难处，为他们释疑解惑；对迷途者，为他们指点迷津。此不可不谓耐心周到，谨小慎微。虽不敢妄为良师，亦诚可为读者之益友。

红袖添香夜读书，读的是浪漫；挑灯伴读《红楼梦》，读的是深邃。为了让初读者窥得门径，读得完整，读得通透，读得明白，闭目沉思而知书之来路，人之萍踪，我们设置了整本书的阅读思维导图。

这是书中人物带着余温的脚印儿，也是引导读者走向更深远境界的路标。沿着这处处标记，你可随意进出，领略风光旖旎的"荣国之府""大观之园"，驻足曲径朱栏，尽览另一个世界的烟柳繁华、温柔富贵，光风霁月、人情世故，凡夫俗子、仕女优伶。诸般幽曲情怀，缠绵悱恻，无不让人拍案叫绝，让人暗抛红豆。听箫声咽咽，惊寒塘鹤影。无声冷月悬天际，倩女幽情含悲声。

回目题解——文眼诗心。寥寥数语，梳理章回结体，文之大意，了然于胸。笔墨或浓或淡，言近旨远，虽非出自大家之手，却于"轻吟浅唱"中蕴藉风流。蕙质兰心，谁曰小家碧玉？疏放婉约，定是折桂之笔。

读书不可太滞，太滞则文气难以舒畅，太多磕磕绊绊的路障，妨碍了大声朗读。故伴读者，先预设障碍，后一一解除，只求读者，文通气畅，亦可拟古者摇头而歌。生僻词语，典故常识，伴读者亦苦心孤诣，探赜索引，详加注释，不敢稍有穿凿。但红楼洋洋大观，谶语、隐语、谐语、谜语、辞章、酒令等皆深不可测，纵慧眼难免有遗珠之憾，况吾辈皆肉眼凡胎，草芥之微，误讹之处难免，恳请方家指正。

名家点评。选取古今红学大家指点精髓处，原样照搬，不敢略加改动。此皆为伴读者之动心会意处，圈点不敢忘者，荟萃百家，以飨读者。读者亦当用心领会，妙悟为文者之本心。文虽曲，义精微。细小处方见大匠心，方寸间才蓄大笔墨。或滴水成冰，或泼墨成云，皆见雪芹胸中之沟壑，发毫端于千古。读者不可不精读之，妙悟之，神领之。

伴读《红楼梦》者，为初读者引路，旨非其成痴者。然读红楼读到痴，方为进者。读黛玉焚稿，不痴而不流泪者，吾断其为不进者；读尤三姐举剑自刎，而不心痛者，吾断其为不进者；读香菱吟诗，而仍不知为诗者，吾谓其不进者；读凤姐只知其机心诡谲，而不知其苦心、其雄心者，吾谓其不进者；读宝玉只知其散荡，而不知其爱人之切者，吾谓其不进者。凡此种种，伴读者皆设疑。故设疑者，只求读者，不为假语村言所蒙蔽，而悟透作者一片血泪文字。

一片仙境，曰太虚幻境；一座山峰，为青埂峰；一处烟柳繁华地，为大观园，此三处为全文之大关节。一块小石游历其间，遭遇红尘之劫，一僧一道或隐或现，穿梭其间，人也仙也？是为全书之大章法。此为石头记。一面风月宝鉴，可正照亦可反照，美女与骷髅俱现。是告人，不可为幻象所迷，不可为风月所系，此为风月宝鉴。十二支红楼梦曲，隐约透露十二金钗，遭劫尘世，花啼枝上，鸟鸣月间，此为金陵十二钗。读懂文中之谶语法，影写法，谐音法，横云断路，草蛇灰线诸法，是读书者，方为进者。

　　读得进红楼，读得出红楼。悟得透人情世事，仍有豪迈进取心者，是为会读书者。得此，伴读者之心愿亦足矣。

　　伴读者非方家，非大家，虽小家亦愧不敢当。才穷智短，但悲悯之心，愚顽之意，天地可鉴。唯愿萤火之微，照亮读者前行之路。

郝雁羽

庚子年五月于衔泥斋

序言

荣国府简易平面图

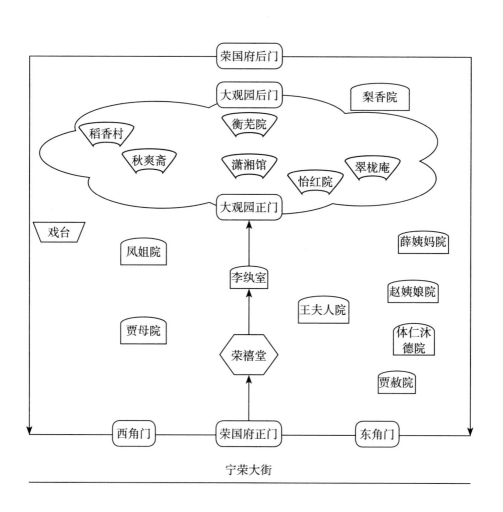

目录

目录

目录

第一回

甄士隐梦幻识通灵　贾雨村风尘怀闺秀

一、整本阅读，思维导图

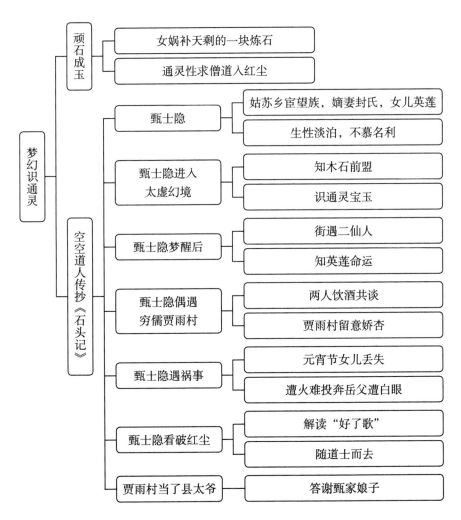

顽石成玉
- 女娲补天剩的一块炼石
- 通灵性求僧道入红尘

梦幻识通灵

空空道人传抄《石头记》
- 甄士隐
  - 姑苏乡宦望族，嫡妻封氏，女儿英莲
  - 生性淡泊，不慕名利
- 甄士隐进入太虚幻境
  - 知木石前盟
  - 识通灵宝玉
- 甄士隐梦醒后
  - 街遇二仙人
  - 知英莲命运
- 甄士隐偶遇穷儒贾雨村
  - 两人饮酒共谈
  - 贾雨村留意娇杏
- 甄士隐遇祸事
  - 元宵节女儿丢失
  - 遭火难投奔岳父遭白眼
- 甄士隐看破红尘
  - 解读"好了歌"
  - 随道士而去
- 贾雨村当了县太爷
  - 答谢甄家娘子

二、回目题解

"甄士隐梦幻识通灵"是说，一僧一道带无缘补天的一块石头下凡历练，遇到了甄士隐；甄士隐在梦中来到"太虚幻境"听到僧道谈论绛珠仙草为神瑛侍者还泪之事，认识了通灵宝玉。

"贾雨村风尘怀闺秀"是说，贾雨村受到甄士隐的资助，并对甄府的丫鬟娇杏动了情心。而甄士隐丢了女儿，遭遇大火，卖了田地去投奔岳父，解读《好了歌》后彻悟，随道人而去。贾雨村做了县太爷，派人答谢甄家娘子，又讨了娇杏当二房。

三、主要人物

甄士隐、贾雨村、甄英莲。

四、学养积累

1. 疏通字词

饫甘餍肥：饱食肥美的食品。形容生活优裕、奢侈。

茅椽蓬牖〔yǒu〕：指草房陋室，形容居住条件简陋，生活贫困。

诗礼簪〔zān〕缨：指书香门第，官宦家族。

淹蹇〔jiǎn〕：原指艰难窘迫，坎坷不顺。这里是耽搁、阻滞的意思。

诳驾：因故不能陪侍客人，向其道歉之词。用于暂时不陪侍来客的说辞。

飞觥〔gōng〕限斝〔jiǎ〕：觥筹交错、饮宴尽欢的情景。

麻屣〔xǐ〕鹑〔chún〕衣：形容衣着穿戴破烂不堪，生活困苦窘迫。

2. 词句赏析

《红楼梦》一书展现了曹雪芹高超的谐音艺术，现就第一回来分析。

明确："大荒山"寓"荒唐"，"无稽崖"寓"无稽"，"青埂峰"寓"情根"，"甄士隐"寓"真事隐"，"贾雨村"寓"假语存"，"甄英莲"寓"真应怜"，"霍启"寓"祸起"，"封肃"寓"风俗"，"娇杏"寓"侥幸"。第一回中作者通过谐音想要达到揭示主题、暗示人物的命运、概括人物性格及故事的发展方向等目的。

五、名家点评

及至到了他门前，看见士隐抱着英莲，那僧便大哭起来，又向士隐道："施主，你把这有命无运、累及爹娘之物，抱在怀内作甚？"〔甲戌眉批：八个字屈死多少英雄？屈死多少忠臣孝子？屈死多少仁人志士？屈死多少词客骚人？今又被作者将此一把眼泪洒与闺阁之中，见得裙钗尚遭逢此数，况天下之男子乎？看他所写开卷之第一个女子便用此二语以定终身，则知托言寓意之旨，谁谓独寄兴于一"情"字耶！武侯之三分，武穆之二帝，二贤之恨，及今不尽，况今之草芥乎？家国君父事有大小之殊，其理其运其数则略无差异。知运知数者则必谅而后叹也。〕

——脂砚斋评点《红楼梦》

六、趣味问答

（1）简述神瑛侍者和绛珠仙子的关系。

明确：神瑛侍者用甘露灌溉绛珠仙草，绛珠草始久延岁月，后终修成女体，绛珠仙子承诺用一生的眼泪还神瑛侍者的浇灌之恩，这就是所谓的"木石前盟"。

（2）分析甄士隐能将《好了歌》"解得切"的原因。

明确：甄士隐居于"最是红尘中一二等富贵风流之地"的姑苏，"家中虽不甚富贵，然本地也推他为望族了"，有娇妻和可爱的女儿相伴，但就在短时间内，失去女儿，大火毁家，投奔岳父，贫病交加，渐渐露出了下世的光景。本就有智慧的他下半世坎坷终于让他醒悟出世的意义。

七、延伸探究

《红楼梦》的写作手法千变万化，前面我们重点分析了谐音法，细细探究还有很多形式，像谶语法、影射法、引文法、化用典故法，试着找找第一回中那些藏在人物语言中的草蛇灰线。

明确：①谶语法："惯养娇生笑你痴，菱花空对雪澌澌。好防佳节元宵后，便是烟消火灭时。"暗示着甄英莲的命运。②影射法：《好了歌》解注，对以贾府为代表的四大家族的败亡结局作了预示。③引文法（引用关键词）："义利"二字引用《论语·里仁》："君子喻于义，小人喻于利。"④化用典故法："其中只不过几个异样女子，或情或痴，或小才微善，亦无班姑、蔡女之德能。"班姑：即班昭，编有《女诫》七篇，历来奉为妇德的典范。蔡女：指蔡文姬，其博学多才，精通音律，是历史上有名的"才女"。

第二回

贾夫人仙逝扬州城　冷子兴演说荣国府

一、整本阅读，思维导图

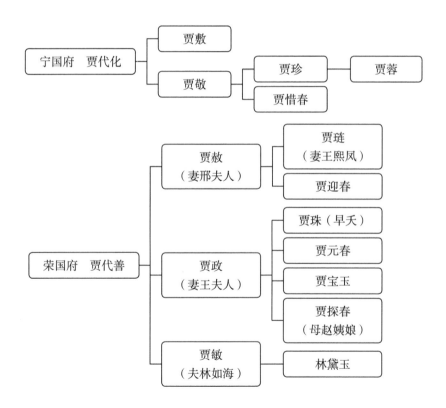

二、回目题解

　　黛玉的母亲贾敏于姑苏扬州去世，因黛玉没有兄弟姐妹，没人管教，为黛玉进贾府做铺垫。贾雨村偶遇好友冷子兴，听他说起京城中的贾家。

全书在这里借冷子兴之口，介绍了荣、宁二府的历史背景、主要人物及人物间的关系。

三、主要人物

贾雨村、冷子兴。

四、学养积累

1. 疏通字词

赀〔zī〕：计算；钱财，费用。

醝〔cuó〕：盐，咸味。

蓊〔wěng〕蔚洇润：茂盛润泽的样子。

谲〔jué〕：欺骗；诈骗。

羼〔chàn〕：混杂。

2. 词句赏析

（1）"那年周岁时，政老爹便要试他将来的志向，便将那世上所有之物摆了无数与他抓取。谁知他一概不取，伸手只把些脂粉钗环抓来。"此句隐含贾宝玉何种性格？

明确：贾宝玉骨子里喜爱女子，俨然是天生的"情种"。

（2）七八岁时，他就会说："女儿是水作的骨肉，男人是泥作的骨肉。我见了女儿，我便清爽；见了男子，便觉浊臭逼人。"此句隐含贾宝玉的何种情感？

明确：以夸张的手法表达了贾宝玉对女儿家的赞美之情，女儿情已经成了他生命的意义。

五、名家点评

谁知自娶了他令夫人之后，倒上下无一人不称颂他夫人的，琏爷倒退了一射之地：说模样又极标致，言谈又爽利，心机又极深细，竟是个男人万不及一的。〔张新之点评：熙凤为败荣之人，故于冷子兴口中最后演出，且虚虚立一小传，针线缜密。〕

雨村笑道："弟族中无人在都，何谈及此？"子兴笑道："你们同性，岂非同宗一族？"雨村问是谁家。子兴道："荣国府贾府中，〔张新之点评："荣"，草木之华也。因黛玉而生出荣府，乃在冷子兴口中叙出。冷子何物，荣其堪乎？］可也玷辱了先生的门楣么？"

雨村听说，也纳罕道："这样诗礼之家，岂有不善教育之理？［张新之点评：全书以左氏讥失教也，一言概之贾冷二人口中。"不善教育"四字，乃大书特书。］别门不知，直说这宁、荣二宅，是最教子有方。"

——张新之评点《红楼梦》

六、趣味回答

（1）宝玉之名由何而来？

明确：一落胎胞，嘴里便衔下一块五彩晶莹的玉来，上面还有许多字迹，就取名叫作宝玉。

（2）冷子兴是如何演说荣、宁二府境况的？

明确：古人有云："百足之虫，死而不僵。"如今虽说不及先年那样兴盛，较之平常仕宦之家，到底气象不同。如今生齿日繁，事务日盛。主仆上下，安富尊荣者尽多，运筹谋画者无一；其日用排场费用，又不能将就省俭，如今外面的架子虽未甚倒，内囊却也尽上来了。这还是小事。更有一件大事：谁知这样钟鸣鼎食之家，翰墨诗书之族，如今的儿孙，竟一代不如一代了！

七、延伸探究

关于"女儿"的名言可以看出宝黛二人有何共同之处？

明确：惊世骇俗的"女清男浊论"，表达了对女儿家的赞美之情，在他们眼里，男人们身上沉淀了太多的丑陋、凶残，人性中美好的东西丧失殆尽，而女儿世界宛如芝兰之室，洋溢着纯真美好，他们愿为可爱的女儿家们付出包括爱情、友情、亲情在内的全部情感。可以说，二人的女儿观及对女儿的情感是他们性格共同的焦点核心。

第三回

金陵城起复贾雨村　荣国府收养林黛玉

一、整本阅读，思维导图

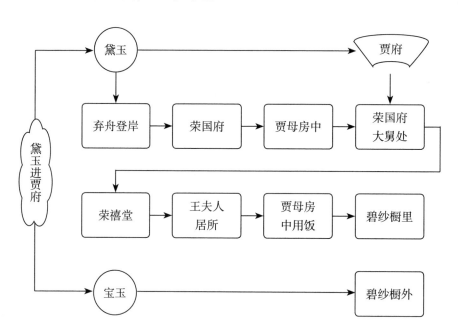

二、回目题解

《红楼梦》的前五回都可以称之为"楔子"。这一回的情节是提供两条线索：一条向社会政治生活方面扩展开去，介绍贾府的显赫社会地位，即通过表现四大家族的贾、王二府并力把贾雨村起复为应天府知府，以维护他们在当地的统治和权益，揭露他们为非作歹的罪恶；一条是向贾府家庭生活深入，通过林黛玉的耳闻目睹对贾府（小说的典型环境）做第一次直接描写，介绍这"公侯富贵之家"的礼教习俗，揭示封建贵族的种种膏粱锦绣，并让贾府中一些重要人物登场亮相，为主人公林黛玉和贾宝玉第一次见面做了安排。前者是虚写，一带而过，为第四回情节的具体展开埋下伏笔；后者则是实写。所以第三回可以说是《红楼梦》书序幕的重要一环，小说中的三要素在这一回里尽数登场。

三、主要人物

上半回：贾雨村、林如海。

下半回：林黛玉、贾母、贾政、贾赦、王夫人、邢夫人、李纨、迎春、探春、惜春、王熙凤、贾宝玉、袭人。

四、学养积累

疏通字词

汝窑美人觚〔gū〕：宋代汝州窑烧制的一种仿古瓷器。觚，古代一种盛酒的器具。

錾〔zàn〕银：一种银雕工艺。錾，雕刻。

便〔biàn〕宜：这里是方便的意思。

抄手游廊：院门内两侧环抱的走廊，因一边是墙，另一边敞开，做通道用，故称"游廊"。

穿堂：连接院门和厅房（两个院落）的厅堂，形似房屋，但也只做通道用，民间称为"过道"。

穿山游廊：房屋两边的墙壁犹似山形，俗称"山墙"。在山墙上开门，两边再建上"游廊"，称作"穿山游廊"。

五、名家点评

宝玉早已看见多了一个姊妹，便料定是林姑妈之女，忙来作揖。厮见毕归坐，细看形容，〔甲戌眉批：又从宝玉目中细写一黛玉，直画一美人图。〕与众各别：两弯似蹙非蹙罥烟眉，〔甲戌侧批：奇眉妙眉，奇想妙想。〕一双似泣非泣含露目。〔甲戌侧批：奇目妙目，奇想妙想。〕态生两靥之愁，娇袭一身之病。泪光点点，娇喘微微。闲静时如姣花照水，行动处似弱柳扶风。〔甲戌侧批：至此八句是宝玉眼中。〕心较比干多一窍，[甲戌侧批：此一句是宝玉心中。甲戌眉批：更奇妙之至！多一窍固是好事，然未免偏僻了，所谓"过犹不及"也。]病如西子胜三分。[甲戌侧批：此十句定评，直抵一赋。甲戌眉批：不写衣裙妆饰，正是宝玉眼中不屑之物，故不曾看见。黛玉之举止容貌，亦是宝玉眼中看、心中评。若不是宝玉，断不能知黛玉是何等品貌。]宝玉看罢，因笑[甲戌眉批：黛玉见宝玉写一"惊"字，宝玉见黛玉写一"笑"字，一存于中，一发乎外，可见文于下笔必推敲的准稳，方才用字。]道：[甲戌侧批：看他第一句是何话。]"这个妹妹我曾见过的。"[甲戌侧批：疯话。与黛玉同心，却是两样笔墨。观此则知玉卿心中有则说出，一毫宿滞皆无。]

——脂砚斋评点《红楼梦》

六、趣味问答

（1）写宝黛初见时的似曾相识感，在全书中有何作用？

明确：作者这样写，一方面是来自第一回神瑛侍者和绛珠仙子的故事，给两人的关系蒙上一层浪漫主义色彩；另一方面是要通过这初会时的心灵感应，表现两人感情上的默契，为后来两人爱情的发展张本。

（2）《红楼梦》中贾宝玉一生的命运都与他随身的一块玉密切相关，请简述贾宝玉与玉有关的一件事，并作简要评析。

明确：宝玉摔玉。表妹林黛玉来投亲，宝黛初见，宝玉对"天上掉下个林妹妹"十分好感。可当他闻知黛玉无玉，便摘下那玉，就狠命摔去，骂道："什么罕物，连人之高低不择，还说'通灵'不'通灵'呢！我也不要这劳什子了！"此举惊坏了黛玉。也吓得众人一拥去抢，多方哄他才作罢。这一举动体现了贾宝玉对封建宗法制度和封建迷信的反叛精神。

七、延伸探究

问题探究：贾府的"硬件"——"贾府特点·建筑"，环境描写，有何作用？

明确：环境描写表现了贾府显赫高贵的社会地位和豪门贵族的气派，并通过环境描写揭示了贾府荣华富贵的来源（敕造）；同时，也使人们对日趋没落的封建社会有了更进一步的认识；再者，环境描写也是人物性格和生活情趣的写照；最后，环境描写为人物活动、情节的展开提供场所。

第四回

薄命女偏逢薄命郎　葫芦僧乱判葫芦案

一、整本阅读，思维导图

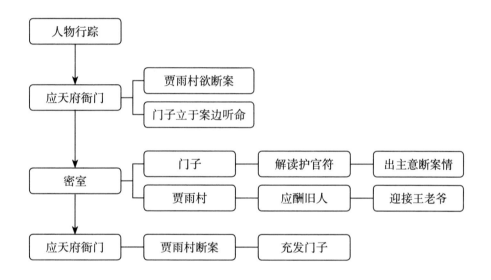

二、回目题解

"薄命女"指甄英莲，谐音"真应怜"，甄士隐之女，五岁时被拐卖。"薄命郎"指冯渊，谐音"逢冤"，小乡绅之子。为争夺甄英莲，被薛蟠纵奴打死。"葫芦"，一指"葫芦庙"，二指"糊涂"。"葫芦僧"指门子，他为贾雨村断案出谋划策。"葫芦案"指贾雨村徇私枉法，胡乱断案。

下半回"乱判"二字正是上半回"偏逢"二字的因，而上半回的"薄命"，正是下半回"葫芦"（糊涂）的果。这一回目指明了本回的中心事件，同时以小见大牵连出广阔的社会背景，而护官符的出现让本回成为全书的纲领。

三、主要人物

上半回：李纨、贾雨村、门子、拐子、甄英莲、冯渊。

下半回：薛蟠、薛姨妈、薛宝钗。

四、学养积累

1. 疏通字词

针黹〔zhǐ〕：针线活。

顺袋：一种挂在腰带上盛放物品的小袋。

夙孽：前世的冤孽。

乩〔jī〕：通过占卜问吉凶。

内帑〔tǎng〕：国库。

赞善：书中指宫廷里的女官名。

2. 护官符详解

（1）贾不假，白玉为堂金作马。

宁国、荣国二公之后，共二十房分，除宁、荣亲派八房在都外，现原籍住者十二房。

（2）阿房宫，三百里，住不下金陵一个史。

保龄侯尚书令史公之后，房分共十八，都中现住者十房，原籍现居八房。

（3）东海缺少白玉床，龙王来请金陵王。

都太尉统制县伯王公之后，共十二房。都中二房，余在原籍。

（4）丰年好大雪，珍珠如土金如铁。

紫薇舍人薛公之后，现领内府帑银行商，共八房分。

3. 词句赏析

雨村听了，如雷震一惊，方想起往事……便忙携手笑道："原来还是故人。"贾雨村知道门子的来历后，先是"如雷震一惊"，紧接着便是"携手笑"。如何理解这"携手笑"呢？

明确：联系上下文内容，尤其是"远远充发了他才罢"，可知他是生怕门子"对人说出当日贫贱时的事来"，所以他"如雷震一惊"，"如雷震一惊"之后便"笑"，而且是"携手笑"，因为贾雨村很清楚，眼下最好的办法就是先笼络住门子，别让他乱说。可见，这笑不是"他乡遇故知"的真诚喜悦之笑，而是客套做作之笑。

五、名家点评

冯家得了许多烧埋银子，也就无甚话说了。

甲戌眉批：盖宝钗一家不得不细写者。若另起头绪，则文字死板，故仍只借雨村一人穿插出阿呆兄人命一事，且又带叙出英莲一向之行踪，并以后之归结，是以故意戏用"葫芦僧乱判"等字样，撰成半回，略一解颐，略一叹世，盖非有意讥刺仕途，实亦出人之闲文耳。甲戌眉批：又注冯家一笔，更妥。可见冯家正不为人命，实赖此获利耳。故用"乱判"二字为题，虽曰不涉世事，或亦有微词耳。但其意实欲出宝钗，不得不做此穿插，故云此等皆非《石头记》之正文。

——脂砚斋评点《红楼梦》

六、趣味问答

雨村犹未看完，忽闻传点，报"王老爷来拜"，这里的"王老爷"可否改成"李老爷"或是"张老爷"？

明确：不可以，这个"王老爷"明显表明这是王家派人来活动了。由此也可以看出贾雨村其实心中早就知道该怎样断此案，却又装出一副事事不知，只等门子来出主意的样子，可见其为人狡猾至极。

七、延伸探究

本回中判案的主角到底是葫芦僧还是贾雨村？说说你的理由。

明确：见解一：是葫芦僧即门子。因为整个案件的分析过程及判决结果都是由葫芦僧来主导完成的，他决定了案件的最终走向，所以他是判案的主角。

见解二：是贾雨村。因为贾雨村是应天府尹，他明知如此断案的非法性却听从并采纳了门子的断案方法，"徇情枉法"，并亲自"胡乱判断了此案"。所以，贾雨村是判案的主角。

　　见解三：两人合谋共同担当了判案的主角。门子有意巴结，混淆是非，无视法度，胡乱断案；贾雨村明知故纵，徇情枉法，草菅人命，有意为之，两人合谋，狼狈为奸，共同成为断案的主角。

第五回

游幻境指迷十二钗　饮仙醪曲演红楼梦

一、整本阅读，思维导图

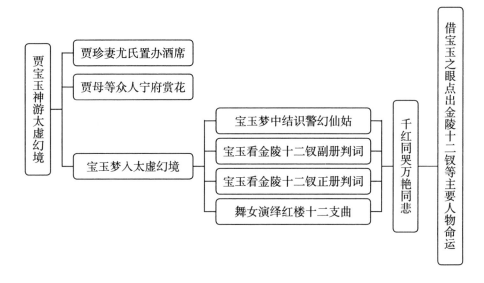

二、回目题解

宁国府梅花盛开，贾珍妻尤氏请贾母等赏玩。贾宝玉在贾蓉之妻秦可卿卧室睡午觉，梦游太虚幻境，见"金陵十二钗"图册，听演《红楼梦》曲。

三、主要人物

宝玉、秦可卿、警幻仙姑。

四、学养积累

1. 疏通字词

眼饧：眼饧，眼皮滞涩、蒙眬欲睡。

颦：眉头紧皱。

帔：古代披在肩背上的服饰。

千红一窟：暗喻千红一哭。千红，众多女子。

麟髓之醅：没有过滤的酒。

万艳同杯：暗喻万艳同悲。万艳，亦指众女子。

2. 经典语录

（1）可叹停机德，堪怜咏絮才。玉带林中挂，金簪雪里埋。

（2）才自精明志自高，生于末世运偏消。清明涕送江边望，千里东风一梦遥。

（3）勘破三春景不长，缁衣顿改昔年妆。可怜绣户侯门女，独卧青灯古佛旁。

3. 典故释义

可叹停机德

这句说宝钗虽有合乎孔孟之道标准的贤妻良母的品德，可惜徒劳无功。"停机德"出于《后汉书·列女传·乐羊子妻》。故事说：乐羊子远出寻师求学，因为想家，只过了一年就回家，他妻子正在织布，知道乐羊子回家的缘故后，拿起剪刀就把织布机上的绢割断，以此来比喻学业中断将前功尽弃，规劝乐羊子继续求学，不要半途而废。

五、名家点评

〔好事终〕画梁春尽落香尘。〔甲戌侧批：六朝妙句。〕擅风情，秉月貌，便是败家的根本。箕裘颓堕皆从敬，〔甲戌侧批：深意他人不解。〕家事消亡首罪宁，宿孽总因情。〔甲戌双行夹批：是作者具菩萨之心，秉刀斧之笔，撰成此书，一字不可更，一语不可少。〕

——脂砚斋评点《红楼梦》

六、趣味问答

《红楼梦》第五回有判词："可叹停机德，堪怜咏絮才。玉带林中挂，金簪雪里埋。"该判词暗示了《红楼梦》中哪两个人物的命运？请对判词加以具体解释。

明确： ①暗示薛宝钗、林黛玉的命运。②"可叹停机德""金簪雪里埋"，指薛宝钗，"金簪"喻"宝钗"，"雪"谐音"薛"，暗寓其结局冷落与凄苦。"堪怜咏絮才""玉带林中挂"，指林黛玉，"玉带林中挂"，前三字倒读谐"林黛玉"三字，又暗示贾宝玉对林黛玉的牵挂。

七、延伸探究

贾宝玉在秦可卿卧室入睡，然后就做梦了，梦中觉得秦可卿在前面，像导游一样，领他去了一个地方，这是什么地方呢？为什么是秦可卿带领贾宝玉？

明确： 是"太虚幻境"，是一个仙境。秦可卿安排宝玉入睡，把他引入仙境，然后在仙境里，他认识了一个仙姑，就是警幻仙姑。

警幻仙姑后来说了一段话："今日原欲往荣府去接绛珠"——"绛珠"就是绛珠仙子，林黛玉是天界的"绛珠仙子"，警幻本是要去荣国府接"绛珠仙子"，"适从宁府所过，偶遇宁荣二公之灵"——宁国公、荣国公，就遇见她了，当然是阴灵。两人就跟她说："吾家自国朝定鼎以来，功名奕世，富贵传流，虽历百年，奈运终数散，不可挽回者。故遗之子孙虽多，竟无可以继业。其中惟嫡孙宝玉一人，禀性乖张，生情怪谲，虽聪明灵慧，略可望成，无奈吾家运数合终，恐无人规引入正。"因此苦苦哀求警幻仙姑，求她引领宝玉走上正途。

这个警幻仙姑身份很高，高于宁、荣二公，这个梦境写到最后，发现秦可卿和警幻仙姑的关系非同一般。

第六回

贾宝玉初试云雨情　刘姥姥一进荣国府

一、整本阅读，思维导图

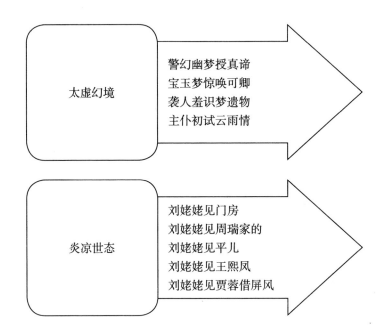

太虚幻境
- 警幻幽梦授真谛
- 宝玉梦惊唤可卿
- 袭人羞识梦遗物
- 主仆初试云雨情

炎凉世态
- 刘姥姥见门房
- 刘姥姥见周瑞家的
- 刘姥姥见平儿
- 刘姥姥见王熙凤
- 刘姥姥见贾蓉借屏风

二、回目题解

第六回先以两段承第五回贾宝玉梦游太虚仙境，预示宝玉的生理成熟，这是宝玉性的启蒙与悸动；后以时间为序，生动描写了刘姥姥一进荣国府的场面，以刘姥姥的耳闻目睹与独特感受，尤其是刘姥姥与荣府实际掌权人凤姐的"会面"，折射出这个所谓"诗礼簪缨之族"的奢靡腐化。

三、主要人物

上半回：宝玉、袭人。

下半回：王狗儿、刘氏、刘姥姥、板儿、门房、周瑞家的、平儿、王熙凤、贾蓉。

四、学养积累

1. 疏通字词

呷〔xiā〕：喝，把液体或流食咽下去，现可引申为吃。

中衣：贴身衣裤，此指衬裤。

连了宗：亦作"联宗"。旧时为拉关系把同姓而本非一个宗族的人认了本家，叫作"联宗"。

老家：北京方言，指父母。

长安城：在今陕西西安市西北。汉、唐等朝曾建都于此。这里借指京都。

跳蹋：也作"跳跶"。急得顿足。

裁度〔cái duó〕：推测度量以定取舍。

醮〔tiàn〕舌咂嘴：此指刘姥姥饭后心满意足、意犹未尽的样子。醮，吐舌头的意思。

2. 词句赏析

侯门深似海。

明确：形容官僚贵族之家宅大院深，门禁森严，难以进入。出自唐代崔郊《赠去婢》诗："侯门一入深似海，从此萧郎是路人。"

五、名家点评

〔甲戌：宝玉、袭人亦大家常事耳，写得是已全领警幻淫之训。此回借刘妪，却是写阿凤正传，并非泛文，且伏"二进""三进"及巧姐之归着。〕

〔此回刘妪一进荣国府，用周瑞家的，又过下回无痕，是无一笔写一人文字之笔。〕

〔题曰：朝扣富儿门，富儿犹未足。虽无千金酬，嗟彼胜骨肉。〕

——脂砚斋评点《红楼梦》

六、趣味问答

（1）有这么一户人家，"因与荣府略有些瓜葛"，王狗儿家与荣国府有什么瓜葛，请你试着梳理一下吧！

明确：

刘姥姥与王熙凤之间的渊源	
乡村王家	京城王家
王成之父（侄）	王夫人之父（叔）
王成与亲家刘姥姥（侄）	王夫人（姑）
王狗儿（侄）	王熙凤（姑）
板儿、青儿（侄）	巧姐（姑）

（2）本回目中，板儿被调教了几次？找出来读一读，为什么已经被训练多次的板儿死也不肯出来作揖呢？

明确：

天未明，刘姥姥便起来梳洗了，又将板儿教训了几句；

刘姥姥来到荣府大门石狮子前，又教了板儿几句话；

（在周瑞家）又教了板儿几句话；

可是，见到王熙凤时，板儿便躲在背后，百般地哄他出来作揖，他死也不肯。

这当然和板儿生长在乡村，从未见过如此场面，胆怯自卑恐慌有关；也从侧面写出了凤姐强大的气场，威风慑人，为日后二家的渊源埋下伏笔。

（3）周瑞家的为什么答应刘姥姥引见真佛？

明确：只因昔年周瑞争买田地一事，其中多得狗儿之力，今见刘姥姥如此而来，心中难却其意。

七、延伸探究

（1）《红楼梦》第五回演绎的"十二钗曲"中暗藏刘姥姥与金钗之一的渊源，你能找到是哪一位吗？你能根据判词猜测一下刘姥姥发挥的作用吗？

明确：后面又是一座荒村野店，有一美人在那里纺绩。其判云：

势败休云贵，家亡莫论亲。

偶因济刘氏，巧得遇恩人。

贾府被抄家之后，刘姥姥三进荣国府，救了巧儿，成为"恩人"。

（2）王熙凤接待前来借玻璃屏风的贾蓉，为何不回避刘姥姥呢？

明确： 贾蓉是王熙凤的侄子，刘姥姥和王熙凤是平辈，板儿是王熙凤的侄孙，可是刘姥姥见王熙凤赔着小心，在地上拜了数拜，说姑奶奶安，忍耻至极，期望能得一点点好处；贾蓉来借的是当时非常贵重的玻璃炕屏，笑着，半跪着，很轻松愉悦就借到了手，对比鲜明。不回避刘姥姥恰恰显示王熙凤在贾府正盛之时的骄横炫耀、肆无忌惮，对比鲜明，亲疏自明，危机早伏。

第七回

送宫花贾琏戏熙凤　宴宁府宝玉会秦钟

一、整本阅读，思维导图

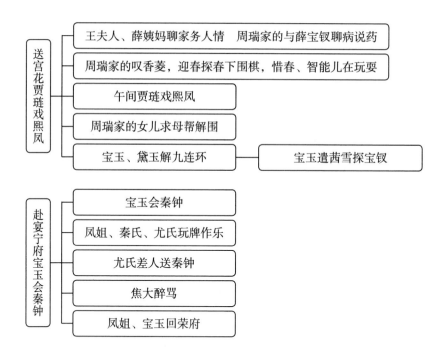

二、回目题解

《红楼梦》前五回是序曲，层层铺垫。第六回看到了贾府，只不过我们借的是刘姥姥眼睛，管窥一斑。第七回才是"大观园"生活的真正开始。上半回镜头跟着周瑞家的由远及近，由偏至正，通过周瑞家的送宫花和凤姐儿、宝玉赴宴宁府两件事，对准了这个钟鸣鼎食之家、翰墨诗书之族的"微观世界",进入了他们饮酒作诗,琴棋书画,尔拜我访和家长里短之中。下半回写凤姐儿被邀去宁府玩儿,作者却巧妙地转移视线,意外安排宝玉和秦钟相识。二人相见恨晚,也为后来事情发展巧设伏笔。焦大醉骂情节,亦弦外有音,余音绕梁。

三、主要人物

上半回:周瑞家的、王夫人、薛宝钗、迎春、凤姐、宝玉、黛玉。
下半回:凤姐、宝玉、秦钟、焦大。

四、学养积累

1. 疏通字词

腼腆〔miǎn tiǎn〕:害羞,不自然。

金锞子〔kè zi〕:旧时作货币用的小金锭或银锭。

丹墀〔chí〕:墀,台阶上的空地,亦指台阶。丹墀,用红漆涂的台阶。

繁冗〔fán rǒng〕:烦琐庞杂;繁杂冗长。

月例〔yuè lì〕:月,每月。例,按条例规定的。古时封建大家庭里成员的每月费用,由管家发给,叫作"月例"。也说"月钱""分例"。

散荡散荡:散散心,玩一玩。

2. 动词妙用

(1)见他进来,宝钗才放下笔,转过身来,满脸堆笑让:"周姐姐坐。"

(2)黛玉冷笑道:"我就知道,别人不挑剩下的也不给我。"

上面两句是周瑞家的去见宝钗、黛玉时,她们对周瑞家的态度,你怎么看宝钗的"满脸堆笑"和黛玉的"冷笑"。试体会曹雪芹刻画人物形象的高超之处。

明确:"满脸堆笑"一词表明此时宝钗的笑并非发自内心,只是出于礼仪需要,不是真心实意,有虚伪做作之嫌。"冷笑"一词貌似黛玉不给周瑞家的面子,让其尴尬下不来台,实则是她天真率直性情的自然流露。

五、名家点评

周瑞家的答应了，因说："四姑娘不在房里，只怕在老太太那边呢。"丫鬟们道："那屋里不是四姑娘？"［甲戌双行夹批：用画家三五聚散法写来，方不死板。］周瑞家的听了，便往这边屋里来。只见惜春正同水月庵［即馒头庵］的小姑子智能儿一处顽耍呢，［甲戌双行夹批：总是得空便入。百忙中又带出王夫人喜施舍等事，可知一支笔作千百支用。又伏后文。甲戌眉批：闲闲一笔，却将后半部线索提动。］见周瑞家的进来，惜春便问他何事。周瑞家的便将花匣打开，说明原故。惜春笑道："我这里正和智能儿说，我明儿也剃了头同他作姑子去呢，可巧又送了花儿来，若剃了头，可把这花儿戴在那里呢？"说着，大家取笑一回，惜春命丫鬟入画［甲戌侧批：曰司棋，曰侍书，曰入画；后文补抱琴。琴、棋、书、画四字最俗，上添一虚字则觉新雅。］来收了。

——脂砚斋评点《红楼梦》

六、延伸探究

本回目中前半部分重点写周瑞家的送宫花给几位主子和姑娘，"十二花容色最新，不知谁是惜花人。"本回目中十二钗出现了八个，结合众人看到宫花时的态度，你认为她们都是"惜花人"吗？

明确：王夫人要留宫花给薛宝钗时，薛姨妈解释道，"姨娘不知道，宝丫头古怪着呢，他从来不爱这些花儿粉儿的。"以及薛宝钗那天的"穿着家常衣服，头上只散挽着"。由此可见薛宝钗不是惜花人。

周瑞家的将花送给迎春、探春时，二人的表现是"忙住了棋，都欠身道谢，命丫鬟们收了"。如果真心喜欢花应该是要迫不及待地赏花的，她二人"命丫鬟们收了"的表现可知她们也不怎么惜花。

宫花送到凤姐住处时，只见：平儿听了，便打开匣子，拿了四枝，转身去了。半刻工夫，手里拿出两枝来，先叫彩明吩咐道："送到那边府里给小蓉大奶奶戴去。"收到宫花的王熙凤立马命平儿将花转送了别人，剩下的两枝，说不定哪天又会给什么人送去。而所送之人必定与人情世故或利益相关，借送花来拉拢关系应该是深谙人情的王熙凤惯用的手段。所以她也不是惜花人。

黛玉面对送来的宫花，在得知其他姐妹都已得到宫花的事实后，冷笑道："我就知道，别人不挑剩下的也不给我。"从常理上来讲，剩在最后的一般就是别人挑剩下的不太好的东西，所以好看的最好的宫花应该不会是这剩下的两枝。也只有喜欢的人才会在意自己的花是不是最好的。这句话表明林黛玉十分在意自己的宫花好看与否，由此可见林黛玉才是众人中真正的惜花人。而后文经典的"黛玉葬花"更是她惜花的真正表现。

第七回　送宫花贾琏戏熙凤　宴宁府宝玉会秦钟

第八回

比通灵金莺微露意　探宝钗黛玉半含酸

一、整本阅读，思维导图

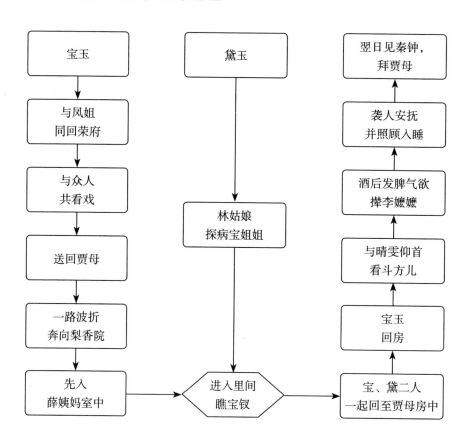

二、回目题解

本回是宝玉、宝钗、黛玉三人首次一起活动。宝钗、黛玉二人一人细腻缜密，一人率真敏感，想来是天壤之别，却同是心系宝玉，故而此次会面也可谓是"木石姻缘、金玉良缘"矛盾冲突和力量消长的第一次表现，更是这场爱情婚姻悲剧结局的初现。

三、主要人物

上半回：贾宝玉、薛姨妈、薛宝钗、林黛玉。

下半回：贾宝玉、李嬷嬷、晴雯、袭人。

四、学养积累

1. 疏通字词

打千儿：是清代男子下对上请安时所通行的礼节，是一种介乎作揖和下跪之间的礼节。

针黹〔zhǐ〕：是指缝纫、刺绣等针线工作。

鸾绦：束腰的丝带。

狼犺〔láng kàng〕蠢大：这里形容物件的笨重、硕大。狼犺，意思是指笨拙、笨重。

吉谶〔chèn〕：预示吉祥的话。谶，在迷信的人看来指将要应验的语言、预兆等。

渥〔wò〕早：这里意在调笑袭人"暖被"过早。渥，以物温暖之，如云渥被。

饧〔xíng〕涩：眼皮半开半合、黏滞的样子。

宦囊羞涩：比喻经济困难，手头无钱。

贽〔zhì〕见礼：见面礼。贽，初次拜见长辈所送的礼物。

2. 词句赏析

（1）"一语未了，忽听外面人说：'林姑娘来了。'话犹未了，林黛玉已摇摇的走了进来。"此句中的"摇摇"一词用得很传神，试分析其写出了黛玉怎样的特点？

明确："摇摇"二字有摆动、摇曳貌之意，唐时许尧佐《柳氏传》有言："柳氏乃回车，以手挥之，轻袖摇摇，香车辚辚。"写衣袂随风轻舞之态，而这里用以形容黛玉，足见其身态风姿，行动似弱柳扶风，使人心生怜惜。

（2）根据宝钗的动作、语言描写，分析其性格特点。

明确：两次倒茶，一次"笑道"一次"嗔"，态度的不同使得传达出的意寓也不尽相同，对比之下更显出宝钗心思细密，同时也恰如其分地刻画了宝钗知晓正是"金玉之缘"时满心欢喜，但又不愿直接坦露情感的少女性格。

五、名家点评

《红楼梦》写人物的个性力避介绍式的叙述，而从琐细的动作中表现出来，林黛玉在书中出场以后，作者并没有写一段介绍词来说明林黛玉的品貌性格，他只是从各种琐细的动作中表现出一个活的林黛玉来，读者对于黛玉的品貌性格是跟着书中故事的发展一点一点凝集起来直到一个完全的黛玉生根在脑子里，就像向来认识似的。《红楼梦》中几个重要人物，都是用的这个写法。

——茅盾《红楼梦导读》

六、趣味问答

（1）《红楼梦》善用谐音，不论是主要人物，还是一闪而过的小配角，都能够随势设名，有趣有意，那么你如何理解本回中出现的"詹光""单聘仁"二名？

明确："詹光"音似"沾光"，乃是贾政门下的清客相公，此人在本回初次出现。他善绘工细楼台，兴建大观园时，他也参加规划设计。平时只陪贾政下棋聊天，见到宝玉百般奉承，极尽丑态，贾政失势，也就辞去了。

"单聘仁"音似"善骗人"，亦是贾政门下清客相公，本回初次出现，后为迎元妃归省，他曾随贾蔷下姑苏聘请教习、采买、买女孩子、置办乐器行头等事。

（2）下半回宝玉与晴雯习字、写匾的情节可与上半回哪个情节相照应呢？

明确：与上半回宝玉路遇戴良、钱华等人时，众人向宝玉求"斗方儿"的情节相照应，可见宝玉在习字方面颇有特长，且见功夫。

七、延伸探究

找出文中表现黛玉"吃醋"的段落，体会黛玉直率、尖刻伶俐却也可爱的性格。

明确：一是见宝玉探望宝钗，笑道："嗳哟，我来的不巧了！"而后一席话振振有词，有心人皆可见是心中发酸却嘴上不饶人。

二是薛姨妈留吃酒，宝玉欲饮冷酒，宝钗一番话劝住，这时黛玉已是心中颇酸，可她的性子不会直言更不能不言，便借雪雁送手炉一事奚落宝玉，"也亏你倒听他的话""怎么他说了你就依，比圣旨还快些！"言语间指桑言槐，句句有刺，却也足见其对宝玉的深情。

第八回　比通灵金莺微露意　探宝钗黛玉半含酸

第九回

恋风流情友入家塾　起嫌疑顽童闹学堂

一、整本阅读，思维导图

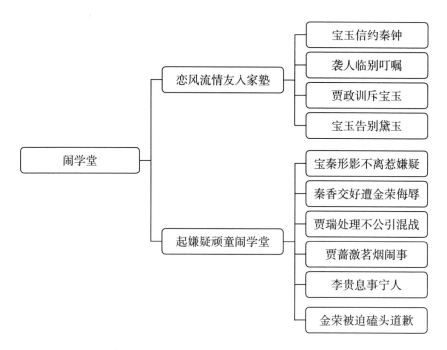

二、回目题解

学童闹学堂的描写，绝非偶然，而且着墨较多，乃是曹雪芹有意为之，意在凸显清朝男风之盛，揭示了贾家腐朽的家风，折射出封建社会腐烂的教学体系和中上层社会中的污秽意识。同时反映了贾氏家族错综复杂的矛盾斗争。所谓超功利的是非，超功利的公正从来就没有过，永远也不会有。再者，学童的行为是社会和家庭的一面镜子，他们是社会和家庭意识的接收桶，"谁知这样钟鸣鼎食之家，翰墨诗书之族，如今的儿孙，竟一代不如一代了！"贾家的衰落是必然的趋势，也折射出封建社会必然的消亡。

三、主要人物

秦业、秦钟、贾宝玉、贾母、袭人、林黛玉、贾政、李贵、贾代儒、贾瑞、薛蟠、金荣、香怜、玉爱、贾蔷、贾珍、贾菌、贾兰、茗烟、锄药、扫红、墨雨、李贵。

四、学养积累

1. 疏通字词

饬［chì］：①整顿，使整齐，如整饬纪律。②古同"敕"，告诫，命令。③谨慎："程元凤谨饬有余，而乏风节。"④古同"饰"，巧饰。

诟谇谣诼［gòu suì yáo zhuó］：诟谇：辱骂；谣诼：造谣毁谤。造谣毁谤责骂别人。

腌臢［ā za］：①脏，不干净。②（心里）别扭，不痛快。③糟蹋，使难堪。

2. 词句赏析

宝玉入学堂，辞别父亲贾政，贾政却冷笑道："你如果再提'上学'两个字，连我也羞死了，依我的话，你竟玩你的去是正理，仔细站脏了我这地，靠脏了我这门！"

明确：可见，贾政对宝玉的厌恶。听这口气，不像是父子，倒像是仇人。其实，宝玉并非真的像贾政所说的那样不读书，只是宁死也不愿意如贾政所希望和要求的那样，去读那些用于"仕途经济"的四书五经，然后像贾雨村那样通过八股文取得科场的"功名"。而他所愿意读的，在贾政看来不过是"念了些流言混语在肚子里，学一些精致的淘气"。

五、名家点评

因见秦钟不甚宽裕，更又助他些衣履等物。不上一月之工，秦钟在荣府便熟了。［蒙双行夹批：交待得清。］宝玉终是不安分之人，［蒙双行夹批：写宝玉总作如此笔。］［靖眉批：安分守己，也不是宝玉了。］

竟一味的随心所欲，因此又发了癖性，又特向秦钟悄说道："咱们俩个人一样的年纪，况又是同窗，以后不必论叔侄，只论弟兄朋友就是了。"［蒙侧批：悄说之时何时？舍尊就卑何心？随心所欲何癖？相亲爱密何情？］先是秦钟不肯，当不得宝玉不依，只叫他"兄弟"，或叫他的表字"鲸卿"，秦钟也只得混着乱叫起来。［蒙：君子爱人以道，不能减牵恋之情；小人图谋以霸，何可逃推颓之辱？幻境幻情，又造出一番小妆新样。］

——脂砚斋评点《红楼梦》

六、延伸探究

（1）思考题：比较分析宝玉的书童茗烟和仆人李贵的形象。

明确：李贵是个忠心耿耿的仆人，他忠诚地执行贾政的指示，只求息事宁人；而茗烟却是贾宝玉第一个得用的贴身书童。茗烟为了使自己的主人贾宝玉和秦钟不被人欺侮，在贾蔷的挑动下，大闹学堂，其顽皮淘气而又勇敢活泼的形象跃然纸上；茗烟年少气盛，不明事理，不谙世事，并不怕得罪贾府亲戚金荣，一把揪住，出口就骂；茗烟还洋洋得意地数落金荣姑妈。茗烟是宝玉离经叛道的得力助手，是宝玉叛逆思想、叛逆行为的支持者和同情者。

（2）思考题：在世人眼中，贾宝玉是个"废物"，请说说这一说法在文中有何根据。

明确：贾政希望儿子能考取功名，光宗耀祖，宝玉却无意于此，因而常被骂作"逆子"；他读《西厢记》之类的禁书读得津津有味，一沾到科举程文就头痛不已；他整天和大观园中的女孩子们如胶似漆，却不乐见正经宾客；他是个无事忙的富贵闲人，听到别人劝他"仕途经济"，便直斥为"混账话"。

第十回

金寡妇贪利权受辱　张太医论病细穷源

一、整本导读，思维导图

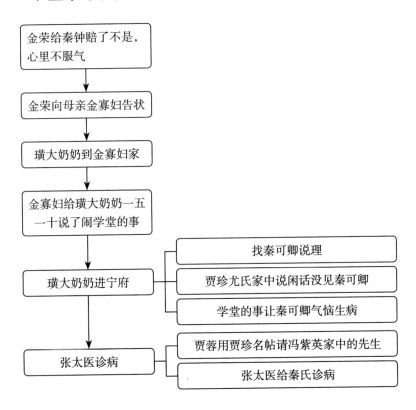

二、回目题解

本回贪利权受辱这件事，是闹学堂的后续。金荣回家后对母亲金寡妇抱怨对秦钟的不满。璜大奶奶义愤填膺，欲到宁府评理，却只能偃旗息鼓地讪讪而归。贾珍夫妇为儿媳秦氏之病担忧，冯紫英举荐张友士前往宁府诊治。

三、主要人物

上半回：金寡妇胡氏、璜大奶奶、尤氏、贾珍。

下半回：贾蓉、秦氏（可卿）、冯紫英、张友士。

四、学养积累

1. 疏通字词

嫡〔dí〕：亲的，血统最近的，封建宗法制度下家庭的正支。

嚼用〔jiáo yong〕：指日常生活开支。

累挡〔lēi kèn〕：麻烦；劳累。

调三惑四〔tiáo sān huò sì〕：挑拨。

寅卯〔yín mǎo〕间：清晨五时左右。

调息：诊视。

至数：脉搏在呼吸间跳动的次数。

2. 动词妙用

先生方伸手按在右手脉上，调息了至数，宁神细诊了有半刻的工夫，方换过左手，亦复如是。诊毕脉息，说道："我们外边坐罢。"

分析张太医的形象。

明确：张太医对秦可卿病源的分析，细密入微，准确精辟，令人惊叹钦佩；张太医面对达官显权，既不阿谀逢迎，也不疏狂轻慢。看脉之时，他沉着自信又聚精会神，完诊之后，他胸有成竹又留有余地。他神态从容不迫，举止安详自然，言谈稳妥得体。他虽然自称是"粗鄙下士"，处处谦恭有礼，但实际上却十分自尊自重，令人不敢轻侮。那是一派学有专长、身怀绝技、久经沧桑、不慕荣利的学者风度。

五、名家点评

金荣的母亲听了这话，急的了不得，忙说道："这都是我的嘴快，告诉了姑奶奶了，求姑奶奶别去，别管他们谁是谁非。[己卯侧批：不论谁是谁非，有钱就可矣。蒙侧批：胡氏可谓善哉！]倘或闹起来，怎么在那里站得住。若是站不住，家里不但不能请先生，反倒在他身上添出许多嚼用来呢。"璜大奶奶听了，说道："那里管得许多，你等我说了，看是怎么样！"也不容他嫂子劝，一面叫老婆子瞧了车，就坐上往宁府里来。[蒙侧批：何等气派，何等声势，有射石饮羽之力，动天摇地，如项暗咤。]

——脂砚斋评点《红楼梦》

六、趣味问答

（1）金荣给秦钟磕了头，赔了不是，回到家中，为什么越想越气？

明确："秦钟不过是贾蓉的小舅子，又不是贾家的子孙，附学读书，也不过和我一样。他因仗着宝玉和他好，他就目中无人。他既是这样，就该行些正经事，人也没的说。他素日又和宝玉鬼鬼祟祟的，只当人都是瞎子，看不见。今日他又去勾搭人，偏偏的撞在我眼睛里。就是闹出事来，我还怕什么不成？"

（2）贾蓉评价张友士说："高明的很。还要请教先生……"你能从原文中找出答案吗？

明确：那先生道："依小弟的意思，竟先看过脉再说的为是。我是初造尊府的，本也不晓得什么，但是我们冯大爷务必叫小弟过来看看，小弟所以不得不来。如今看了脉息，看小弟说的是不是，再将这些日子的病势讲一讲，大家斟酌一个方儿，可用不可用，那时大爷再定夺。"

（3）金荣的姑母为什么说："这秦钟小崽子是贾门的亲戚，难道荣儿不是贾门的亲戚？"

明确：秦钟是贾蓉的小舅子；金荣的姑母，原聘给的是贾家玉字辈的嫡派，名唤贾璜的，是贾门的亲戚。

七、延伸探究

金荣的名字：盖云有金自荣，廉耻何益哉？

明确：金荣之名通"近荣"，既有攀附荣华富贵之意，也有他在贾家私学上学，靠了王熙凤（荣国府）的帮忙才如愿。［蒙双行夹批：妙名，盖云有金自荣，廉耻何益哉？］按照脂砚斋说法更妙，说白话就是有钱是大爷，蝇营狗苟追求富贵，不正是书中那一起追名逐利之辈。贾家被抄家也因此。对应贾宝玉不屈从名利的可贵，可惜！

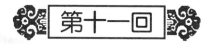

第十一回

庆寿辰宁府排家宴　见熙凤贾瑞起淫心

一、整本阅读，思维导图

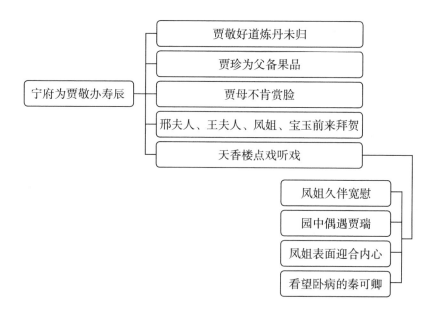

二、回目题解

　　宁国府为贾敬的寿辰摆下家宴，他住在道观修炼，贾珍就命贾蓉送去果品。凤姐说贾母因昨日贪吃了桃，身体不适而未能前来。贾氏家族中晚生后辈几乎都来祝贺。饭后，凤姐与宝玉前去探望秦可卿，说了些令人听了感伤的话。宝玉想起曾经往事，落起泪来；凤姐诉了一会衷肠方离开，去听戏的途中，遇到贾瑞，谁料他色胆包天，言语间调戏凤姐。表面凤姐笑靥如花，其实心中早有计划。过段时日，凤姐奉贾母命看望秦氏，料定秦氏大限不远，但未给贾母如实反馈。平儿汇报近期家中事务。

三、主要人物

上半回：贾蓉、贾琏、贾珍、邢夫人、王夫人、尤氏、凤姐、秦可卿、宝玉、贾瑞。

下半回：凤姐、贾母、平儿、尤氏。

四、学养积累

1. 疏通字词

症候〔zhèng hòu〕：①疾病。②毛病。③症状。④方言，风险。本回目中是疾病的意思。

觑〔qù〕：本意指伺视或窥视，泛指看。

紮〔zhá〕：方言"挣扎"。

名帖〔tiě〕：又称"名刺"，拜访时通报姓名用的名片。

2. 典故释义

（1）若耶之溪

若耶之溪是道教传说中的福地，皆仙人居处游憩之地。世人以为通天之境，祥瑞多福，咸怀仰慕。道教潜隐默修之士，喜遁居幽静之山林，故多择有仙迹传说之处，兴建宫观，期荫仙风而功道圆融。

（2）天台之路

天台山在浙江天台县北。传说汉代刘晨、阮肇入天台山采药，遇见两个仙女，留他们住了半年。后来他们要求回家，到家乡时发现已经过了七世。这里也是借遇仙故事来烘托景物和接着便写到的情节。

五、名家点评

这《园中秋景令》，其实隐含着关于秦可卿真实身份和家族企盼的信息。秦可卿的真实出身，是类似"义忠老千岁"那样的大贵族；只不过因"坏了事"，才不得不以小官吏秦业从养生堂抱养、嫁到宁府为媳的"说法"来掩人耳目；所以说"小桥通若耶之溪"，若耶溪是春秋时越国的西施浣纱的地方，西施是个帮越国灭掉吴国终于以隐蔽身份而"有志者事竟成"的角色，秦可卿的隐蔽性、复仇性、颠覆性与西施契合；"曲径接天台之路"，典出汉代刘晨、阮肇入天台山采药，遇仙女滞留。这里"天台"可能有世俗的含义，指皇帝宝座，正是秦氏家族觊觎的东西，而宁荣两府仰靠秦氏姊妹——警幻仙姑和秦可卿谋取政治利益的做法，是极其露骨的，第五回中就既写到宁荣二公对警幻仙姑的"托孤"，又明说贾母把秦氏视为"重孙媳中第一个得意之人"，如秦氏真是养生堂里抱来的"杂种"，能容纳也罢，何来"第一个得意之人"的崇高地位？

至于那一句接一句的秋景描写，都应是暗含着秦氏家族将在秋天起事，在东南和西北都惨淡经营，希图终于达到"笙簧盈耳"、"倍添韵致"的佳境这一类的意思。

——刘心武《园中秋景令》

六、趣味问答

（1）家宴上缺席的两个人是谁？

明确：贾母、秦可卿。

（2）本回中想调戏凤姐的人是谁？

明确：贾瑞。

（3）这一回中哪两个场面描写形成对比？

明确：为贾敬过生日的热闹场面与秦可卿生病孤独冷清的场面形成对比。

七、延伸探究

（1）一向凉薄的凤姐为何与秦可卿交好而且很是关心？

明确：两人年龄相近，都是极其漂亮的人，都是做媳妇的，都在当家。她们两个人在一起，共同感触颇多，可谓惺惺相惜，互诉衷肠。

（2）你认为凤姐有没有调戏贾瑞？

明确：凤姐有调戏贾瑞。贾瑞是贾家教私塾的贾代儒的孙子，家势不济，品行低劣。凤姐已洞察了贾瑞的心思，按理她可以严词训斥，但她一心想着贾瑞癞蛤蟆想吃天鹅肉，竟打歪主意打到她身上，内心气愤，假意含笑对贾瑞说暧昧的话，并有意放迟脚步，故意给贾瑞造成她亦有此意的错觉。

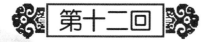

第十二回

王熙凤毒设相思局　贾天祥正照风月鉴

一、整本阅读，思维导图

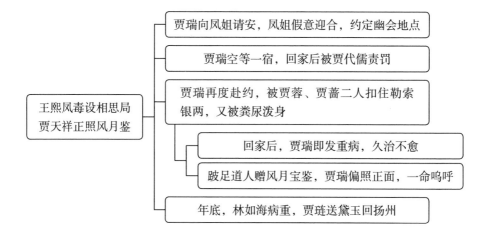

王熙凤毒设相思局
贾天祥正照风月鉴

- 贾瑞向凤姐请安，凤姐假意迎合，约定幽会地点
- 贾瑞空等一宿，回家后被贾代儒责罚
- 贾瑞再度赴约，被贾蓉、贾蔷二人扣住勒索银两，又被粪尿泼身
- 回家后，贾瑞即发重病，久治不愈
- 跛足道人赠风月宝鉴，贾瑞偏照正面，一命呜呼
- 年底，林如海病重，贾琏送黛玉回扬州

二、回目题解

本回写凤姐设毒计排兵布将，贾瑞（贾天祥）自陷迷局无法自拔，两番夜入荣府。第一次空等一宿，于穿堂冻了一夜，回家后，被祖父贾代儒狠狠责罚，但仍心念凤姐，竟不知凤姐是在捉弄他。凤姐见他不知悔改，便再次相约。贾瑞再度赴约，被贾蓉、贾蔷二人扣住勒索银两，又被粪尿泼身。回家后，贾瑞即发重病，久治不愈。幸而跛足道人赠风月宝鉴，嘱咐千万不可照正面。贾瑞不听，偏正照宝鉴，最终一命呜呼。年底，林如海病重，贾琏送黛玉回扬州。

三、主要人物

上半回：王熙凤、贾瑞、贾代儒、贾蓉、贾蔷。

下半回：贾瑞、跛足道人、贾代儒、王夫人、王熙凤、贾母、林黛玉、贾琏。

四、学养积累

1. 疏通字词

纶〔lún〕音：皇帝的命令。《礼记·缁衣》："王言如丝，其出如纶；王言如纶，其出如绋〔fú〕。"意思是帝王出言影响重大。后常以"纶音"代指"圣旨"。纶，古代缚印或帷幕用的袋子。

佯〔yáng〕常：亦作"佯长"。同"扬长"，大模大样地离开的样子。

独参〔shēn〕汤：中医方剂名。补气固脱。治元气大伤、阳气暴脱的危症。

冤业之症：迷信说法，由于"结冤造孽"而得的病症。业，同"孽"，罪过、邪恶的意思。

土仪盘缠：用土产作为赠人的礼物叫土仪。仪，礼物。盘缠，即盘川，旅费。

2. 文学文化常识

（1）风月鉴：即风月宝鉴，两面皆可照人，镜把上面錾着"风月宝鉴"四字。此物出自太虚幻境空灵殿上，警幻仙姑所制，专治邪思妄动之症，有济世保生之功。

（2）起经：旧俗，人死后第三天，开始请和尚道士念经，叫起经。

（3）发引：出殡时，送丧人牵着引索作前导，把灵柩从停放的地方运出，叫发引。引：牵引灵柩的索子。

五、名家点评

蒙回末总评：儒家正心，道者炼心，释辈戒心。可见此心无有不到，无不能入者，独畏其入于邪而不反，故用正炼戒以缚之。请看贾瑞一起念，及至于死，专诚不二，虽经两次警教，毫无反悔，可谓痴子，可谓愚情。相乃可思，不能相而独欲思，岂逃倾颓？作者以此作一新样情理，以助解者生笑，以为痴者设以棒喝耳！

——脂砚斋评点《红楼梦》

六、趣味问答

（1）"这物出自太虚幻境空灵殿上，警幻仙子所制，专治邪思妄动之症，有济世保生之功……千万不可照正面，只照他的背面，要紧，要紧！"这段话是谁说的？文中的"这物"指什么？

明确：这段话是跛足道人说的，这物指风月宝鉴。

（2）本回的重点情节是什么？

明确：①王熙凤毒设相思局；②王熙凤"毒"的具体表现；③贾瑞之死。

（3）简要概括王熙凤在第十二回中的性格特征。

明确：心狠手辣，精明强干。

七、延伸探究

王熙凤所设的相思局"毒"在哪里？

明确：凤姐约了贾瑞两次，第一次让贾瑞在穿堂里冻了一夜，第二次让贾蓉、贾蔷抓贾瑞的现行，然后敲诈、捉弄、向头上身上浇一大桶屎尿，两次都发生在寒冬腊月。第一次是给贾瑞点苦头，不算狠毒，第二次已经让贾蓉、贾蔷说明了"琏二婶子已经告到太太跟前，说你无故调戏她"，那捉弄和那一大桶屎尿呢？这是能手下留情时不留。在贾瑞病入膏肓之际，贾代儒讨要人参不给，王夫人说情还不给，凑了几钱渣末还谎称二两。这是能行善而不行。好色痴情的贾瑞在精明强干、大权在握的凤姐面前，是个十足的弱者，而在这个弱者行将就木时，凤姐没有丝毫的悲悯。

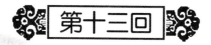

第十三回

秦可卿死封龙禁尉　王熙凤协理宁国府

一、整本阅读，思维导图

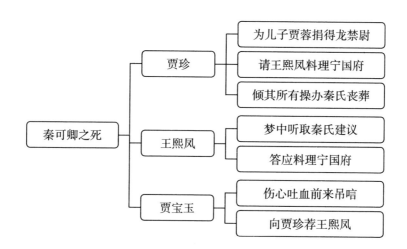

二、回目题解

　　这一回是小说中第一个重要的主线人物秦可卿的死亡。一个女人的丧礼仪式是由她丈夫的官位来决定的，而古代的仪式规定非常严格，不同品级的官摆出来的阵仗是不一样的；当时贾蓉只是黄门监，没有官位，丧礼就不能办出官家的气派；贾珍想要倾尽所有为秦可卿办理丧事，就为儿子贾蓉捐得龙禁尉的虚衔；为办理丧事，贾珍请邢、王二夫人准许王熙凤到宁国府协理。王熙凤爽快地应承下来。

三、主要人物

贾珍、王熙凤、贾宝玉。

四、学养积累

1. 疏通字词

执事：官员和他们的夫人出门时所排列的仪仗，如旗、伞、官衔牌等。

堂官：明、清"衙门"的正副长官，办公座位在"大堂"上，所以称为"堂官"。

正经："经"指诵经，即丧礼中所做的宗教道场，"正经"是指若干次诵经中正式接受吊祭的日子。

对牌：即"对号牌"，用竹、木等制成，上写号码，中劈两半，作为一种信物。

钤［qián］束：管制，约束。

2. 文学文化常识

钦天监：古代掌管天文和历法的官，地位很高，地震、星象、日食、月食的探测都跟这个官有关。他要拥有天文、地理的常识，同时还要懂得巫术。他必须会解梦，皇帝做了梦，会让钦天监来解释。

浓熏绣被：晚上睡觉之前，会烧一个炭炉，在炭炉里面放一点檀香或者沉香之类的香料，把被子蒙在上面，睡觉时被子便是暖的，也是香的。

云板连叩四下：云板，古代家族或者庙宇里面都有一个金属的板子，雕刻成像云朵的样子。有喜事时就敲三下，丧事时敲四下，就是俗语说的"神三鬼四"。

五、名家点评

借秦可卿之死，又写出情之变态。上下大小，男女老少，无非情感而生情。且又借凤姐之梦，更化就幻空中一片贴切之情。所谓寂然不动，感而遂通，所感之象，所动之萌，深浅诚伪，随种必报。所谓幻者此也，情者亦此也。何非幻，何非情，情即是幻，幻即是情，明眼者自见。

那贾敬闻得长孙媳妇死了〔可笑可叹！古今之儒，中途多惑老佛。王隐梅云："若能再加东坡十年寿，亦能跳出这圈子来。"斯言信矣！〕因自为早晚就要飞升，［"就要飞升"的"要"，用的得当。凡"要"者，则身心急切，急切之者，百事无成。正为后文作引线。］如何肯又回家染了红尘，将前功尽弃呢？因此并不在意，只凭贾珍料理。

——脂砚斋评点《红楼梦》

六、趣味问答

（1）在梦中秦氏对王熙凤说了哪三句俗语？

明确：①月满则亏，水满则溢；②登高必跌重；③树倒猢狲散。

（2）反复读"戴权"二字，你发现了有何谐音了吗？

明确："大权"，暗示这是一位手握大权的内相。

（3）前来宁国府吊唁的人之多，作者用了十四个字来概述这一场面，你找到了吗？

明确：白漫漫人来人往，花簇簇官去官来。

七、延伸探究

（1）"三春去后诸芳尽，各自须寻各自门"。这里的"三春"指的是什么？

明确：（答案仅供参考）贾府有四春，分别是：元春、迎春、探春、惜春。这里借说春天来指贾府中的几个姑娘的结局。元春死的最早，"虎兔相逢大梦归"虎年兔年碰在一起的时候，元春死了。迎春嫁错了人，年纪轻轻就被折磨死了。探春远嫁，嫁到了海疆那边，回不来了。惜春出家当尼姑了。

（2）曹雪芹为何要巨细靡遗地写秦可卿的丧葬，包括对北静王、南安王的描写？

明确：本回内容曹雪芹巨细靡遗地去写秦氏的丧葬，包括每个人都送了什么东西，他都一一描述，一一铺陈，其中还提及了北静王、南安王。原因之一就是为了和后文形成鲜明对比。秦氏是贾府的一个孙媳妇，其丧葬极尽隆重铺张。而后文贾府里地位最高的一位人物贾母发丧时却与之形成巨大反差。请你耐心读下去，就会看到贾母的丧礼是一种怎么样的场面。

原因之二，此时北静王、南安王前来吊唁是表达他们对贾珍、贾政的奉承，而他们的再次出现却是来抄他们的家，这一前一后的描写构成了巨大的讽刺，以此凸显贾府的兴衰。

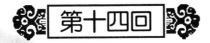

第十四回

林如海捐馆扬州城　贾宝玉路谒北静王

一、整本阅读，思维导图

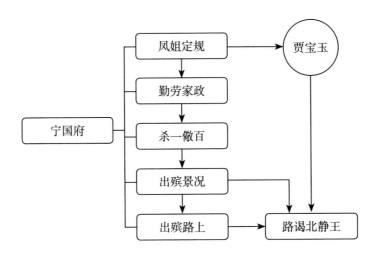

二、回目题解

本回目中王熙凤受贾珍之托，在宁国府行管理之能，大情小事尽显凤姐威风。出殡途中贾宝玉初遇性格谦和、不以王位自居的北静王水溶，一段真挚的友谊就此开始。

三、主要人物

王熙凤、贾宝玉、贾珍、北静王。

四、学养积累

1. 疏通字词

谒〔yè〕：拜见。

捐馆〔juān guǎn〕：死的比较委婉的说法。"捐"指放弃，"馆"指官邸，字面上来说，就是放弃了自己的官邸，一般是指官员的去世。

觑〔qù〕：是指看，偷看，窥探。

蠲〔juān〕：免除、驱出、去掉。这里指清除，疏通。

描赔：照原样赔偿。

盥〔guàn〕手：洗手，古人常以手洁表示敬重。

妯娌〔zhóu lǐ〕：兄弟的妻子的合称。

幢幡〔chuáng fān〕：指佛教道教所用的旌旗。

2. 妙语佳句

（1）如今请了西府里琏二奶奶管理内事，倘或他来支取东西，或是说话，我们需要比往日小心些。每日大家早来晚散，宁可辛苦这一个月，过后再歇着，不要把老脸丢了。那是个有名的烈货，脸酸心硬，一时恼了，不认人的。

（2）凤姐道："我乏的身子上生疼，还搁的住揉搓。你放心罢，今儿才领了纸裱糊去了。他们该要的还等叫去呢，可不傻了。"

五、名家点评

凤姐儿见自己威重令行，心中十分得意。因见尤氏犯病，贾珍又过于悲哀，不大进饮食，自己每日从那府中煎了各样细粥，精致小菜，命人送来劝食。〔庚辰眉批：写凤之心机。〕贾珍也另外吩咐每日送上等菜到抱厦内，单与凤姐。〔庚辰眉批：写凤之珍贵。〕那凤姐不畏勤劳，〔蒙双行夹批：不畏勤劳者，一则任专而易办，一则技痒而莫遏。士为知己者死。不过勤劳，有何可畏？〕天天于卯正二刻就过来点卯理事，〔庚辰眉批：写凤之英勇。〕独在抱厦内起坐，不与众妯娌合群，便有堂客来往，也不迎会。〔庚辰眉批：写凤之骄大。如此写得可叹可笑。〕

——脂砚斋评点《红楼梦》

六、趣味问答

宁国府的用人们怎样看待王熙凤的到来？

明确：紧张。"如今请了西府里琏二奶奶管理内事，倘或他来支取东西，或是说话，我们须要比往日小心些。每日大家早来晚散，宁可辛苦这一个月，过后再歇着，不要把老脸丢了。那是个有名的烈货，脸酸心硬，一时恼了，不认人的。"

期待。又有一个笑道："论理，我们里面也须得他来整治整治，都忒不像了。"

七、延伸探究

（1）王熙凤八面玲珑的性格在这一回中是怎样体现的？

明确：对上尽心尽责，对下守正严明，言语中带着威严，行动中透着心思。

（2）你认为作为一名管理者能从王熙凤身上学到一些什么管理方法？

明确：订立规矩并严格遵守，以身作则，守时勤劳，奖惩分明，不落口实。

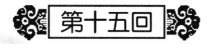

第十五回

王凤姐弄权铁槛寺　秦鲸卿得趣馒头庵

一、整本阅读，思维导图

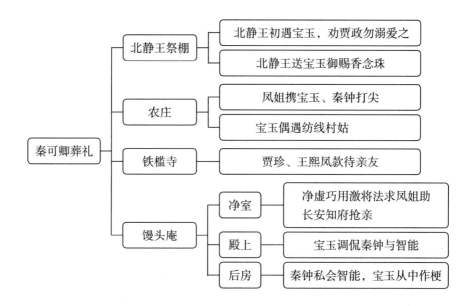

秦可卿葬礼
- 北静王祭棚
  - 北静王初遇宝玉，劝贾政勿溺爱之
  - 北静王送宝玉御赐香念珠
- 农庄
  - 凤姐携宝玉、秦钟打尖
  - 宝玉偶遇纺线村姑
- 铁槛寺
  - 贾珍、王熙凤款待亲友
- 馒头庵
  - 净室
    - 净虚巧用激将法求凤姐助长安知府抢亲
  - 殿上
    - 宝玉调侃秦钟与智能
  - 后房
    - 秦钟私会智能，宝玉从中作梗

二、回目题解

北静王初识宝玉，赞宝玉，并赠以前日圣上亲赐鹡鸰香念珠一串。凤姐、宝玉、秦钟于途中在农人家打尖，宝玉偶遇村姑——二丫头，并观其纺线。痴公子对乡野意趣又心生向往之情。后来此三人又来到馒头庵，净虚用激将法使凤姐助长安知府抢亲，王熙凤贪婪毒辣可见一斑。秦钟与小尼姑智能幽会，难舍难分，完全没有姐姐离世的悲痛。

三、主要人物

上半回：北静王、宝玉、贾政、凤姐、秦钟、二丫头。

下半回：凤姐、净虚、宝玉、秦钟、智能。

四、学养积累

1. 疏通字词

鞓〔tīng〕：皮革制成的腰带。

馀〔yú〕：通"余"，剩下来的，多出来的。

祯〔zhēn〕：吉祥。《字林》，祯，福也。

尘寰〔huán〕：亦作"尘阛"，人世间。

輀〔ér〕：古代运棺材的车。

晌午大错：正午已经过去了很久，而未到下一个时辰。

款段：形容仪态举止从容舒缓的样子。

参商：指的是参星与商星，二者在星空中此出彼没，古人以此比喻彼此对立、不和睦、亲友隔绝，不能相见、有差别；有距离。

2. 动词妙用

"两骑马压地飞来"，哪个字用得好？

明确：压和飞。写的有形有影，写出了马从远处奔跑而来尘土飞扬，猛一看，看不见马腿，形容速度快，仿佛飞来的。

五、名家点评

凤姐另住，明明系宝、秦事云"不知算何帐，未见真切，不曾记得，此系疑案，不敢纂创"，是不落套中，且省却多少累赘笔墨。昔安南国使有题一丈红句云："五尺墙头遮不得，留将一半与人看。"

——脂砚斋评点《红楼梦》

六、趣味问答

（1）北静王对贾政说"雏凤清于老凤声"，出自哪里？

明确：李商隐的诗《韩冬郎即席为诗相送因成二绝·其一》。

十岁裁诗走马成，冷灰残烛动离情。

桐花万里丹山路，雏凤清于老凤声。

（2）凤姐笑道："好兄弟，你是个尊贵人，女孩儿一样的人品，别学他们猴在马上。"猴在马上打一成语？

明确：马上封侯。

（3）王熙凤为什么要弄权铁槛寺？

明确：嗜财贪婪、好胜阴险。

（4）北静王送宝玉念珠在情节上有什么作用？

明确：为后文贾宝玉将念珠转赠黛玉被拒埋下伏笔。

七、延伸探究

（1）第十五回从整本书的情节来说有什么作用？

明确：这一回主要展示王熙凤敛财一事。这是曹雪芹第一次正面描写王熙凤敛财，她与净虚勾结拆散了张金哥与守备之子的婚约，从中获利三千两银子的好处费，刻画了王熙凤狡猾奸诈、玩弄权术、嗜财如命的性格特点。

（2）为什么馒头庵又叫水月庵？

明确：水月庵，一语双关——水中月、镜中花，指秦钟，亦指凤姐，任凭之前如何风流富贵，到最后不过一场空。水月庵，这边秦钟风花雪月，那边凤姐谋财害命，这些膏粱子弟在佛祖之地、先人丧期的胡作非为，正应了凤姐那句"从来不信什么阴司、地狱、报应"的话。

（3）秦钟、智能的事告诉了读者什么？

明确：秦钟仗着贾宝玉朋友的身份做坏事，一次书房打架，一次与智能私会。有了宝玉的撑腰，他不怕智能反抗，当然智能也不会反抗，因为这些尼姑并非真心出家，她属于贾家家奴，为贾家做事。这件事反映了那个时代大户人家的腐败淫乱，也有靠着贾家生活的人仗势欺人。

第十六回

贾元春才选凤藻宫　秦鲸卿夭逝黄泉路

一、整本阅读，思维导图

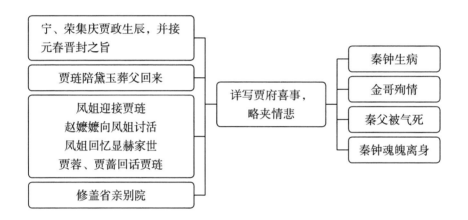

宁、荣集庆贾政生辰，并接元春晋封之旨

贾琏陪黛玉葬父回来

凤姐迎接贾琏
赵嬷嬷向凤姐讨活
凤姐回忆显赫家世
贾蓉、贾蔷回话贾琏

修盖省亲别院

详写贾府喜事，略夹情悲

秦钟生病

金哥殉情

秦父被气死

秦钟魂魄离身

二、回目题解

本回紧承上回写秦钟生病养息，宝玉约他不成。另提凤姐受赃以致人命。接着写贾政生日和元春晋封两件喜事。又写黛玉回来，宝玉的忧闷消解了一些。贾琏回来，赵嬷嬷来讨人情。琏凤夫妻二人一问一答，上文用赵妪讨情作引，下文蓉、蔷来说事作收。最后以宝玉探望临终前的秦钟作结。

三、主要人物

宝玉、秦钟、凤姐、金哥、贾政、贾母、贾琏、黛玉、平儿、赵嬷嬷、贾蓉、贾蔷。

四、学养积累

1. 疏通字词

开了脸：旧俗女子出嫁用线绞净脸上的汗毛，修齐鬓角、眉毛，叫"开脸"。

燥屎：是歇后语"燥屎——干搁着"的省略。此指对所托之事不放在心上，搁置未办。

椒房：古代后妃住的房子，用花椒类的香料和泥涂墙壁。因花椒果实结得很多，表示"多子"的吉利。后来就用"椒房"代表后妃。

驻跸〔bì〕关防：皇帝和后妃在皇宫外临时停留称为"驻跸"，为了安全和礼制，加强防卫，叫作"关防"。

坐纛〔dào〕旗儿：纛旗是军中的帅旗，引申作主帅。此处指作主事之人或独自拿主意办事。

保本："本"指向皇帝奏事的本章。将所奏之事写入本章称为"提奏"，亦称"题本"，"保本"指保举人才。

2. 动词妙用

（1）彼时赵嬷嬷已听呆了话，平儿忙笑推他，他才醒悟过来。从"忙笑推"可以看出平儿的什么形象特点？

明确：赵嬷嬷因听得呆住、忘了正事，而平儿却"忙笑推"着提醒她凤姐已经给她的儿子谋上了好差事。这就凸显出平儿极其精敏，极其细致的性格，也反映出她是凤姐的得力助手。

（2）无奈这些鬼判都不肯徇私，反叱咤秦钟……试品味"叱咤"一词的深意。

明确："叱咤"表面上是鬼判在训斥秦钟，显得铁面无私，实则是与见到宝玉后他们又暂放秦钟魂魄的行为形成对比。这是作者故意借世俗愚论设譬，喝醒世人、骂尽趋炎附势之辈。

五、名家点评

"你是知道的，咱们家所有的这些管家奶奶们，那一位是好缠的？〔甲戌侧批：独这一句不假。脂砚。〕错一点儿他们就笑话打趣，偏一点儿他们就指桑骂槐的报怨。'坐山观虎斗''借剑杀人''引风吹火'‘站干岸儿'‘推倒油瓶儿不扶',都是全挂子的武艺。况且我年纪轻,头等不压众,怨不得不放我在眼里。更可笑[庚辰侧批:三字是得意口气。]那府里忽然蓉儿媳妇死了,珍大哥又再三再四的在太太跟前跪着讨情,只要请我帮他几日;我是再四推辞,太太断不依,只得从命。依旧被我闹了个马仰人翻,[庚辰侧批:得意之至口气。]更不成个体统,至今珍大哥哥还报怨后悔呢。

——脂砚斋评点《红楼梦》

六、趣味问答

(1)琏、凤二人说话时,听到平儿说"姨太太打发香菱妹子来问我一句话",这是平儿在隐瞒什么事情?

明确:旺儿嫂子来送利钱银子。

(2)凤姐的爷爷是管什么事的?

明确:那时候我爷爷单管各国进贡朝贺的事,凡有外国人来,都是我家养活。粤、闽、滇、浙所有的洋船货物都是我们家的。

七、延伸探究

王熙凤嘴里的前清海关贸易真相是什么?

明确:王熙凤的祖上是"金陵王"。因为是清朝委派的海关命官,而且专门负责附属国"进贡"等事宜,所以"凡有外国人来,都是我们家养活";加上又负责操办对外贸易的"洋务",所以"粤、闽、滇、浙所有的洋船货物都是我们家的"。这是有历史依据的,王熙凤所说的事发生在清初对外贸易"全面开放"的阶段。康熙帝以收复台湾为契机,先是在沿海各省开海禁,紧接着又设立四处海关。负责海关事务的海关监督权力很大,从中得利也很多。王家正是靠把持海关和从事海外贸易而发家暴富。只不过,只有封建特权阶层才能从这些开海、开放中受益,整个国家经济和广大民众的生活并没有因此得到改善。

第十七回

大观园试才题对额　荣国府归省庆元宵

一、整本阅读，思维导图

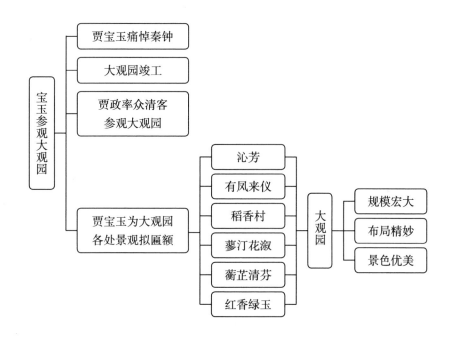

二、回目题解

　　贾宝玉痛悼秦钟。大观园造成，贾政带门下清客参观大观园时，带上贾宝玉，命他为大观园各处景观拟匾。

　　在贾珍的引领下，贾政同贾宝玉在众清客的陪同下一同参观大观园，并为园中之景题匾额和对联。在这次游园中，贾政对贾宝玉题的匾额和对联虽加指责，但心中比较满意。

三、主要人物

贾宝玉、贾珍、贾政、贾母、王夫人。

四、学养积累

1. 疏通字词

沁芳：花香浸入肺腑也。又欣赏沁芳亭的对联：绕堤柳借三篙翠，隔岸花分一脉香。三篙、一脉，都指水。

宝鼎：这里指煮茶的鼎炉。

2. 妙语佳句

（1）清溪泻雪，石磴穿云，白石为栏，环抱池沿，石桥三港，兽面衔吐，桥上有亭。

（2）后院墙下忽开一隙，得泉一派，开沟仅尺许，灌入墙内，绕阶缘屋至前院，盘旋竹下而出。

（3）宝鼎茶闲烟尚绿，幽窗棋罢指犹凉。

（4）池边两行垂柳，杂着桃杏，遮天蔽日，真无一些尘土。忽见柳阴中又露出一个折带朱栏板桥来，度过桥去，诸路可通，便见一所清凉瓦舍，一色水磨砖墙，清瓦花堵。那大主山所分之脉，皆穿墙而过。

3. 典故释义

（1）曲径通幽处

唐代常建《题破山寺后禅院》诗："曲径通幽处，禅房花木深。"论诗者以为语带禅机，认为它说了一个佛家的道理：要达到能领悟妙道的胜境，先得走过一段曲折的小路。

（2）有凤来仪

凤凰是古代传说中的仙禽，相传它的出现是一种瑞应。《尚书·益稷》："箫韶［舜的乐曲］九成［一曲终叫一成］，凤凰来仪［呈祥］。"因为传说凤是食竹实的，所以借这一成语命名。

五、名家点评

于是出亭过池，一山一石，一花一木，莫不着意观览。［庚辰双行夹批：浑写两句，已见经行处愈远，更至北一路矣。］忽抬头看见前面一带粉垣，里面数楹修舍，有千百竿翠竹遮映。众人都道："好个所在！"〔庚辰侧批：此方可为颦儿之居。〕于是大家进入，只见入门便是曲折游廊，〔庚辰双行夹批：不犯超手游廊。〕阶下石子漫成甬路。上面小小两三间房舍，一明两暗，里面都是合着地步打就的床几椅案。从里间房内又得一小门，出去则是后院，有大株梨花兼着芭蕉。又有两间小小退步。后院墙下忽开一隙，得泉一脉，开沟仅尺许，灌入墙内，绕阶缘屋至前院，盘旋竹下而出。

——脂砚斋评点《红楼梦》

六、趣味问答

请简述大观园的来历。

明确：贾政之女元春被加封嫔妃，皇帝特许贾府建造省亲别院。贾府大兴土木，历时半年建成，后元春回家省亲，赐名"大观园"。

七、延伸探究

结合贾宝玉给大观园的景致题名对额，联系文中的景物描写，你喜欢他哪个题名对额？为什么？

明确：如"沁芳亭"。①沁芳，花香浸入肺腑也；优美的花与草环境。②欣赏沁芳亭的对联：绕堤柳借三篙翠，隔岸花分一脉香。河堤上的柳因水而更翠绿，河两岸的花给了水分香气；或河水从岸柳那里借来了翠绿，因一条河而把两岸的花香分开了。

第十八回

庆元宵贾元春归省　助情人林黛玉传诗

一、整本阅读，思维导图

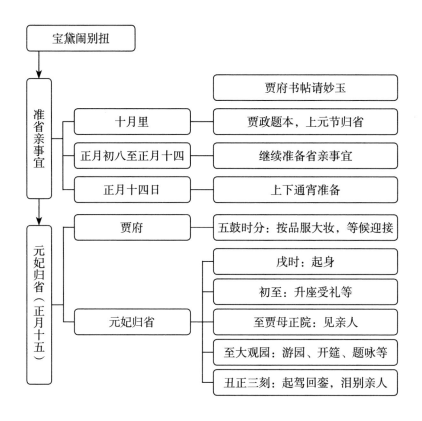

二、回目题解

本回开端讲述了宝黛之间的一个爱情小插曲。小情侣之间误会、置气、和好，吵吵闹闹，要的不过一个"在乎"。紧接着就进入了本回的重点——元妃归省。从归省前的准备到归省的整个过程，让我们感受到了皇家礼仪之繁复庄严，一丝不苟。皇家天威之隆重浩荡，不可冒犯。贾府烈火烹油、鲜花着锦之盛也在大观园的花影缤纷、珠宝乾坤中热烈绽放。然而，荣宠富贵慰藉不了元妃寂寞冰冷的内心。短短的相聚，她数次哽咽流泪，最后也只能在不舍和伤感中离去。

三、主要人物

上半回：宝玉、黛玉、贾政、贾赦、贾母、宫里太监。

下半回：元春、贾母及一众女眷、贾政、贾赦、宝玉、贾蔷、龄官。

四、学养积累

1. 疏通字词

燕坐：安坐，闲坐。燕，安闲。

龙旌凤翣〔shà〕：有龙凤图案的封建帝王仪仗用物。旌，旗子。翣，用野鸡或孔雀羽毛织成的立式大羽扇。

雉羽夔头：指代仪仗。雉羽，雉的羽毛。夔头，指乐师。

齑〔jī〕盐布帛：粗茶淡饭，普通的吃穿。形容生活清苦。

朝乾夕惕：从早到晚慎勤戒惧，不敢稍有懈怠。

2. 细节描写

（1）结合下述句子中的动词，分析宝玉的形象。

① 因忙把衣领解了，从里面红袄襟上将黛玉所给的那荷包解了下来，递与黛玉瞧道……

② 宝玉道说着，掷向他怀中便走。

明确："忙"写出了宝玉急于解释误会的迫切心情；"解""递"是让黛玉瞧真切了，黛玉所赠荷包，他是怎样地珍惜爱护。

"掷"字生动，自带情绪。宝玉因黛玉误会自己而愤然不平，又因黛玉剪坏了一个精美的香囊而心疼可惜。"掷"是宝玉情绪的自然发泄。而在这一"掷"之后，却又能马上回过头来妹妹长妹妹短地哄黛玉，可见宝玉是真心怜惜黛玉，哪怕错在黛玉，也不忍看她伤心落泪。

（2）分析加点词的作用：侍坐太监听了，忙下舟登岸，飞传与贾政，贾政即刻换了。

明确：这三个词语，集中凸显了换题字的速度之快，办事效率之高。如此，将封建皇族一言九鼎、权力至上的情形体现得形象传神。

五、名家点评

贾妃满眼垂泪，方彼此上前厮见，一手挽贾母，一手挽王夫人，三人满心皆有许多话，但说不出，只是呜咽对泣而已。〔庚辰双行夹批：《石头记》得力擅长全是此等地方。庚辰眉批：非经历过如何写得出！〕

——脂砚斋评点《红楼梦》

六、趣味问答

（1）黛玉莽撞之下剪了香囊，此时她的心情是怎样的？

明确：又愧又气。

（2）大观园题咏，林黛玉因何不快？

明确：黛玉安心今夜大展奇才，将众人压倒，不想贾妃只命一匾一咏，倒不好违谕多作。

（3）薛宝钗改动了"绿玉春犹卷"一句中的哪一个字，让宝玉称她为"一字师"？

明确：改"玉"为"蜡"。

七、延伸探究

（1）元春省亲，多次落泪，任选其中的一两处写一段批注。

明确：见贾母、王夫人：满眼垂泪；三人满心里皆有许多话，只是俱说不出，只管呜咽对泪。（"相顾无言，唯有泪千行"，不言说中包含着多少无法言说。元春十几岁入宫，苦熬多年，不得与家人相见，思念至深。如今再见，身份不同，连个家礼也不能行。十多年的经历与思念，一时间无从说起，百感交集。思念，喜悦，辛酸……只能用眼泪来表达。）

（2）鉴赏《杏帘在望》一诗中"菱荇鹅儿水，桑榆燕子梁"一联。

明确：这一联运用了"列锦"的修辞手法，即全部用名词或名词性的短语，经过选择组合，巧妙地排列在一起，构成生动可感的图像。鹅儿在长满菱叶、飘着荇菜的清澈水面上自由自在地嬉戏玩耍，燕子匆匆忙忙地从桑榆林中衔泥而去，到屋梁间构筑它们温暖的窝巢，画面动静结合，安逸静谧，遣词造句不落窠臼。

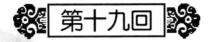

第十九回

情切切良宵花解语　意绵绵静日玉生香

一、整本阅读，思维导图

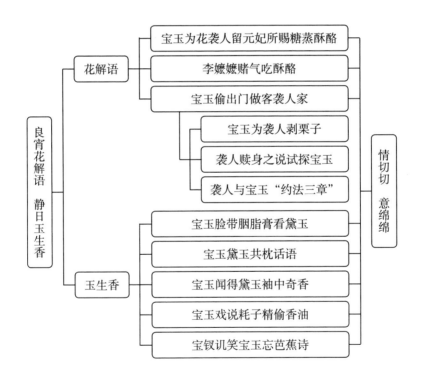

二、回目题解

贾宝玉不堪其烦，出来散心，撞破小厮茗烟的好事，却并不告发。袭人回家过年，茗烟带宝玉去袭人家看望，袭人似曾哭过，却以言语掩饰。袭人回到贾府，宝玉问出缘由，原来是袭人的家人要赎她回家。袭人虽已抱定不回之心，却借宝玉心急的机会，与宝玉约法三章。次日，袭人偶感风寒，宝玉让她休息。宝玉去找黛玉，共卧一床，黛玉身有奇香，引发"冷香""暖香"的笑谈，宝玉编了个"香玉"的典故取笑黛玉，黛玉拧其嘴。宝钗至，以前次作诗遗忘典故之事笑宝玉。

三、主要人物

宝玉、黛玉、薛宝钗、李嬷嬷、茗烟、袭人、秋纹。

四、学养积累

1. 疏通字词

切切：恳挚真诚的样子。

花解语：比喻美女善解人意。这里指袭人对宝玉温婉善意的规劝。

绵绵：连续不绝的样子。

2. 经典语录

（1）那宝玉是个丈八的灯台——照见人家，照不见自家的。只知嫌人家脏，这是他的屋子，由着你们糟蹋，越不成体统了。

（2）只求你们同看着我，守着我，等我有一日化成了飞灰，……等我化成一股轻烟，风一吹便散了的时候，你们也管不得我，我也顾不得你们了。

3. 典故释义

花解语

有个"解语花"的典故：唐明皇举行宴会，太液池盛开千叶白莲花，美丽如画如诗，众人都在赞赏。唐明皇说，莲花再美，只是生物，没有灵性的，我有一朵有灵性的、能解人意的、极富诗意的花，那才是最美的，她叫"解语花"。一边说，一边手指杨贵妃。众呼万岁。曹雪芹用这典故来譬喻花袭人对宝玉的规劝。花，指花袭人；解语，善解人意的言语。

五、名家点评

宝玉看见袭人两眼微红，粉光融滑，［庚辰双行夹批：八字画出一才收泪之女儿，是好形容，切实宝玉眼中意中。］当下宝玉穿着大红金蟒狐腋箭袖，外罩石青貂裘排穗褂。袭人道："你特为往这里来又换新服，他们［庚辰双行夹批：指晴雯麝月等。］就不问你往那去的？"［庚辰双行夹批：必有是问。阅此则又笑尽小说中无故家常穿红挂绿绮绣绫罗等语，自谓是富贵语，究竟反是寒酸话。］

——脂砚斋评点《红楼梦》

六、趣味问答（用原文词句回答）

"花解语"指何事？宝玉答应哪三件事？表现了宝玉什么性格？

明确：①花袭人劝诫贾宝玉。②三件事：不再动不动就说身化飞烟之类的不吉利的话；不再胡言乱语不认真读书；不许调脂弄粉，偷吃胭脂。③表现了宝玉任性妄为、离经叛道的性格特征。

七、延伸探究

在小说中，薛宝钗和林黛玉身上都有一种很特殊的体香。宝钗是冷香，黛玉是暖香。女性这种神秘的香和其性格命运有什么关系呢？

明确：在江浙民间，有一种迷信的传说，认为有这种体香的女人，是观音菩萨投胎转世，具有仁慈、高贵的性格和福分。说是观音转世，当然是一种迷信；而说有这种体香的女人仁慈、高贵，却也包含某些道理。根据笔者所搜集到的这方面的资料，具有这种体香的女人，真诚待人，情感丰富，极富灵性和聪明才智，但在婚姻爱情方面，可能有一些曲折甚至是悲剧。

特别注意的是，体香，是很纯正的一种天然之香，是天生丽质之香，而非涂脂抹粉的香。

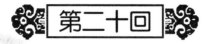

第二十回

王熙凤正言弹妒意　林黛玉俏语谑娇音

一、整本阅读，思维导图

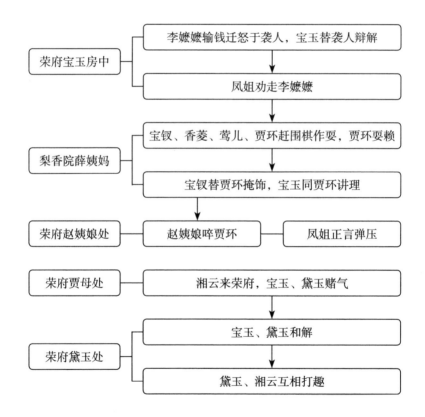

二、回目题解

第二十回似乎没有大事发生，重点写贾府琐碎的人情世故：首先由李嬷嬷的吵骂引出了宝玉房中仆人们之间的矛盾；然后又借宝钗、香菱、莺儿、贾环几个赶围棋作耍带出赵姨娘对正房的不满；最后借湘云的来访，写黛玉对宝钗的小醋意。前两个小事故，都以凤姐的出场而暂时解决，写出了凤姐这个贾府的实际大管家的口才与威势。最后一个小故事又一次写了宝玉对黛玉的真心，也给我们展现了一个娇憨的湘云形象。

三、主要人物

上半回：宝玉、黛玉、宝钗、李嬷嬷、袭人、凤姐、晴雯、麝月、贾环、莺儿、赵姨娘。

下半回：宝玉、宝钗、湘云、黛玉。

四、学养积累

疏通字词

排场：在此文中义同下文的"排揎"，数落、责难的意思。

背晦：指脑筋糊涂，做事悖谬，多用来形容老年人。

亲不间［jiàn］疏，先不僭［jiàn］后：指关系亲近的人，不会被疏远的人所离间；先来到的人，不会被后来的人所超越。间，离间。僭，僭越，超越。

嗔怪［chēn guài］：责怪。本义为发怒、生气。也指强烈的非难。

五、名家点评

二人正说着，只见湘云走来，笑道："二哥哥，林姐姐，你们天天一处顽，我好容易来了，也不理我一理儿。"黛玉笑道："偏是咬舌子爱说话，连个'二'哥哥也叫不出来，只是'爱'哥哥'爱'哥哥的。回来赶围棋儿，又该你闹'幺爱三四五'了。"宝玉笑道："你学惯了他，明儿连你还咬起来呢。"［庚辰双行夹批：可笑近之野史中，满纸羞花闭月、莺啼燕语。殊不知真正美人方有一陋处，如太真之肥、飞燕之瘦、西子之病，若施于别个，不美矣。今见"咬舌"二字加之湘云，是何大法手眼敢用此二字哉？不独不见其陋，且更觉轻巧娇媚，俨然一娇憨湘云立于纸上，掩卷合目思之，其"爱""厄"娇音如入耳内。然后将满纸莺啼燕语之字样填粪窖可也。］

——脂砚斋评点《红楼梦》

六、趣味问答

（1）宝玉为何要在黛玉房中说笑？

明确：恐黛玉饭后贪眠，一时存了食，或夜间走了困，皆非保养身体之法。

（2）李嬷嬷因何骂袭人？

明确：他今儿输了钱，因当日吃茶，茜雪出去，与昨日酥酪等事，迁怒于人。

（3）作者写拄着拐杖的李嬷嬷离开时用了四个字，特别形象，是哪四个字？

明确：脚不沾地。

（4）"这又不知是那里的帐，只拣软的排揎。昨儿又不知是那个姑娘得罪了，上在他帐上。"宝玉的这句话引起了谁的不满？

明确：晴雯。

（5）麝月为何不去玩？

明确：都玩去了，这屋里交给谁呢？那一个又病了。满屋里上头是灯，地下是火。那些老妈子们，老天拔地，服侍一天，也该叫他们歇歇；小丫头子们也是服侍了一天，这会子还不叫他们玩玩去。所以让他们都去吧，我在这里看着。

（6）当宝玉打叠起千百样的款语温言来劝慰时，黛玉说"横竖如今有人和你顽"，黛玉所说的这个人是？

明确：宝钗。

七、延伸探究

（1）宝钗为李嬷嬷劝宝玉、安慰环哥、断喝莺儿这几处你还记得吗，写出了一个怎样的宝钗形象？

明确：宝钗劝宝玉"你别和你妈妈吵才是，他老糊涂了，倒要让他一步为是"，安慰贾环"好兄弟，快别说这话，人家笑话你"，断喝莺儿"越大越没规矩，难道爷们还赖你？还不放下钱来呢"，可见宝钗为人稳重，处事周全，对被人瞧不上的贾环也未尝表现出冷淡或鄙夷。

（2）此回写"宝玉有个呆意思存在心里"，你还记得第二回作者借冷子兴之口所说的宝玉所说的话吗?

明确：女儿是水作的骨肉，男人是泥作的骨肉。我见了女儿，我便清爽；见了男子，便觉浊臭逼人。

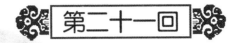

第二十一回

贤袭人娇嗔箴宝玉　俏平儿软语救贾琏

一、整本阅读，思维导图

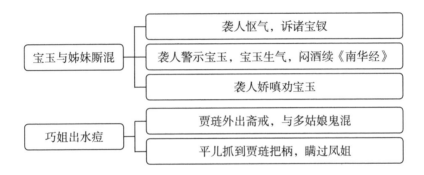

二、回目题解

宝玉终日在林黛玉、史湘云处，和姐妹们没有任何的避讳，甚至吃胭脂。袭人看到后，十分不悦，将此事诉诸薛宝钗，得到宝钗的赏识。宝玉回来后，袭人以柔情警之，劝宝玉不要只和姐妹厮混。不想宝玉大为生气，一整天不理袭人，直到第二天才回心转意。贾琏趁巧姐出痘外居和多姑娘鬼混。平儿在收拾贾琏从外边拿回来的铺盖时，搜出一绺青丝，那是贾琏与多姑娘偷情留下的证据。平儿抓住贾琏把柄，却为他遮掩，从而巧妙瞒过凤姐。

三、主要人物

上半回：宝钗、黛玉、袭人、宝玉、麝月、蕙香。

下半回：王熙凤、平儿、贾琏、王夫人。

四、学养积累

1. 疏通字词

箴［zhēn］：同"针"。劝告，劝诫。

靸鞋［sǎ xié］：把布鞋后帮踩在脚后跟下。

暗忖［àn cǔn］：思量，盘算，推算。

胠箧［qū qiè］：释义为撬开箱箧，后亦用为盗窃的代称。也指撬开箱子，打开箱子。出自《庄子·胠箧》（据《辞海》）。

掊斗折衡［pǒu dǒu zhé héng］：意思是指废除让人争多论少的斗衡。

瞽旷之耳［gǔ kuàng zhī ěr］：瞽旷，春秋时晋国乐师，天生的盲人，能辨别五音六律。瞽，眼睛瞎。意思是形容听觉十分灵敏。

攦［lì］工倕之指：折断手艺最好的工匠（工倕）的手指。倕，古代一个巧匠的名字。

妆奁［lián］：原指女子梳妆用的镜匣，后泛指嫁妆。

2. 文学文化常识

（1）二鼓人定：人定，指夜深人静的时辰，21～23点，这是一昼夜十二时中的最末一个时辰，地支命名是亥时，与二更、二鼓、乙夜相对应。"人定"的意思为：夜已很深，人们已经是停止活动、安歇睡眠了。

（2）戴冠：古代汉族男子到20岁要举行加冠礼，叫作冠，表示成年。冠，读［guàn］时，指的是戴帽子。

五、名家点评

林黛玉搬着手说道："我若饶过云儿，再不活着！"湘云见宝玉拦住门，料黛玉不能出来，［庚辰双行夹批：写得湘云与宝玉又亲厚之极，却不见疏远黛玉，是何情思耶？］便立住脚笑道："好姐姐，饶我这一遭罢。"恰值宝钗来在湘云身后，也笑道："我劝你两个看宝兄弟分上，都丢开手罢。"［庚辰双行夹批：好极，妙极！玉、颦、云三人已难解难分，插入宝钗云"我劝你两个看宝玉兄弟分上"，话只一句，便将四人一齐笼住，不知孰远孰近，孰亲孰疏，真好文字！］黛玉道："我不依。你们是一气的，都戏弄我不成！"［庚辰双行夹批：话是颦儿口吻，虽属尖利，真实堪爱堪怜。］宝玉劝道："谁敢打趣你！你不打趣他，他焉敢说你？"［庚辰双行夹批：好！二"你"字连二"他"字，华灼之至！］

——脂砚斋评点《红楼梦》

六、延伸探究

（1）袭人见湘云为宝玉梳头而赌气。同样是赌气，这与黛玉的赌气有何不同？宝钗为何夸她有识见志量？

明确：黛玉的赌气是为了捍卫她的爱情，袭人的赌气是为了履行自己的职责，也因宝玉不听自己规劝。袭人觉得宝玉和黛玉、湘云在一起应该有"分寸礼节"，毕竟大家都长大了，应该有男女的界限。——这正是宝钗所赞赏的识见。

（2）文中如何描写黛玉、湘云的睡态？从睡态看出两人怎样的性格？

明确：（黛玉）：那林黛玉严严密密裹着一幅杏子红绫被，安稳合目而睡。（湘云）：那史湘云却一把青丝拖于枕畔，被只齐胸，一弯雪白的膀子撂于被外，又带着两个金镯子。两个人两种睡态。黛玉身体不好，人也娇小，内心也没有安全感，所以，她的睡姿是将自己严严实实裹在被子里的。写黛玉之睡态，俨然就是娇弱女子，可怜。湘云之态，则俨然是个娇态女儿，可爱。真是人人俱尽，个个活跳。

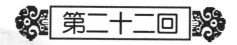

第二十二回

听曲文宝玉悟禅机　制灯谜贾政悲谶语

一、整本阅读，思维导图

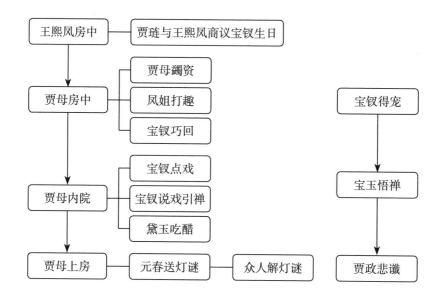

二、回目题解

　　贾母要给宝钗做生日，凤姐和贾琏商量要比林黛玉生日高出一等。凤姐说贾母喜欢的龄官像一个人，宝钗笑而不说，宝玉不敢说，湘云说像黛玉。湘云、黛玉和宝玉为此事闹矛盾。宝玉苦恼于夹在姊妹们中间，动辄得咎，痛悟人生应该是"赤条条来去无牵挂"，要放下一切，遂写一偈，又填写一《寄生草》。宝钗说自己是引起宝玉说疯话的罪魁。元妃送出灯谜，宝钗一猜就着，却故作难猜之状，贾母见元春喜悦，也命制作灯谜大家猜，几个年轻人制的灯谜都不太吉利。贾政看了众姊妹不祥之谜，伤悲感慨。

三、主要人物

上半回：贾琏、王熙凤、贾母、史湘云、薛宝钗、林黛玉、惜春、智能儿、凤姐儿、宝玉、黛玉。

下半回：贾元春、贾母、贾政、宝玉、黛玉、迎春、探春、贾环、史湘云。

四、学养积累

1. 疏通字词

谶语［chèn yǔ］：即迷信的人指事后应验的话。

累揽［lèi kèn］：方言，犹勒索。

谑笑科诨［xuè xiào kē hùn］：指情节滑稽引人发笑的喜剧动作。谑笑，滑稽可笑。诨，诙谐逗趣的话。

铿锵顿挫［kēng qiāng dùn cuò］：形容音律和谐有力、动听。铿锵，有节奏而响亮的声音。

偈语［jì yǔ］：佛经中的唱词。

2. 词句赏析

（1）林黛玉道："安静看戏罢。还没唱'山门'，你倒'妆疯'了。"

明确：可见林黛玉的机智诙谐。《山门》为《鲁智深醉闹五台山》这出戏的一折，黛玉则借另一出戏的戏名《妆疯》讽刺宝玉此时的形态。

（2）宝钗心里也知道，便只一笑不肯说。试从"一笑"看宝钗性格。

明确：宝钗的性格使然："罕言寡语，人谓藏愚，安分随时，自云守拙。"此处脂批：宝钗如此。宝钗八面玲珑、随事从时，颇有心机，从小就养成了不轻易说人的习惯，"一笑"说明心里知道的是像黛玉，性格使然不会说出口，不似史湘云的心直口快。

五、名家点评

谁想贾母自见宝钗来了，喜他稳重和平，［庚辰双行夹批：四字评倒黛玉，是以特从贾母眼中写出。］正值他才过第一个生辰，便自己蠲资二十两，［庚辰双行夹批：写出太君高兴，世家之常事耳。］［庚辰眉批：前看凤姐问作生日数语甚泛泛，至此见贾母蠲资，方知作者写阿凤心机无丝毫漏笔。己卯冬夜。］唤了凤姐来，交与他置酒戏。

凤姐凑趣笑道："一个老祖宗给孩子们作生日，［庚辰侧批：家常话，却是空中楼阁，陡然架起。］不拘怎样，谁还敢争，又办什么酒戏。既高兴要热闹，就说不得自己花上几两。巴巴的找出这霉烂的二十两银子来作东道，这意思还叫我赔上。果然拿不出来也罢了，金的、银的、圆的、扁的，压塌了箱子底。［庚辰眉批：小科诨解颐，却为借当伏线。壬午九月。］"

——脂砚斋评点《红楼梦》

六、趣味问答

（1）贾母并没有出钱给其他孩子做生日，却出钱给薛宝钗过生日，为什么？

明确：薛宝钗能够随分从时、八面玲珑、善于察言观色，在贾府深得人心，连贾母都"喜他稳重和平"，如贾母喜欢热闹，看戏的时候她便专点《西游记》一类的闹戏以讨贾母欢心。

（2）薛宝钗为什么先点了一折《西游记》？

明确：顺贾母之心。

（3）黛玉点了什么戏，为何不写出？

明确：黛玉不喜欢看戏。正是与后文"妙曲警芳心"留伏笔，这时不过草草随众而已，并非真心喜欢，因此没有明写。

（4）史湘云接着笑道："倒象林妹妹的模样儿。"可见史湘云什么样的性格？

明确：心直口快，无不可说之事。

七、延伸探究

众姊妹制作的灯谜，暗示了她们什么样的人生归宿与生存状态呢？

明确：元春之谜暗示荣华的转瞬即逝，成了她的家族命运的极恰切的谶语；迎春之谜暗示她命运不通达；探春之谜暗示她日后远嫁；惜春之谜暗示她将来为尼，试看前面判词：可怜绣户侯门女，独卧青灯古佛旁，写得多么惨淡凄凉；黛玉之谜表明了她与宝玉日后定是有缘无分，"焦首朝暮，煎心年年"更是表达了此时此刻黛玉在情感生活之中所受到的煎熬，本是绛珠仙子托生的她，最终泪尽恩完，香魂归天；宝钗之谜暗示她孤凄寡居的结局。

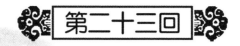

第二十三回

西厢记妙词通戏语　牡丹亭艳曲警芳心

一、整本阅读，思维导图

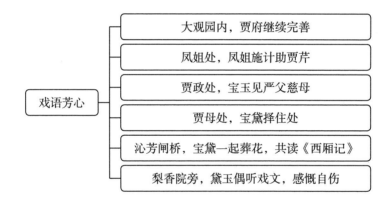

二、回目题解

本回写元春省亲后，下谕令让宝钗等姐妹和宝玉一起入住大观园。大观园开始了它的美好时光，但岁月静好，少年宝玉久静生恼。一日宝玉在沁芳闸桥边巧遇葬花的黛玉，两人一起葬花，共读《西厢记》，以"戏语"互诉爱慕之心。黛玉读过《西厢记》后，听到梨香院传来的曲子声，牡丹亭艳曲警芳心，杜丽娘的爱恨情仇。让黛玉同病相怜，心生悲情。

三、主要人物

上半回：贾政、王夫人、贾母、王熙凤、贾琏、宝玉、黛玉。

下半回：黛玉、宝玉。

四、学养积累

1. 疏通字词

烫蜡钉朱：刻碑时的两道工序。将熔化了的白蜡涂在已经用朱色写好文字的石碑上，保护朱书，以免擦掉。

锦罽〔jì〕鹴〔shuāng〕衾：织出锦花的毛毯，绣有鹴鹴的被褥。罽，一种毛织品。鹴，雁类的一种。

中浣：指每月的中旬。唐代规定，一个月中官吏们每十日可休假一天，用来沐浴、洗涤。

癞头鼋〔yuán〕：动物名，爬行纲，鳖科，吻突而短，脚上有较宽的蹼。

2. 典故释义

（1）巨鼋驮碑

鼋在我国历史上早有记载，《录异记·异龙》中有："鼋，大鳖也。"中国古文化里，古代皇室、公卿、王侯、将相等显贵的陵墓前，常有石制巨鼋驮着墓主人石碑。

（2）苗而不秀

庄稼虽生长，但不吐穗开花。比喻资质虽好，但无成就。也比喻虚有其表。

3. 动词妙用

（1）宝玉只得前去，一步挪不了三寸，蹭到这边来。可巧贾政在王夫人房中商议事情……宝玉只得捱进门去。原来贾政和王夫人都在里间呢。赵姨娘打起帘子，宝玉挨身而入。只见贾政和王夫人对面坐在炕上说话，地下一溜椅子。

明确："挪""蹭""捱""挨身而入""溜"都表现出贾宝玉见父亲时的紧张，害怕和煎熬，贾政对宝玉，终是偏于严厉，少于慈爱，少些父子间应有的融洽温情。

（2）刚至传堂门前，只见袭人倚门立在那里，一见宝玉平安回来，堆下笑来，问："叫你作什么？"

明确："倚""堆"，袭人真是等坏了，愁坏了，那份对宝玉的深情，何等着急，何等牵挂。

第二十三回 西厢记妙词通戏语 牡丹亭艳曲警芳心

五、趣味问答

（1）元春下谕，让众姐妹和宝玉住进大观园，为何说"命宝钗等只管在园中居住，不可禁约封锢"，只提宝钗，而不提黛玉呢？

明确：元春点了薛宝钗之名，这表现了元春再次强调对薛宝钗的器重。她选中了宝钗当她的弟媳妇。贾元春公然支持金玉良缘，不同意贾母支持的宝黛姻缘。

（2）宝玉见父母。王夫人摸挲着宝玉的脖项说道："前儿的丸药都吃完了？"宝玉吃的什么药丸？《红楼梦》中，还有谁也吃药丸？有什么作用？

明确：宝玉吃的是补品之药。宝玉渐渐发育，长大成为男人，需要滋补身体。

《红楼梦》中薛宝钗和林黛玉也吃药丸。薛宝钗吃的是"冷香丸"，相当于现代的保健品之类；林黛玉自幼先天不足，身体瘦弱，吃的是"人参养荣丸"，主要是补虚的。

六、延伸探究

（1）黛玉读过《西厢记》后，偶然听到十二个伶人唱戏文。其中"原来是姹紫嫣红开遍，似这般，都付与断井颓垣""良辰美景奈何天，赏心乐事谁家院"。"则为你如花美眷，似水流年……""你在幽闺自怜"等句。如此心痛神痴，眼中落泪，黛玉为何这次如此感伤？

明确：文中出现的曲词是明代戏曲家汤显祖的代表作《牡丹亭》中的曲子，是女主人公杜丽娘在第十出《惊梦》的一段唱词。林黛玉静静听，不禁心想自己的境遇：寄人篱下，幽困潇湘。黛玉预感到自己与宝玉爱情的暗淡前景，因而不寒而栗，于是"心痛神痴，眼中落泪"。

（2）《西厢记》中莺莺的唱词，诗人为何对"流水""落花"如此钟情？

明确："流水""落花"，代表短暂与永恒，落花逐流水，春光已逝去，世事变化急速，好景一去不复返。诗人总是借"流水""落花"抒发自己无限的愁思和逝者如斯的感慨。

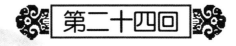

第二十四回

醉金刚轻财尚义侠　痴女儿遗帕惹相思

一、整本阅读，思维导图

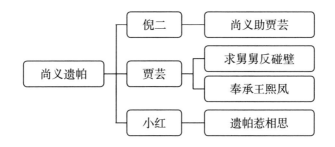

二、回目题解

本回主要围绕两个小人物贾芸和小红展开。贾芸虽是爷，却家道寒微，十分落魄；小红虽是仆，却有几分姿色，聪慧异常。贾芸为求发迹，认年长自己四五岁的宝玉为干爹；小红为攀高枝，亦在宝玉面前投机弄巧。贾芸向舅舅赊香料被拒，小红为宝玉倒茶被骂；贾芸遇倪二慷慨解囊助其穷困，小红日后遇凤姐提拔出人头地。这样两个一心想往上爬的小人物，偏又生出一段情来，真真令人回味无穷。

三、主要人物

上半回：林黛玉、贾宝玉、香菱、贾芸、贾琏、卜世仁、倪二。

下半回：贾宝玉、王熙凤、贾芸、小红、秋纹、碧痕。

四、学养积累

1. 疏通字词

绉 [zhòu]：丝织物的一种。用合股丝线作经，两种不同捻向的强捻丝线作纬，以平纹组织织成。

勾当 [gòu dàng]：做事、谋生。今多指坏事情。

倒扁儿 [dǎo biǎn ér]：方言，钱财周转，或表示救急时临时短期借用以助周转。

韶刀 [sháo dāo]：啰唆，唠叨。

打降 [dǎ jiàng]：打架。

鬒 [zhěn]：头发乌黑而稠密。

啐 [cuì]：唾人以表示鄙斥。

2. 典故释义

青目

青眼，青睐之意。《晋书·卷四十九·阮籍传》：籍大悦，乃见青眼。人正视时黑色的眼珠在中间。后以青眼表示喜爱或看重。

五、名家点评

卜世仁道："我的儿，舅舅要有，还不是该的。我天天和你舅母说，只愁你没算计儿。你但凡立的起来，到你大房里，就是他们爷儿们见不着，便下个气，和他们的管家或者管事的人们嬉和嬉和，［庚辰侧批：可怜可叹，余竟为之一哭。］也弄个事儿管管。前日我出城去，撞见了你们三房里的老四，骑着大叫驴，带着五辆车，有四五十和尚道士，［庚辰双行夹批：妙极！写小人口角，美慕之言加一倍，毕肖。却又是背面傅粉法。］往家庙去了。他那不亏能干，这事就到他了！"贾芸听他韶刀的不堪，便起身告辞。［庚辰侧批：有志气，有果断。］卜世仁道："怎么急的这样，吃了饭再去罢。"一句未完，只见他娘子说道："你又糊涂了。［庚辰侧批：虽写小人家涩细，一吹一唱，酷肖之至，却是一气逼出，后文方不突然。《石头记》笔仗全在如此样者。］……"

——脂砚斋评点《红楼梦》

六、延伸探究

（1）贾芸情商了得，口才不凡，心思机敏。思考本回中哪些地方可以表现贾芸的这些特点？

明确：听宝玉夸赞了一句，马上就认作了父亲。虽然明知宝玉不掌管事务，但毕竟是贾家未来的权力人物，能结交自然是结交的；与倪二交谈，亦是恭维在先，揣度其性情为人，顺水推舟，借到银钱；求贾琏给自己谋个职务不得，立马攀附凤姐，辗转送礼，尤其是奉承凤姐的话现编现来，说得入耳入心，令人刮目相看。

（2）贾芸的舅舅叫卜世仁，这个名字有什么深意吗？

明确：谐音"不是人"。"我父亲没的时候儿，我年纪又小，不知事。后来听见我母亲说，都还亏舅舅们替我们出主意、料理的丧事。难道舅舅就不知道，还是有一亩地，两间房子，如今在我手中花了不成？"此话中明显透露出贾芸对过去的不满，认为舅舅欺负了一对孤儿寡母。

贾芸向舅舅赊要香料，舅舅不仅一口回绝，更是把贾芸数落了一顿。可以看出亲舅舅的冷漠、自私。而夫妻一唱一和，一明一暗共演双簧，贾芸就是在舅舅家吃顿饭都成了奢望。曹雪芹用寥寥数笔，几句对话，把一对吝啬、虚伪、冷酷、自私，又油腔滑调的城市小商人夫妇的嘴脸便勾勒出来，把他们那种认钱不认人的形象描绘得活灵活现、入木三分。

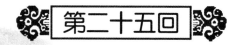

第二十五回

魇魔法姊弟逢五鬼　红楼梦通灵遇双真

一、整本阅读，思维导图

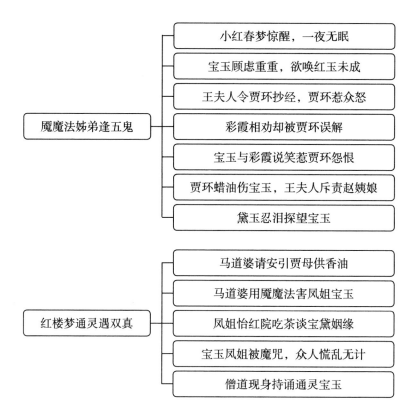

魇魔法姊弟逢五鬼	小红春梦惊醒，一夜无眠
	宝玉顾虑重重，欲唤红玉未成
	王夫人令贾环抄经，贾环惹众怒
	彩霞相劝却被贾环误解
	宝玉与彩霞说笑惹贾环怨恨
	贾环蜡油伤宝玉，王夫人斥责赵姨娘
	黛玉忍泪探望宝玉

红楼梦通灵遇双真	马道婆请安引贾母供香油
	马道婆用魇魔法害凤姐宝玉
	凤姐怡红院吃茶谈宝黛姻缘
	宝玉凤姐被魔咒，众人慌乱无计
	僧道现身持诵通灵宝玉

二、回目题解

上半回：王子腾夫人庆生，贾母与王夫人未出席，王夫人令贾环抄经。贾环因看不惯彩霞与宝玉嬉笑勾出旧恨，再加上内心的嫉妒，用蜡油烫伤了宝玉。为此事，王夫人、凤姐骂了赵姨娘，使矛盾激化。马道婆受了赵姨娘的贿而出点子，给宝玉、凤姐施魔魇法，使叔（宝玉）嫂（凤姐）二人得了疯病。

下半回：通灵玉蒙蔽遇双真，有深刻寓意。通灵宝玉本是圣洁之物，受到声色货利的蒙蔽而失掉了作用。幸而遇到一僧一道（双真），通过作法，使它发挥除邪的作用，从而救了二人的性命。

三、主要人物

上半回：红玉、彩霞、贾环、王夫人、薛姨妈、薛宝钗、迎春、惜春、宝玉、凤姐儿、贾母、马道婆、赵姨娘、黛玉。

下半回：宝玉、凤姐、王夫人、贾母、赵姨娘、贾政、贾赦、癞头和尚、跛足道人、宝钗、黛玉。

四、学养积累

疏通字词

靸［sǎ］靸鞋：方言，把布鞋后帮踩在脚后跟下，穿（拖鞋），靸着鞋。

唪［fěng］：大声吟诵。唪经，佛教徒或道教徒高声念经。

抹额：也称额带、头箍、发箍、眉勒、脑包，中国服饰，明代较盛行。女人包在头额，束在额前的巾饰一般多饰以刺绣或珠玉。

促狭鬼：就是使坏的人。上海话里常见。

体己：家庭成员中个人私存的财物。亦泛指私人积蓄。

邪祟：旧指作祟害人的鬼怪。

调唆［tiáo suō］：挑拨，怂恿人闹纠纷。

五、名家点评

只见宝玉左边脸上烫了一溜燎泡出来，幸而眼睛竟没动。王夫人看了，又是心疼，又怕明日贾母问怎么回答，急的又把赵姨娘数落一顿。［甲戌侧批：总是为楔紧"五鬼"一回文字。］然后又安慰了宝玉一回，又命取败毒消肿药来敷上。宝玉道："有些疼，还不妨事。明儿老太太问，就说是我自己烫的罢了。"凤姐笑［甲戌侧批：两笑，坏极。庚辰眉批：为五鬼法作耳，非泛文也。雨窗。〕道："便说是自己烫的，〔甲戌侧批：玉兄自是悌弟之心性，一叹。〕也要骂人为什么不小心看着，叫你烫了！横竖有一场气生的，到明儿凭你怎么说去罢。"〔甲戌侧批：坏极！总是调唆口吻，赵氏宁不觉乎？〕王夫人命人好生送了宝玉回房去后，袭人等见了，都慌的了不得。

——脂砚斋评点《红楼梦》

六、延伸探究

贾环害宝玉的原因是什么？

明确：①素日原恨宝玉；②又见他和彩霞闹；③每每暗中计算，只是不得下手，终于逮着了机会。这个恨，由来已久。贾环恨宝玉，一个庶出，一个正妻所生，两人的身份天差地远。宝玉可以继承家业，贾环不能；宝玉众星捧月般备受宠爱，贾环却是受尽白眼和怠慢。仅伺候宝玉的人有二三十个，贾环却手头拮据，没底气，输了钱还得跟一个丫头赖账；贾环恨自己在外面受了委屈后回家还要被自己的亲娘骂他是下贱下流的东西；贾环恨姐姐探春一点也不维护自己的亲弟弟，还忙于撇清自己跟他们的关系；恨自己不管怎么努力，在贾政面前都讨不到半点好。

宝玉"神采飘逸，秀色夺人"，贾环"人物猥琐，举止荒疏"。以贾政之严苛、赵姨娘之粗俗浅薄，贾环不可能得到正常成长所需的父爱和母爱。所以，贾环一直生活在宝玉的阴影中，有着极深的自卑感。例如，他跟莺儿玩牌赖账，被莺儿抢白，说他不如宝玉大方，这时候贾环道："我拿什么比宝玉呢。你们怕他，都和他好，都欺负我不是太太养的。"种种不公，使贾环心理变得阴暗、自私、多疑，不相信任何人，包括真心对自己好的彩霞。

贾环的自卑感，几乎是与生俱来。

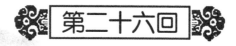

第二十六回

蜂腰桥设言传心事　潇湘馆春宁发幽情

一、整本阅读，思维导图

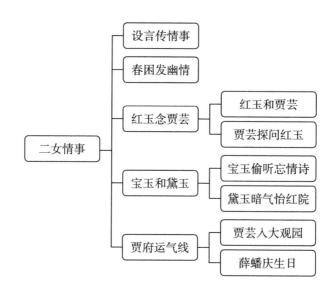

二、回目题解

这一回写了大观园中的若干琐事，从中可以看到上下等丫头之间的矛盾。上半回写红玉和贾芸的初恋故事，下半回写黛玉和贾宝玉初读《西厢记》之后产生的爱情纠葛。

三、主要人物

上半回：宝玉、佳惠、红玉、李嬷嬷、坠儿、贾芸、袭人。

下半回：薛蟠、贾兰、黛玉、紫鹃、冯紫英、蒋玉菡、詹光、程日兴、胡斯来、单聘仁。

四、学养积累

疏通字词

一程子：一段时间，一些日子。

竟：干脆。

懒吃懒喝：吃不下东西。

未留头：清代不论男女，刚出生时都要把头发剃个精光，到大约六七岁时开始留头发，先留顶心的，再留边上的；才留头是指头发刚长齐，未留头是没长齐。

打牙儿：说闲话。

逶迤〔wēi yí〕：蜿蜒曲折，拐来拐去。

剔翎：用喙舔整理羽毛。

葳蕤〔wēi ruí〕：原指草木茂盛，枝叶下垂的样子，这儿是委顿，萎靡不振的意思。

牙栽了：摔倒碰掉牙齿。

饧〔xíng〕：精神不振，眼睛半睁半闭。

新兴：最近兴起的规矩。

疔〔dīng〕：中医病征名。一种毒疮，生于头面及四肢末端，形小根深，状如钉，故名。局部表现为红、肿、热、痛，呈小结节，并可逐渐增大，呈锥形隆起。继而中央变软，出现白色小脓栓。

打围：打猎。

五、延伸探究

赏析佳蕙与小红的对话。

明确（开头的一段）：佳蕙听了跑进来，就坐在床上，笑道："我好造化！才刚在院子里洗东西，宝玉叫往林姑娘那里送茶叶，花大姐姐交给我送去。可巧老太太那里给林姑娘送钱来，正分给他们的丫头们呢。见我去了，林姑娘就抓了两把给我，也不知多少。你替我收着。"便把手帕子打开，把钱倒了出来，红玉替他一五一十的数了收起。

这只是一段普通的对话，但其中透出这样几个细节。

（1）贾母与黛玉的关系

贾母私下特意给黛玉送钱，贾母是真心疼黛玉。在规矩之外仍有额外的钱送给黛玉；黛玉是林如海的独女，当然本不缺钱；可是林如海去世后，黛玉的经济来源完全断掉；黛玉可不就需要老太太的额外体贴。

（2）黛玉的形象

黛玉并不是一个苛待下人的小心眼，但凡待她好的，她也真心相待，所以，她直接抓了两把钱给送茶叶的佳蕙，并不考虑是多是少。

（3）宝玉与黛玉的关系

佳蕙是袭人派了替宝玉送茶叶给黛玉的，这是对上一回情节的照应。宝玉真心待黛玉，上回说要把分给自己的茶叶给黛玉，这一回就送了。他对黛玉的承诺，就一定记得，并且都及时做到了；对比应承贾芸的事，宝玉却忘到了"两三个月"外，贾芸巴巴地等，他早不记得了。

第二十七回

滴翠亭杨妃戏彩蝶　埋香冢飞燕泣残红

一、整本阅读，思维导图

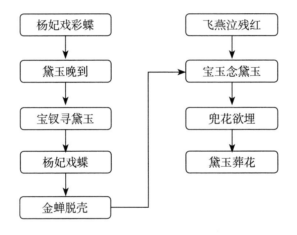

二、回目题解

　　芒种节前，林黛玉去找贾宝玉，敲门不开而闻宝钗笑语，因而回到潇湘馆后暗自垂泪。芒种节，大观园众女儿打扮得花枝招展，祭饯花神。宝钗扑蝶，无心听到红玉和坠儿的对话。于是用"金蝉脱壳"的方法，无意间黛玉作了她的垫脚之石。凤姐发现怡红院红玉说话简断，办事爽利，收为手下干将。探春要宝玉给她买各种精致的艺术品，谈及给宝玉做鞋所用的功夫，引出赵姨娘的妒忌。宝玉寻黛玉，却发现她在葬花，并哭咏《葬花吟》。宝玉不觉痴倒。

三、主要人物

上半回：林黛玉、宝玉、薛宝钗、红玉、坠儿、凤姐、晴雯、碧痕。

下半回：黛玉、探春、宝玉。

四、学养积累

1. 疏通字词

翩跹〔piān xiān〕：形容轻快地跳舞。

槅子〔gé zǐ〕：一种类似书架的器皿。

飖〔yáo〕：随风摇动。

嘁嘁喳喳〔qī qī chā chā〕：形容细碎的说话声音。

忒〔tè或tuī〕：常见于口语，河北唐山等地方言常用词，相当于特别的"特"。

2. 典故释义

（1）金蝉脱壳

蝉：知了；壳：坚硬的外皮。蝉由幼虫变为成虫时要脱壳而出。比喻用计脱身而又留下假象，使对方不能及时发现。出自元·施惠《幽闺记·文武同盟》："曾记得兵书上有个金蝉脱壳之计，不免将身上红锦战袍挂在这枯桩上；翻身跳过墙去。"

（2）芒种

二十四节气之一，芒种时节是小麦等作物成熟和耕种的最忙季节。

3. 动词妙用

刚要寻别的姊妹去，忽见前面一双玉色蝴蝶，大如团扇，一上一下迎风翩跹，十分有趣。宝钗意欲扑了来玩耍，遂向袖中取出扇子来，向草地下来扑。只见那一双蝴蝶忽起忽落，来来往往，穿花度柳，将欲过河去了。倒引的宝钗蹑手蹑脚的，一直跟到池中滴翠亭上，香汗淋漓，娇喘细细。

明确：本片段描写宝钗扑蝶的场景令人叫绝，刻画得栩栩如生，不由得把读者带入活泼的少女追逐蝴蝶嬉戏的场景中，很生动。写蝴蝶大如团扇，迎风翩跹，忽起忽落，穿花度柳。写宝钗"取扇""扑""蹑手蹑脚""一直跟到池中"可看出宝钗的小心翼翼，紧紧相随，却又近在咫尺而不得的情态。

五、名家点评

甲戌侧批：余读《葬花吟》至再至三四，其凄楚感慨，令人身世两忘，举笔再四不能加批。有客曰："先生身非宝玉，何能下笔？即字字双圈，批词通仙，料难遂颦儿之意。俟看过玉兄后文再批。"噫嘻！阻余者想亦《石头记》来的？故掷笔以待。

甲戌：饯花辰不论典与不典，只取其韵致生趣耳。

甲戌：池边戏蝶，偶尔适兴；亭外急智脱壳。明写宝钗非拘拘然一女夫子。

甲戌：凤姐用小红，可知晴雯等埋没其人久矣，无怪有私心私情。且红玉后有宝玉大得力处，此于千里外伏线也。

甲戌：《石头记》用截法、岔法、突然法、伏线法、由近渐远法、将繁改简法、重作轻抹法、虚敲实应法种种诸法，总在人意料之外，且不曾见一丝牵强，所谓"信手拈来无不是"是也。

甲戌：埋香冢葬花乃诸艳归源，《葬花吟》又系诸艳一偈也。

蒙回后总评：幸逢知己无回避，审语歌窗怕有人。总是关心浑不了，叮咛嘱咐为轻春。

蒙回后总评：心事将谁告，花飞动我悲。埋香吟苦后，日日饮双督。

——脂砚斋评点《红楼梦》

六、趣味问答

宝钗无意听到红玉和坠儿的谈话，为避免尴尬，怎么做的？

明确：宝钗便故意放重了脚步，笑着叫道："颦儿，我看你往那里藏！"一面说，一面故意往前赶。那亭内的红玉坠儿刚一推窗，只听宝钗如此说着往前赶，两个人都唬怔了。宝钗反向他二人笑道："你们把林姑娘藏在那里了？"坠儿道："何曾见林姑娘了。"宝钗道："我才在河那边看着林姑娘在这里蹲着弄水儿的。我要悄悄地唬他一跳，还没有走到跟前，他倒看见我了，朝东一绕就不见了。别是藏在这里头了。"一面说，一面故意进去寻了一寻，抽身就走，口内说道："一定是又钻在山子洞里去了。遇见蛇，咬一口也罢了。"一面说一面走，心中又好笑：这件事算遮过去了，不知他二人是怎样。

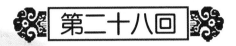

第二十八回

蒋玉菡情赠茜香罗　薛宝钗羞笼红麝串

一、整本阅读，思维导图

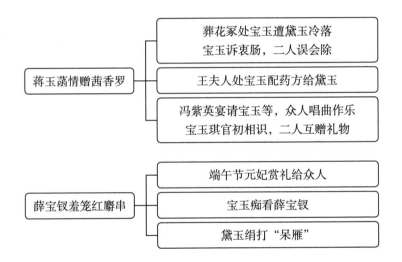

蒋玉菡情赠茜香罗
- 葬花冢处宝玉遭黛玉冷落
  宝玉诉衷肠，二人误会除
- 王夫人处宝玉配药方给黛玉
- 冯紫英宴请宝玉等，众人唱曲作乐
  宝玉琪官初相识，二人互赠礼物

薛宝钗羞笼红麝串
- 端午节元妃赏礼给众人
- 宝玉痴看薛宝钗
- 黛玉绢打"呆雁"

二、回目题解

　　本回目上半回重点写了与黛玉和好如初的宝玉应邀参加冯紫英家宴，因而结识了琪官蒋玉菡。下半回写端午节元妃给"双宝"的礼物一样而令黛玉不悦。宝玉痴迷看宝钗的样子被黛玉取笑是"呆雁"。这一回中写宝玉与薛蟠等一批淫滥无耻之徒在一起鬼混。他不拘小节的滥交行为为荣国府最终的发展会带来怎样的影响？端午节元妃赐"双宝"一样的礼物会让宝黛二人的情路一帆风顺吗？

三、主要人物

上半回：宝玉、黛玉、凤姐儿、宝钗、蒋玉菡。

下半回：宝玉、黛玉、宝钗。

四、学养积累

1. 疏通字词

木樨［mù xi］：同"木犀"。文中指桂花。

打醮［dǎ jiào］：请道士设坛祈祷，借以祈求神灵赐福免灾的仪式。

红豆：名相思子。诗词中多以"红豆"说相思，所以这里用以比"相思血泪"。

玉粒金波：喻指珍贵的食物饮料。

菱花镜：即镜子。古代铜镜映日则发光影叫菱花，故名。

捱不明：等待不到天亮。

可人：性格、行为都惹人喜爱的人。与宝贝儿的意思相似。

更漏：古代夜间报时用具。

鬼灵精：极言聪明机灵。

桂花油：女子用的发油。

谯楼：古时城门上用以望远的高楼称谯楼，此泛指城楼。更鼓声起，也是说夜已深了。

剔：挑灯芯。

鸳帏：帏帐。"鸳"作修饰词，比喻夫妻或男女欢好。

妈妈：指鸨母。

2. 典故释义

（1）悔教夫婿觅封侯

用唐代诗人王昌龄《闺怨》诗原句："忽见陌头杨柳色，悔教夫婿觅封侯。"说的是少妇在大好春光里后悔自己叫丈夫到外面去追求功名，以至自己独守空闺。

（2）雨打梨花深闭门

北宋词人秦观《忆王孙》词："杜宇声声不忍闻，欲黄昏，雨打梨花深闭门。"因为席上有梨，所以说了这句有"梨"字的词。

（3）鸡鸣茅店月

唐代温庭筠《商山早行》诗："鸡声茅店月，人迹板桥霜。"或为表现冯紫英其人非腹中有文墨者，故乃因之。

五、名家点评

宝钗分明看见，只装看不见，低着头过去了；到了王夫人那里，坐了一回，然后到了贾母这边，只见宝玉在这里呢。[甲戌侧批：宝钗往王夫人处去，故宝玉先在贾母处，一丝不乱。]薛宝钗因往日母亲对王夫人等曾提过"金锁是个和尚给的，等日后有玉的方可结为婚姻"等语，[甲戌侧批：此处表明以后二宝文章，宜换眼看。]所以总远着宝玉。[甲戌眉批：峰峦全露，又用烟云截断，好文字。]……再看看宝钗形容，只见脸若银盆，眼似水杏，唇不点而红，眉不画而翠，[甲戌侧批：太白所谓"清水出芙蓉"。]比林黛玉另具一种妩媚风流，不觉就呆了，[甲戌侧批：忘情，非呆也。]

宝玉忘情，露于宝钗，是后回累累忘情之引。茜香罗暗系于袭人腰中，系伏线之文。

蒙回后总评：世间最苦是疑情，不遇知音休应声。盟誓已成了，莫迟误今生。

——脂砚斋评点《红楼梦》

六、趣味问答

（1）上半回葬花冢处，黛玉不理宝玉，宝玉追在其身后感叹了一句什么话？

明确：他感叹："既有今日，何必当初？"

（2）此回中宝玉给黛玉配的药方中所需的珍珠按正经方子要在哪里才能找得到？最后这珍珠是谁提供的？

明确：古坟里；凤姐。

（3）上半回宝玉吃了斋饭去看黛玉，路上被凤姐叫住，她让宝玉做了什么事？她顺便要走了宝玉身边的哪一个丫鬟？

明确：让宝玉帮她写字；红玉。

七、延伸探究

本回目"蒋玉菡情赠茜香罗，薛宝钗羞笼红麝串"中"茜香罗""红麝串"各有怎样的暗示？

明确：琪官蒋玉菡与贾宝玉在冯紫英宴请时初次见面，二人一见如故，互赠礼物给对方。蒋玉菡将大红汗巾即茜香罗送给了宝玉，宝玉将自己的松花汗巾送给了琪官。这松花汗巾原是袭人给他的，当晚回去后袭人为此责备宝玉。当天夜里，宝玉又悄悄把琪官送的大红汗巾系在袭人腰上。互赠礼物给对方表明宝玉和琪官的特殊友情。又写出宝玉、琪官、袭人三人之间关系微妙，为后来袭人和蒋玉菡结为夫妻埋下伏笔。红麝串是端午节元妃送来的东西，宝玉和宝钗是同样的，由此可以看出元妃在宝玉的婚事上更中意薛宝钗一些。这两个物件的出现为宝玉今后的爱情之路埋下了双不幸：在宝玉看来，袭人不会离开自己，会终生服侍自己，可袭人的结局却是嫁给了琪官蒋玉菡。宝玉理想的爱人是黛玉，但从元妃端午节赐礼来看，元妃却是要宝玉娶宝钗。

第二十九回

享福人福深还祷福　痴情女情重愈斟情

一、整本阅读，思维导图

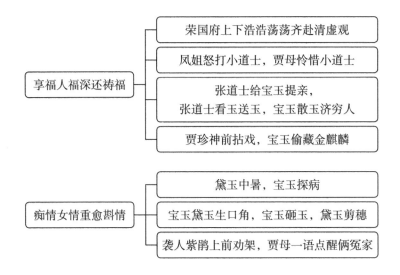

享福人福深还祷福
- 荣国府上下浩浩荡荡齐赴清虚观
- 凤姐怒打小道士，贾母怜惜小道士
- 张道士给宝玉提亲，张道士看玉送玉，宝玉散玉济穷人
- 贾珍神前拈戏，宝玉偷藏金麒麟

痴情女情重愈斟情
- 黛玉中暑，宝玉探病
- 宝玉黛玉生口角，宝玉砸玉，黛玉剪穗
- 袭人紫鹃上前劝架，贾母一语点醒俩冤家

二、回目题解

本回回目"享福人福深还祷福，痴情女情重愈斟情"，高度概括了《红楼梦》的两种不同的人生追求：前者呈现的是以贾母为代表的贵族阶层对贪欲享乐的"福"的追求。后者表现了痴情女林黛玉对生命、自由、爱情、幸福的追求。小道士的遭遇、张道士极尽阿谀讨好、神前拈戏、"金玉良缘"惹宝黛生口角等情节的存在，让他们各自如愿了吗？

三、主要人物

上半回：贾母、王熙凤、宝玉、黛玉、薛宝钗。

下半回：宝玉、黛玉、贾母。

四、学养积累

1. 疏通字词

形容身段：模样身材。

腌臜〔ā za〕：不干净；心里感到别扭，不痛快。

痴病：多愁善感达到痴心的程度。

潸〔shān〕然泪下：形容眼泪流下来。

2. 动作描写的妙处

仔细体会下面有关小道士挨打这段文字中，曹雪芹对王熙凤及其随从的动作、语言描写的作用。

凤姐便一扬手，照脸一下，把那小孩子打了一个筋斗，骂道："野牛肏的，胡朝那里跑！"那小道士也不顾拾烛剪，爬起来往外还要跑。正值宝钗等下车，众婆娘媳妇正围随的风雨不透，但见一个小道士滚了出来，都喝声叫"拿，拿，拿！打，打，打"！

明确：王熙凤怒打小道士，"一扬手，照脸一下，把那小孩子打了一个筋斗"。下手可谓快、准、狠，打了之后还骂出脏话来。王熙凤飞扬跋扈和心狠手辣的性格凸显出来。跟随的人"都喝声叫'拿，拿，拿！打，打，打'"的话活画出他们仗势欺人的丑恶嘴脸，而小道士的可怜样在打他骂他的人面前也充分展示出来。

五、名家点评

一片哭声总因情，重金玉无言何可为证？

庚辰：清虚观贾母凤姐原意大适意大快乐，偏写出多少不适意事来，此亦天然至情至理必有之事。

庚辰：二玉心事此回大书，是难了割，却用太君一言以定，是道悉通部书之大旨。

袭人因劝宝玉道："千万不是，都是你的不是。往日家里小厮们和他们的姊妹拌嘴，或是两口子分争，你听见了，你还骂小厮们蠢，不能体贴女孩儿们的心。今儿你也这么着了。明儿初五，大节下，你们两个再这们仇人似的，老太太越发要生气，一定弄的大家不安生。依我劝，你正经下个气，陪个不是，大家还是照常一样，这么也好，那么也好。"那宝玉听见了不知依与不依。要知端详，且听下回分解。

——脂砚斋评点《红楼梦》

六、趣味问答

（1）本回回目中的"享福人""痴情女"分别指谁？

明确：贾母，林黛玉。

（2）贾府一行人去哪里打平安醮？

明确：清虚观。

（3）张道士口中说的"荣国公"是谁？

明确：贾母已故的丈夫，宝玉的爷爷。

（4）贾母给宝玉选妻的标准是什么？

明确：模样儿性格儿难得好的。

（5）宝玉为何偷藏金麒麟？

明确：想送给也有金麒麟的史湘云。

（6）次日宝黛二人为何都没有去清虚观？

明确：宝玉不去是因为头天张道士给他提亲。黛玉是因为天热中了暑，身体不适。

（7）贾母的一句什么话让宝黛二人听了如"参禅的一般"？

明确：不是冤家不聚头。

七、延伸探究

探究本回中宝黛发生口角的原因。

明确：这回吵架，起因还是从元妃娘娘赏赐东西说起。因赏给宝玉和宝钗的东西一样，黛玉担心这是对金玉良缘赐婚的兆头，这令她心里不开心。紧接着清虚观打醮，老道士给宝玉说亲，宝玉又留下了那只雄麒麟（和湘云配对的），这些事都让黛玉对自己和宝玉的爱情忧心不已，于是在宝玉前来探病时就拿假话试探宝玉。而宝玉又用假话来回应。如此"两假相逢，终有一真"。可巧黛玉此时又提起"金玉""好姻缘"之说，宝玉气不过，便发狠气得摔玉。黛玉气不过又将吃的解暑汤吐了出来，又因袭人的话剪了通灵玉上她缝的穗子。由此可见二人发生口角以致宝玉摔玉、黛玉剪穗子的根本原因，是源于各自对对方的独有的爱而引起的。

第二十九回　享福人福深还祷福　痴情女情重愈斟情

第三十回

宝钗借扇机带双敲　龄官划蔷痴及局外

一、整本阅读，思维导图

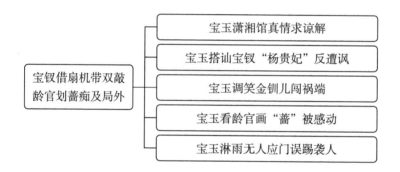

宝钗借扇机带双敲
龄官划蔷痴及局外

- 宝玉潇湘馆真情求谅解
- 宝玉搭讪宝钗"杨贵妃"反遭讽
- 宝玉调笑金钏儿闯祸端
- 宝玉看龄官画"蔷"被感动
- 宝玉淋雨无人应门误踢袭人

二、回目题解

　　此回目讲了宝黛二人解开了前几日摔玉剪穗一事之结后，二人在凤姐的拉拽下来到贾母处。宝玉因说话造次惹恼了宝钗，宝钗借戏名讥讽宝黛。无精打采的宝玉来到王夫人处调笑金钏儿，以至于金钏儿后来挨打。没趣的宝玉在大观园偶遇与黛玉相像之人，痴迷之中遭淋雨的宝玉叫门半天无人应，结果误踢袭人。从情节来看，本回的贾宝玉似乎诸多不顺。流年不利的他是否能化险为夷呢？

三、主要人物

上半回：宝玉、黛玉、王熙凤、薛宝钗、王夫人、金钏儿。

下半回：宝玉、椿龄、袭人。

四、学养积累

1. 疏通字词

歪派：不正当的指责，错怪。

乌鸡眼：形容人与人吵架时，两不相让，怒目而视的情态。

心拙口夯〔xīn zhuō kǒu bèn〕：心思笨拙，又不善于说话。夯，同笨。

乜斜〔miē xie〕：亦作"乜邪"。指没有精神，昏昏欲睡的样子。

匝地〔zā dì〕：遍地，满地。

2. 典故、歇后语释义

（1）东施效颦〔dōng shī xiào pín〕

比喻模仿别人，不但模仿不好，反而出丑。有时也作自谦之词，表示自己根底差，学别人的长处没有学到家。《庄子·天运》："故西施病心而颦其里，其里之丑人见而美之，归亦捧心而颦其里。其里之富人见之，坚闭门而不出；贫人见之，挈妻子而去之走。"

（2）黄鹰抓住了鹞子的脚——扣了环了

鹰和鹞子的脚互相抓住，正好像铁环一样互相紧扣在一起。比喻两人十分亲密而不肯分离。

五、名家点评

宝钗再要说话，见宝玉十分讨愧，形景改变，也就不好再说，只得一笑收住。别人总未解得他四个人的言语，因此付之流水。〔庚辰本批：指扇敲双玉，是写宝钗金蝉脱壳。〕

庚辰（戚序、蒙府）：指扇敲双玉是写宝钗金蝉脱壳。

庚辰（戚序、蒙府）：银钗画"蔷"字是痴女梦中说梦。

庚辰（戚序、蒙府）：脚踢袭人是断无有理，竟有是事。

靖藏：无限文字，痴情画蔷，可知前缘有定，非人力强求。

林黛玉虽然哭着，却一眼看见了，见他穿着簇新藕合纱衫，竟去拭泪，便一面自己拭着泪，一面回身将枕边搭的一方绡帕子拿起来，向宝玉怀里一摔，一语不发，仍掩面自泣。宝玉见他摔了帕子来，忙接住拭了泪，〔甲辰夹批：写进宝、黛无限心曲，假使金圣叹见之，正不知批出多少妙处。〕

戚序（蒙府）总评：爱众不长，多情不寿；风月情怀，醉人如酒。

——脂批《石头记》

六、趣味问答

（1）黛玉说她回家去，宝玉说跟黛玉回家。黛玉说若她死了，宝玉是如何回答的？

明确： 做和尚去。

（2）"宝玉自知又把话说造次了"中的话指什么话？

明确： 怪不得他们拿姐姐比杨妃，原也富态些。

（3）椿龄把提醒她避雨的宝玉当成了什么人？

明确： 当成了大观园的一个丫头。

（4）在这一回中，出现了几位"金陵十二钗"中的人物，分别是谁？

明确： 林黛玉、王熙凤、薛宝钗。

（5）上半回回目"宝钗借扇机带双敲"中的"机""双敲"各指什么？

明确： 宝黛钗三人在贾母处，宝玉说宝钗是杨贵妃，宝钗生气，于是就借丫头靓儿找扇子的时机轻敲碎打。表面是训斥丫头靓儿，实则是讽刺宝玉，接着又用"负荆请罪"来讽刺宝黛。

（6）下半回回目"龄官划蔷痴及局外"中"痴及局外"作何理解？

明确： 梨香园的演员龄官椿龄单恋着贾蔷，痴迷地用簪子在地上不断画贾蔷的名字，她的这一行为被宝玉窥见了。宝玉在龄官单恋着贾蔷一事上本是局外人，但他却还想替龄官分担些（"可恨我不能替你分些过来"）。椿龄的痴情竟然感染到局外人宝玉了，所以说"痴及局外"。

七、延伸探究

一直都是"行为豁达，品格端方，随分从时"的薛宝钗为何在宝玉把她比作杨贵妃时，不顾贾母、凤姐等也在场，会有"不由的大怒……便冷笑了两声……""我倒像杨妃，只是没一个好哥哥好兄弟可以作得杨国忠的！"说话夹枪带棒、连讽带刺的失态的表现？

明确： ①自古以来没有哪个女孩喜欢被人说"富态"（胖）。宝玉当众说宝钗"富态"，犯了天下女孩之大忌，怒是肯定的。②薛宝钗向来以端庄贤淑自居，恪守"妇德"，很是在意自己的好形象。而史书记载，杨氏兄妹权倾朝野，一手遮天，误导朝政。封建社会所谓的"红颜祸水"是不好的象征。所以她的大怒也在情理之中。③讥讽宝玉黛玉。一想到日常黛玉宝玉"好哥哥好妹妹"的你侬我侬的甜情蜜意，立即抓住时机讥讽黛玉"你就算有好哥哥也不过是杨国忠之流"，以此来发泄内心的怒气。

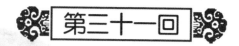

第三十一回

撕扇子作千金一笑　因麒麟伏白首双星

一、整本阅读，思维导图

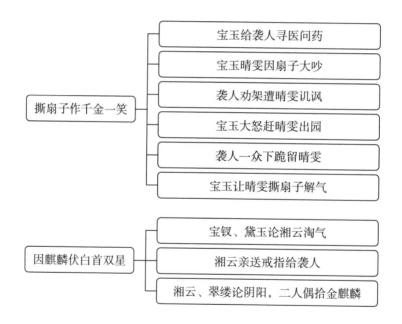

- 撕扇子作千金一笑
  - 宝玉给袭人寻医问药
  - 宝玉晴雯因扇子大吵
  - 袭人劝架遭晴雯讥讽
  - 宝玉大怒赶晴雯出园
  - 袭人一众下跪留晴雯
  - 宝玉让晴雯撕扇子解气
- 因麒麟伏白首双星
  - 宝钗、黛玉论湘云淘气
  - 湘云亲送戒指给袭人
  - 湘云、翠缕论阴阳，二人偶拾金麒麟

二、回目题解

　　本回目主要写晴雯撕扇子解气和湘云、翠缕论阴阳时偶拾宝玉不慎丢失的金麒麟两件事。在这里曹雪芹让我们直接看到了一个伶牙俐齿、不惧尊卑、藐视纲常、刚烈直率的晴雯和一个调皮可爱、学养丰厚、见到金麒麟心有所动的史湘云。曹雪芹将会如何安排刚烈的晴雯的命运和心有所动的史湘云的姻缘，在本回目中有所暗示吗？

三、主要人物

上半回：宝玉、黛玉、袭人、晴雯。

下半回：宝玉、黛玉、宝钗、王夫人、湘云、翠缕。

四、学养积累

1. 疏通字词

形容：精神。

行动：动不动。

事故：矛盾。

分证：计较。

和息和息：调解调解。

渒：浸泡。

几何：多少钱。

拜（了）影：每逢年节及祖先忌日，子孙对祖宗的画像叩拜。

2. 典故释义

千金难买一笑

犹言千金买笑。花费千金，买得一笑。旧指不惜重价，博取美人欢心。

［出处］宋朝张孝祥《虞美人》词之六："情人传语更商量，只得千金一笑也甘当。"明朝汤显祖《紫钗记》第六出："道千金一笑相逢夜，似近蓝桥那般欢惬。"

3. 动作、神态、语言描写的妙处

宝玉笑道："还是这么会说话，不让人。"林黛玉听了，冷笑道："他不会说话，他的金麒麟也会说话。"一面说着，便起身走了。

明确：史湘云的金麒麟、薛宝钗的金锁，在黛玉的思想意识中，这两样东西在某种程度上都是宝黛的"木石姻缘"的阻碍。林黛玉不止一次因薛宝钗有那样一枚金锁心生戒备，今日又来了一位相貌、才气均可匹敌薛宝钗的史湘云，而且她又佩戴着一只金麒麟，这自然又让林黛玉戒备十足。而这时贾宝玉偏又在众人面前夸赞史湘云会说话，于是林黛玉立刻警觉，吃酸妒忌之意顿时涌上心头，于是她便说出一句"他不会说话，他的金麒麟也会说话"这样夹枪带棒的话来，此处神态、语言描写生动，表现

出黛玉小心眼、爱使小性儿和说话刻薄尖酸的性格特征。

五、名家点评

宝玉亦渐长，于外昵秦钟蒋玉菡，归则周旋于姊妹中表以及侍女如袭人晴雯平儿紫鹃辈之间，昵而敬之，恐拂其意，爱博而心劳，而忧患亦日甚矣。

——鲁迅《中国小说史略·清之人情小说》

悲凉之雾，遍被华林，然呼吸而领会之者，独宝玉而已。

——鲁迅《中国小说史略·清之人情小说》

在我的眼下的宝玉，却看见他看见许多死亡；证成多所爱者当大苦恼，因为世上，不幸人多。

——鲁迅《集外集拾遗补编》

六、趣味问答

（1）宝玉请谁来给袭人看病问药的？

明确：太医王济仁。

（2）端阳节有何习俗？

明确：端阳佳节，蒲艾簪门，虎符系臂。

（3）宝玉、黛玉在聚散上的态度一样吗？

明确：不一样。黛玉喜散不喜聚，宝玉是喜聚不喜散。

（4）晴雯因为什么被宝玉骂作"蠢材"？

明确：失手将扇子骨跌折。

（5）晴雯的什么话让袭人羞得脸发紫？

明确："我倒不知道你们是谁，别叫我替你们害臊了。便是你们鬼鬼祟祟干的那事儿，也瞒不过我去，那里就称起'我们'来了。明公正道，连个姑娘还没挣上去呢，也不过和我似的，那里就称上'我们'了。"

（6）林黛玉道："你哥哥得了好东西等着你呢。"史湘云道："什么好东西？"宝玉笑道："你信他……"宝玉到底有没有"好东西"要给史湘云？

明确：有，这个"好东西"就是清虚观打醮时张道士给他的金麒麟。

七、延伸探究

你怎么看宝玉让晴雯尽情撕扇子时所说的有关"爱物"的一番话?

明确: 这番话是早上宝玉因晴雯跌折扇子与晴雯大吵一顿后晚间喝酒回来时对晴雯说的一番话。宝玉的"爱物论"乍看十分荒唐,其实表达了他的"人重于物"的基本信念,两人之间无身份障碍的友情在宝玉的"爱物论"的话中得以体现。宝玉愿意放下自己的身份与晴雯和好,表明宝玉没有以自己是主子而自居,也没有把晴雯当丫鬟奴才来对待。晴雯虽然是丫鬟,但是却没有像小说里众多下人一样一味谄媚讨好和安抚主子。此番话表明这是两个心中没有身份地位、只有真实感情的人的交往方式。

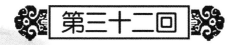

第三十二回

诉肺腑心迷活宝玉　含耻辱情烈死金钏

一、整本阅读，思维导图

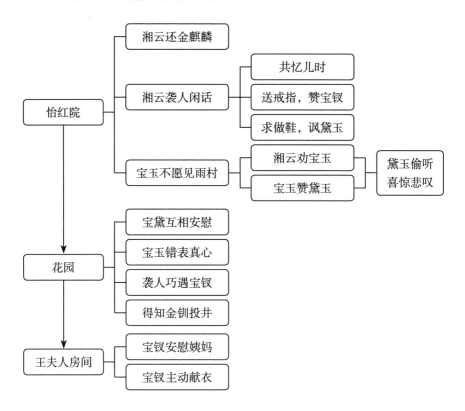

二、回目题解

本回写黛玉因湘云和宝玉都有金麒麟，很不放心，前来怡红院"以察二人之意"，听到湘云和宝玉对话后百感交集，由对宝玉的不放心转为极为放心。但黛玉见自己并无信物可定，又无媒妁可言，伤心落泪。宝玉情急之下，吐露真情，诉肺腑之言意乱神迷。此番是二人第一次直白地表达真心。

金钏百般求饶不得，含羞辱投井而死，性情刚烈。她是贾府第一个死去的大丫鬟，是僵化的传统礼教的牺牲品，也揭开了贾府所谓宽柔待下、济贫扶弱的虚伪面纱，是《红楼梦》里第一个大的悲剧。

三、主要人物

上半回：贾宝玉、史湘云、袭人、林黛玉、薛宝钗。

下半回：薛宝钗、王夫人、金钏儿、贾宝玉。

四、学养积累

1. 疏通字词

拿款：方言，摆架子。

噎〔yē〕人：用话刺激人。

经济：经世济民。

牛心左性：比喻脾气固执，性情古怪。

装裹：入殓的衣裳。

轰雷掣〔chè〕电：轰响的雷鸣，急骤的闪电。比喻突然出现的令人震惊的力量或情况。

2. 典故释义

鲛人，又名泉客。是中国古代神话中鱼尾人身的神秘生物，与西方神话中的美人鱼相似。鲛人生活在中国的南海之外，善于纺织，可以制作入水不湿的龙绡，为丝制品中的极品，被冠以"鲛绡"的美称。

3. 词句赏析

（1）上回也是宝姑娘也说过一回，他也不管人脸上过得去过不去，他就咳了一声，拿起脚来走了。

明确："拿"字用得很传神，表示宝玉走的一点儿都不迟疑、不犹豫。

（2）"早知觉了八分，于是将衣服交割明白。"中"交割"这个词用得好。为什么要用在宝钗身上？

明确：用"交割"，说明宝钗做事清楚，在每件事情上都能够衡量轻重，分清利害关系。

五、名家点评

庚辰：前明显祖汤先生有《怀人》诗一截，读之堪合此回，故录之以待知音：无情无尽却情多，情到无多得尽么？解到多情情尽处，月中无树影无波。

宝玉道："林姑娘从来说过这些混帐话不曾？若他也说过这些混帐话，我早和他生分了。"〔蒙侧批：花爱水清明，水怜花色新。浮落虽同流，空惹鱼龙涎。〕袭人和湘云都点头笑道："这原是混帐话。"

林黛玉听了这话，如轰雷掣电，细细思之，竟比自己肺腑中掏出来的还觉恳切，竟有万句言语，满心要说，只是半个字也不能吐。〔何等神佛开慧眼，照见众生业障，为现此锦绣文章，说此上乘功德法。〕

——脂砚斋评点《红楼梦》

六、趣味问答

（1）"我也不过俗中又俗的一个俗人罢"作者为什么连用三个"俗"字？

明确：作者借宝玉之口正话反说，连用三个"俗"字，恰说明在作者眼里，当大家都去附庸风雅的时候，贾宝玉的"俗"反而是真性情。

（2）宝玉道："林姑娘从来说过这些混帐话吗？要是他也说过这些混帐话，我早和他生分了。"林黛玉从不说的是什么"混账话"？这从不说的"混账话"对宝黛二人有何作用？

明确：林黛玉从不规劝贾宝玉走仕途经济之路。不说"混账话"是宝黛共同的叛逆意识和二人借以建立爱情关系的基础。

（3）"黛玉听了这话，不觉又喜又惊，又悲又叹。"黛玉"喜""惊""悲""叹"的各是什么？

明确：所喜，果然是知己；所惊，不避嫌疑称赞；所悲，父母早逝，无人做主，自己身体抱恙；所叹，你我既为知己，何必有金玉论。

七、延伸探究

袭人"心下暗度如何处治方免此丑祸",你认为这是"丑祸"吗?

明确: 从袭人的角度看,黛玉跟宝玉的这个关系的确是一桩"丑祸"。宝玉和黛玉情投意合,有共同的叛逆意识。我们从此回目宝玉诉肺腑之言以及黛玉的所感所言就可感受到二人情真意切的爱情。在追求真性情的人眼中,不爱仕途经济,钟情于一个与自己相知的人,并且逐日深化他们之间纯真的爱情并非"丑祸"。

第三十二回　诉肺腑心迷活宝玉　含耻辱情烈死金钏

第三十三回

手足耽耽小动唇舌　不肖种种大承笞挞

一、整本阅读，思维导图

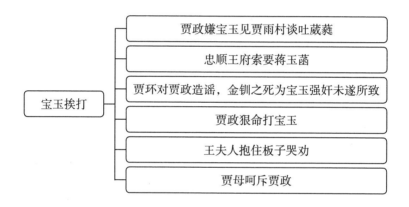

二、回目题解

本回主要围绕"宝玉被打"展开。贾政正因宝玉会见雨村时谈吐葳蕤生气，又见他满面愁色，火气便长了三分。恰逢忠顺王府长史官前来索要蒋玉菡，宝玉腰间的红汗巾子泄露了他与蒋玉菡的私交。偏偏贾环趁机造谣金钏儿之死是因宝玉强奸未遂所致。贾政至此实在是忍无可忍，气得面如金纸。于是命人拿来宝玉，打了几十大板。王夫人忙赶至书房，抱住板子哭劝。贾母喘吁吁走来，呵斥贾政，冷言责王夫人，令人备轿马回南京。贾政苦苦叩求认罪。

三、主要人物

上半回：贾宝玉、金钏、贾政、忠顺府长史官、蒋玉菡、贾环。

下半回：贾政、贾宝玉、老姆姆、王夫人、贾母、王熙凤、袭人、焙茗。

四、学养积累

疏通字词

手足：指兄弟，这里特指贾环。

唇舌：口舌，毁谤、挑拨的言辞。

嗐〔hài〕：叹词，表示伤感或惋惜。

葳葳蕤蕤〔wēi wēi ruí ruí〕：草木茂盛，枝叶下垂的样子。本回指萎靡不振。

身亡命殒〔shēn wáng mìng yǔn〕：指人死亡。

潭府：①深渊。②韩愈《符读书城南》诗："一为公与相，潭潭府中居。"后因以"潭府"尊称他人的居宅。

谆〔zhūn〕谆奉恳：以诚恳并恭敬的态度向您表示恳切的请求。

暴殄〔tiǎn〕轻生：指突然自杀身亡。

啖〔dàn〕指咬舌：恐惧不敢多言的样子。啖，吃。

优伶〔líng〕：指古时以乐舞、戏谑为业的艺人，后指戏曲演员。伶，乐工。

五、名家点评

宝玉情迷出神，无人接待雨村，于贾政口中补出，妙，妙！

蒋玉菡置买庄房，已伏后来娶袭人事。

蒋玉菡在东郊二十里紫檀堡地方置买田房，王府中尚且不知，宝玉何以独知其细？暗写宝玉与蒋玉菡情好甚密，不时往来，甚至紫檀堡庄上，宝玉亦曾到过，亦未可知。

贾政大怒，是听贾环之言。金钏之死是主，蒋玉菡之事是宾。

马婆魇魔，衅起生彩霞，宝几死于鬼；贾环搬舌，祸由死金钏，宝玉几死于打。其实皆赵姨所致，是后来结果案据。

113

宝玉抬回贾母房中，人人俱到，独黛玉不来，是在潇湘馆中痛心暗哭，不好意思走来，所以下回说"眼睛肿得桃儿一般"，其痛更甚于别人。是暗写，不是漏笔。

焙茗向袭人所说贾环是实，薛蟠是虚，故作猜疑之笔，为下回薛蟠剖辩地步。

——王希廉评价《红楼梦》

六、延伸探究

（1）简述宝玉挨打情节。

明确：先是宝玉与王夫人的丫头金钏儿调笑，结果金钏儿被王夫人赶出去含羞自尽。再是宝玉因结交蒋玉菡，忠顺王府借故刁难，宝玉的弟弟贾环趁机在贾政面前造谣中伤，贾政盛怒之下将宝玉打得气弱声嘶，亏得王夫人赶到才停止。后来贾母也到了，贾政才下跪赔罪。

（2）宝玉挨打有哪些直接原因？真正的根源是什么？

明确：挨打的直接原因主要有三个：其一是宝玉会见贾雨村时无精打采，令贾政很不满意。其二是宝玉与蒋玉菡的交往激怒了忠顺王爷，给贾政无端招来政治纠纷。其三是贾环搬弄是非，污蔑宝玉逼死了金钏儿。

宝玉挨打的根本原因：贾政痛恨宝玉鄙弃功名利禄，不走仕途经济之路，不在大事上下功夫，不能成为他的继承人。他痛恨宝玉的离经叛道，这是封建礼教的维护者与叛逆者之间不可调和的矛盾。

第三十四回

情中情因情感妹妹　错里错以错劝哥哥

一、整本阅读，思维导图

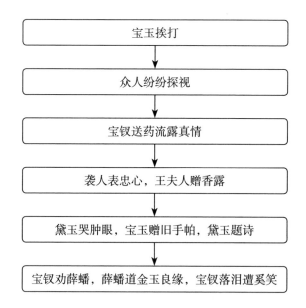

宝玉挨打

↓

众人纷纷探视

↓

宝钗送药流露真情

↓

袭人表忠心，王夫人赠香露

↓

黛玉哭肿眼，宝玉赠旧手帕，黛玉题诗

↓

宝钗劝薛蟠，薛蟠道金玉良缘，宝钗落泪遭奚笑

二、回目题解

本回为宝玉被打之余波，宝钗送药，黛玉心疼哭肿眼睛，众人纷纷探视。袭人从焙茗处探知挨打的原因，不慎说出薛蟠的名字。宝钗回家和薛蟠论理，未果。黛玉在宝玉面前默默垂泪，心痛不已。袭人在王夫人处表达赤诚之意，晚间宝玉送给黛玉两条旧手帕，黛玉感慨万千，题诗三首。

三、主要人物

上半回：袭人、宝钗、黛玉、周瑞媳妇、吴新登媳妇、郑好时媳妇、王夫人。

下半回：宝钗、薛姨妈、薛蟠、黛玉。

四、学养积累

1. 疏通字词

袷纱被：表里两层的纱被。袷，同"夹"。

沉心：多指言者无意而听者有心，陡生不快。也叫"吃心"或"嗔心"。

栉沐：梳洗。

白眉赤眼：平白无故的意思。

湘江旧迹：代指泪痕。用湘妃哭舜，泪染斑竹的典故。见《博物考》。

2. 语言积累

君子防不然，亦作"君子防患于未然"。意谓君子防备祸患于未发生之时。见宋代郭茂倩编《乐府诗集·君子行》："君子防未然，不处嫌疑间。瓜田不纳履，李下不正冠。"

五、名家点评

此回为黛玉作一束。自"意绵绵""警芳心""发幽情""惜情女"诸回书迤逦而来，到此结穴。

为宝钗作一起，凡"梅花络""绛芸轩""解疑辩""金兰语""见土仪"以至"成大礼"诸回书络绎而生，从此发源。

黛到此已无心，钗到此方有事。而"情"字又不容上下分析，黛为情，钗亦何尝非情？这情种原无分别，而在实则情有独钟，故曰"情中情"，见钗情矣，而黛又情中之情也。看写宝钗送药，先有一情感境界可知。

——张新之评点《红楼梦》

六、趣味问答

（1）"情中情"是指谁对谁的情？"因情感妹妹"是指哪个妹妹？"错里错"是指谁犯的什么错？"以错劝哥哥"是谁在劝？劝的哪位哥哥？

明确： 宝玉挨打后，宝钗送药，真情流露；黛玉整夜痛哭，哭肿了双眼。宝玉感受到两个姑娘的真情，也很感动。说："你放心，别说这样的话，就便是为这些人死了，也是情愿的！"

宝玉私交琪官，被忠顺王府的人找上门来，这是一桩错；贾环诬陷宝玉羞辱母婢，导致金钏跳井，是第二桩错；告密者不是薛蟠，却被焙茗、袭人、宝钗误认为是薛蟠，薛蟠情急之下戳穿了薛姨妈、薛宝钗"金玉良缘"的心事，就是错中错。以错劝哥哥，是宝钗劝薛蟠学好。

（2）王夫人赠给宝玉的两瓶香露，叫什么名字？

明确： 一瓶叫"木樨清露"，另一瓶叫"玫瑰清露"。

七、延伸探究

（1）宝玉挨打后，钗黛二人都来探视，宝钗怎么劝宝玉？黛玉怎么劝宝玉？请你试着评价一下钗黛二人的情感。

明确： 宝钗劝宝玉说"早听人一句话，也不致有今日"。又说"你这样细心，何不在大事上做工夫？"理正而言真；黛玉劝宝玉只说"你从此可都改了罢！"言婉而情深。迥然各别。

（2）宝玉为什么赠旧手帕给黛玉？黛玉懂了，你怎么想？

明确： "横也丝［思］来竖也丝［思］"之说和旧帕乃旧物，意为不忘旧情，给她擦眼泪用的。也在告诉黛玉不要伤心哭泣，以表对黛玉的相思。两人心意相通，互相体恤。

（3）这一回中，多人落泪，请你盘点一下都是谁在哭？为什么哭泣？

明确： 黛玉题诗潜泣，宝钗劝兄气哭。一是情不自禁，一是情由人激，然总因宝玉一人而起。王夫人哭，为她死去的珠儿哭；袭人哭，是陪着王夫人哭。

第三十五回

白玉钏亲尝莲叶羹　黄金莺巧结梅花络

一、整本阅读，思维导图

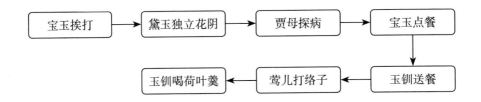

二、回目题解

此一回仍是宝玉挨打的余波。以宝玉要吃小荷叶儿莲蓬汤、众人交口夸赞宝钗、玉钏给宝玉送汤、莺儿给"宝玉"打络子、袭人得了王夫人两碗赏菜，这些看似无关的琐事，暗示"金玉良缘"的结成。

三、主要人物

上半回：宝钗、黛玉、李纨、迎春、探春、惜春、贾母、凤姐、邢王二夫人、周姨娘、紫鹃、薛姨妈、薛蟠。

下半回：湘云、平儿、香菱、王夫人、贾母、薛姨妈、李纨、凤姐、玉钏、莺儿、喜儿、袭人、麝月、秋雯、傅家嬷嬷。

四、学养积累

疏通字词

打个花胡哨：虚情假意地敷衍一下。

泠［líng］泠：形容清凉。

双文：即《西厢记》里的崔莺莺，因莺莺的名字是用两个"莺"字叠成。

像生儿：原指对客观事物的声音、状态等的模拟仿效。宋代吴自牧《梦粱录·闲人》："旧有百业皆通者，如纽元子，学像生叫声……"这里指做戏似的装模作样，引人发笑。

炸一炸：金银器物旧了，经淬火加工使它重现光泽，叫作"炸"。

上个俊儿：尝个新、沾点光的意思。

丧谤：恶声恶气给人说话。

一炷香……柳叶：这里指各种编织图案的名称。

五、名家点评

宝钗因晚间受薛蟠委曲，又记挂母（兄）（亲）所以早起。黛玉起得更早，是专怜宝玉，又不好进院，独立花阴之下，其千思万想，一夜无眠，如画纸上。

鹦哥念"哭花"二句，可见黛玉无日不哭，无日不念《哭花诗》，又先引《西厢》二句以衬《哭花诗》。文章既前后映照，而黛玉痴情亦描写透彻。

自"宝钗来至家中"句至"薛蟠方出去"句止一段文字，是补写宝钗早起回家后情事，以了结昨晚薛蟠胡闹一节。

莲叶羹、梅花络，引出三十七回海棠社、菊花题。

宝玉想赞黛玉，贾母偏赞宝钗，更见贾母久已属意宝钗。

玉钏、金莺亦是关照金玉良缘。

夹写傅秋芳一段，形容宝玉痴呆。

莺儿正要说宝钗好处，却被宝钗走来冲断。藏蓄大有意味。

莺儿正打梅花络，宝钗忽叫打玉络，又用金线配搭，金与玉已相贴不离。

黛玉线穗已经剪断，宝钗线络从此结成。

——王希廉评点《红楼梦》

六、趣味问答

（1）白海棠花是谁送入大观园的？海棠社中他们的诗号分别叫什么？

明确：①贾芸。②宝玉：富贵闲人；黛玉：潇湘妃子；宝钗：蘅芜君；探春：蕉下客；迎春：菱洲；惜春：藕榭；李纨：稻香老农。

（2）莲叶羹是限量版的珍品佳肴，白玉钏是个丫鬟，怎么有机会吃到？

明确：这是宝玉对金钏跳井有愧，刻意取悦白玉钏，以化解心中的愧疚。

七、延伸探究

（1）莺儿给"通灵宝玉"打络子，宝钗说配上金线有什么暗示？文中还有哪些暗示？

明确：暗示"金玉良缘"。

王夫人给袭人增加了分例银，又得了王夫人赏的两大碗菜，确定了袭人是宝玉小妾的身份，暗示宝钗身份得到认可。

宝玉夸王熙凤会说话，指望贾母夸奖黛玉几句，不曾想大家交口称赞了宝钗，暗示着"木石前缘"不被世俗认可。

（2）宝黛爱情在本回表现得淋漓尽致，请你找一下具体表现。

明确：黛玉对宝玉是深深爱慕，时时牵挂，炽烈的感情至此已经完全表露出来了。因为牵挂，整夜地哭，哭肿了眼睛；趁着没人，来看一眼宝玉，又怕人家看到红肿的眼睛取笑；远远地张望，久久地站立，只是为多看宝玉一眼。但是，爱而不能的忧伤，没有父母兄姊做主的凄凉，交织于心，又落下一身的病症。

宝玉对黛玉亦然，什么事情都想着林妹妹。王夫人给的香露他想送给黛玉；大家聊天，他想让贾母夸赞黛玉。怕黛玉牵挂，希望她不要哭泣，故叫晴雯送旧手帕等。

第三十六回

绣鸳鸯梦兆绛芸轩　识分定情悟梨香院

一、整本阅读，思维导图

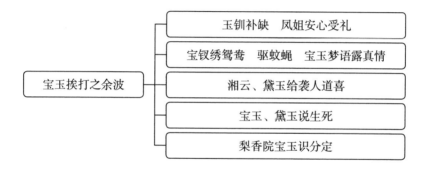

宝玉挨打之余波
- 玉钏补缺　凤姐安心受礼
- 宝钗绣鸳鸯　驱蚊蝇　宝玉梦语露真情
- 湘云、黛玉给袭人道喜
- 宝玉、黛玉说生死
- 梨香院宝玉识分定

二、回目题解

本回中，贾母特许宝玉游卧大观园。宝玉甘为诸丫鬟充役，骂宝钗学得沽名钓誉，入了"国贼禄鬼"之流；除"四书"外，别书皆毁，深敬黛玉。袭人小妾身份已定。袭人、宝钗绣鸳鸯戏莲花兜肚。宝玉梦语"和尚道士的话如何信得？什么是金玉姻缘，我偏说是木石姻缘"警醒宝钗。宝玉在梨香院受到龄官冷落，深悟人生情缘，各有分定。

三、主要人物

贾母、宝玉、黛玉、袭人、宝钗、龄官。

四、学养积累

疏通字词

分定：命里注定的缘分。

钟灵毓秀：旧时认为杰出有为的人才，是天地间灵秀之气聚集培育出来的。钟，聚。毓，养育。

跟前人：这里指被收为妾的丫鬟。

奴几：奴才辈。几，指排列、辈分。

白犀麈：一种精致贵重的拂尘。麈，鹿的一种。

"袅晴丝"一套："袅晴丝"是《牡丹亭·惊梦》中第一支曲《步步娇》的首三字。"袅晴丝"一套，代指《惊梦》一出的曲子。

放了生：释放鸟兽虫鱼等类小生物，视为积德的善举。

五、名家点评

陈其泰：绣鸳鸯梦（兆）（警）绛芸轩："兆"字不醒。

王希廉：贾母若不吩咐小使"过了八月方许宝玉出二门"，则此四五月中，宝玉在园中诸事无从细叙。此文章开展法。

宝钗辈时常见机劝导，惟黛玉自幼不劝宝玉立身扬名。作者只用闲笔一写以省絮烦，而黛玉之一味情痴，不知正道，已显然可见。

借众人想要金钏月钱，引出王夫人厚待袭人与周、赵二姨一样。接（笋）（榫）自然。

凤姐说"环兄弟该添一个丫头"是反挑笔。

宝钗刺绣尚可，蝇刷实在可疑，不但黛玉疑，湘云亦不免于疑。

借宝玉梦中说出"木石姻缘"，直伏后来出走情事。

宝钗告诉袭人的话，是在同出怡红院一面走一面说的。书中藏而不露，妙极！

宝玉议论忠臣良将皆非正死，又说到自己即死于此时，一派呆话，总因通灵为情蔽之故。

宝玉要得众人眼泪漂化尸身，又因龄官钟情贾蔷，说："不能全得众人眼泪"，是总结三十三回宝玉受责后众多眼泪。

宝玉悟人生情缘各有定分，其悟虽是，其迷愈甚。

龄官一层，固是宣明三十回中画字之意，实是为黛玉陪衬，雀儿串戏是鹦哥念诗陪衬。

湘云忽然回去，引起不入"海棠社"，临行悄嘱宝玉，引起同拟菊花题，两番诗会，便不合掌。

——《石头记》济水钓叟汇评精校注释试评本

六、延伸探究

（1）绛云轩的"梦兆"该如何理解？

明确：绛云轩的"梦兆"应该是一语双关——表面上是宝玉正在午睡又说了梦话，同时也暗示宝钗和袭人的"鸳鸯梦"却被宝玉的梦话无情打破。

（2）识分定是谁认识了谁的分定？分定是什么意思？

明确：分定就是人与人之间注定的缘分。"识分定"，就是认识了人和人之间关系是在冥冥之中有一个"分定"的。说白了，不管你是谁，尽管你可以一厢情愿地去爱任何人，但并不是你想爱谁，谁就一定也爱你，人家可以有自己想爱的人。即"人生情缘，各有分定"。这样简单的道理，宝玉竟然不知道，需要通过一个"自找没趣"的过程才能领悟。

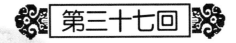

第三十七回

秋爽斋偶结海棠社　蘅芜苑夜拟菊花题

一、整本阅读，思维导图

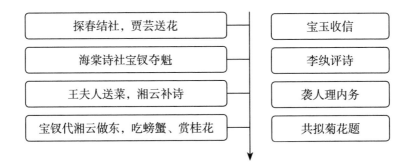

探春结社，贾芸送花	宝玉收信
海棠诗社宝钗夺魁	李纨评诗
王夫人送菜，湘云补诗	袭人理内务
宝钗代湘云做东，吃螃蟹、赏桂花	共拟菊花题

二、回目题解

　　本回写探春向宝玉倡议创建诗社，适值贾芸送来海棠花两盆，遂起名"海棠社"。探春给黛玉起名"潇湘妃子"，宝钗给宝玉起号"无事忙""富贵闲人"。湘云补和诗，自愿当东道。宝钗邀湘云安歇，给湘云出主意请老太太吃螃蟹、赏桂花，并教湘云纺绩针黹为本。二人夜拟菊花题十二个。

三、主要人物

探春、宝玉、贾芸、黛玉、宝钗、湘云、贾母。

四、学养积累

1. 疏通字词

娣：女弟，义同"妹"。

真卿墨迹：唐代大书法家颜真卿的真迹。

痌瘝〔tōng guān〕：古代帝王常用"痌瘝乃身""恫瘝在抱"一类的话表示其视民间疾苦犹如自身病痛。在这里探春用以表示宝玉对自己生病的关切。痌，痛。瘝，病。

些山滴水：供玩赏的小巧的盆景山水之类。这里指园林泉石。

莲社：东晋名僧慧远居庐山虎溪东林寺所结成的一个文社，因寺内有白莲，故称莲社。见梁代释惠皎《高僧传》。

平章：品评；议论。

限韵：旧时作诗，限定只能在某一韵部中用韵，或在某一韵部中只能用某几个字作韵脚，叫限韵。

鸡头：指鸡头米，芡实的俗称。芡是一种水生植物，其果仁可食。

2. 语言积累

采薪之患：即"采薪之忧"，见《孟子·公孙丑下》，意思是有病不能打柴。后用作自称有病的婉辞。薪，柴草。

投辖攀辕：极言留客之殷勤。辖，穿在车轴头上使轮子不致脱落的零件，多用金属制成。投辖：《汉书·陈遵传》记陈遵嗜酒好客，宴饮时常将客人的车辖投入井中，使客人不得离去；辕，车辕。攀辕：牵挽住车辕子不让走。《书言故事大全·卷八·仕进类·攀辕》："汉侯霸为临淮太守，被征，百姓攀辕卧辙，愿留期年。"

棹雪而来：即乘兴而来。《世说新语·任诞》记述王子猷冒雪"夜乘小船"访戴安道，刚到门口就回转了。人家问他为什么，他说："吾本乘兴而行，兴尽而返，何必见戴。"棹，船桨，这里作动词用，相当于"划"。

五、名家点评

八月将终，贾母所限宝玉出门之期已近，乃贾政又奉差远出，宝玉更可任意游荡，以便叙及结社等事。文章生波再展法。

探春才起意结社，贾芸适送白海棠，借此立名，便不着迹。

探春札甚雅，芸儿字极俗，映衬好看。

宝玉别号有三个，又听人混叫，活变不板。

未见白海棠，先拟诗社题，与后文菊花题不用实字用虚字，俱是文章避实法。

李纨评诗以宝钗诗含蓄浑厚取为第一，眼力、见识甚高。

各人海棠诗俱暗写各人性情、遭际，而黛玉更觉显耳。

借送果品引出史湘云，又借寻玛瑙引出送桂花，为下文赏桂伏笔。

王夫人给袭人碗菜月钱是明写，给衣服在众丫头口中说出是暗写，一样事两样写法，方不雷同。

湘云补诗二首，第一首是宝钗影子，第二首是黛玉影子。

海棠是初起小社，连湘云补作只有六首；菊花是续起大社，故有十二首。

海棠结社，已伏九十四回之花妖。

宝钗想出赏桂吃蟹，代湘云作东，遍请一家。文章开拓变换，既照应宝玉送桂花，又引起下回借蟹讥讽一层。

——王希廉评点《红楼梦》

六、延伸探究

蘅芜苑夜拟菊花题中，你对薛宝钗有了怎样的认识？大家为什么喜欢宝钗？

明确：薛宝钗处事周到，办事公平，关心人，体贴人，帮助人。一次，袭人想央求湘云替她做点针线活，宝钗知道后，马上对她讲明史湘云"在家里一点做不得主""做活做到三更天""一来了就说累得慌"的苦衷，责怪她"怎么一时半刻不会体贴人"，并主动接去了要湘云做的活计。

这一回，湘云要开社做东，宝钗因怕她花费引起她婶娘抱怨，便资助她办了螃蟹宴。因此，这位心直口快、性情豪爽的小姐，曾经真心地这样称赞宝钗："这些姐妹们，再没有一个比宝姐姐好的，可惜我们不是一个娘养的——我但凡有这样一个亲姐姐，就是没了父母，也是没妨碍的。"

她自己的诗歌创作，也颇具特色。在大观园的诗人中，只有林黛玉可以与她抗衡。在海棠诗社，她的诗凭借雍容典雅，含蓄浑厚夺魁。

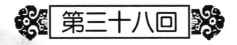

第三十八回

林潇湘魁夺菊花诗　薛蘅芜讽和螃蟹咏

一、整本阅读，思维导图

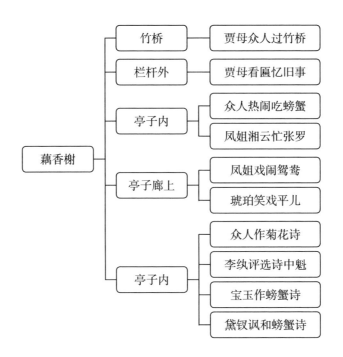

- 藕香榭
  - 竹桥 —— 贾母众人过竹桥
  - 栏杆外 —— 贾母看匾忆旧事
  - 亭子内
    - 众人热闹吃螃蟹
    - 凤姐湘云忙张罗
  - 亭子廊上
    - 凤姐戏闹鸳鸯
    - 琥珀笑戏平儿
  - 亭子内
    - 众人作菊花诗
    - 李纨评选诗中魁
    - 宝玉作螃蟹诗
    - 黛钗讽和螃蟹诗

二、回目题解

　　本回描述了一幅颇有趣味的画卷。首先，作者通过凤姐、贾母之口，把一部吃蟹宝典献给所有读者。其次，作者在本回中描绘了一幅贾府上下其乐融融的图画，让我们看到了等级森严的贾府的开明民主的一面。另外，在本回中作者着重描写了众姐妹和宝玉赋菊花诗、作螃蟹诗的动人场面，尽显钗黛的过人才华。

三、主要人物

上半回：贾母、王熙凤、史湘云、李纨、鸳鸯、琥珀、平儿。

下半回：史湘云、贾宝玉、林黛玉、薛宝钗、李纨、贾探春。

四、学养积累

1. 疏通字词

不相干的：没关系的。

唼喋［shà zhá］：形容鱼或水鸟吃食的声音，也指鱼或水鸟吃食。

蓼［liǎo］红：指红蓼，蓼的一种。多生水边，花呈淡红色。

酹［lèi］：把酒洒在地上表示祭奠或起誓。

蛩［qióng］：蝗虫的别名，俗称"蚱蜢"。古书中也指蟋蟀。

2. 典故释义

皮里春秋

《晋书·褚传》：褚为人外表上不露好恶，不肯随便表示赞成或反对，而心里却存着褒贬，所以有人说他"有皮里春秋"。因晋简文帝后名春，晋人避讳以"阳"代"春"，故这一成语亦作"皮里阳秋"。后多用以说人心机诡深，而不动声色。

3. 吃蟹宝典

本回中，作者为我们展示了中国几百年的吃蟹经，值得收藏。

（1）得趁热吃。本回中，众人坐定后，凤姐便吩咐下人："螃蟹不可多拿来，仍旧放在蒸笼里，拿十个来，吃了再拿。"

（2）要吃对部位。本回中，贾母笑道："你们看他可怜见的，把那小腿子脐子给他点子吃也就完了。"

（3）螃蟹性寒，吃时需配姜、醋，喝热酒。宝钗在《螃蟹咏》中有这么一句"酒未敌腥还用菊，性防积冷定须姜。"

五、名家点评

庚辰：题曰"菊花诗""螃蟹咏"，伪自太君前阿凤若许诙谐中不失体、鸳鸯平儿宠婵中多少放肆之迎合取乐写来，似难入题，却轻轻用弄水戏鱼之看花等游玩事及王夫人云"这里风大"一句收住入题，并无纤毫牵强，此重作轻抹法也。妙极！好看煞！

——脂砚斋评点《红楼梦》

六、趣味问答

（1）《红楼梦》里的"琴棋书画"指的是谁？分别是谁的丫头？

明确： 抱琴、司棋、侍书、入画。分别对应为：抱琴——元春；司棋——迎春；侍书——探春；入画——惜春。这"琴棋书画"，在《红楼梦》里是代表着贾府"四春"的不同性格和才能。

（2）贾宝玉的姐妹众多，其中共有几个亲姐妹？几个堂姐妹，几个表姐妹？

明确： 与贾宝玉同父同母的姐姐贾元春，同父异母的妹妹贾探春；堂姐妹有贾迎春、贾惜春；表姐妹有林黛玉、薛宝钗、史湘云等。

七、延伸探究

"桂霭桐阴坐举觞，长安涎口盼重阳。眼前道路无经纬，皮里春秋空黑黄。酒未敌腥还用菊，性防积冷定须姜。于今落釜成何益，月浦空馀禾黍香。"这是薛宝钗讽和的螃蟹诗，"众人看毕，都说这是食螃蟹绝唱，这些小题目，原要寓大意才算是大才，只是讽刺世人太毒了些。"试分析本诗是如何以小寓大，讽刺世人的。

明确： 本诗颔联明写螃蟹走路"无经纬"，任意横行，虽然皮里有"春秋"，即活蟹的膏有黄的黑的不同颜色，而"空黑黄"指明了花样多也是徒劳。尾联的"成何益""空馀"，则写出横行和诡计又有何用，禾黍香亦已与它无关，因为它难逃"落釜"被人煮食之命运。

可见，本诗托物喻人，以小寓大。以讽螃蟹来讽刺社会中的一些丑恶人物。他们虽然心怀巨测，横行一时，背离正道，结果都是机关算尽，难逃灭亡的下场。所以小说中特地强调："看到这里，众人不禁叫绝。"宝玉道："骂得痛快！我的诗也该烧了。"

第三十八回　林潇湘魁夺菊花诗　薛蘅芜讽和螃蟹咏

第三十九回

村姥姥是信口开河　情哥哥偏寻根究底

一、整本阅读，思维导图

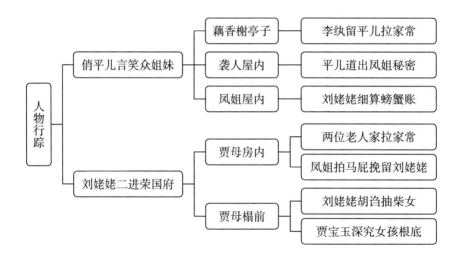

二、回目题解

村姥姥即刘姥姥，另外还有"蠢姥姥"的谐音意，与"情哥哥"相对。信口开河，说明刘姥姥会应付场面，绝对不蠢。刘姥姥瞎编胡诌出茗玉的故事，碰巧宝玉偏是多情种，对此深信不疑并派人寻根究底，却失望一场。所以鲁迅在《中国小说史略》称宝玉就是这样的"爱博而心劳"。

三、主要人物

上半回：李纨、平儿、袭人。

下半回：贾母、刘姥姥、贾宝玉、王熙凤、焙茗、周瑞家的。

四、学养积累

1. 疏通字词

打抽丰：也叫"打秋风"，旧时利用各种关系向有钱人家讨点财物。

积古：有丰富的社会经验，知道很多古老的事情。

留道：溜须，拍马。

疏头：指为修庙募化钱财的启事文章。

香头：寺庙中管香火的头目。

阴骘〔yīn zhì〕：原指暗中使安定。转指阴德。骘，安排，定。

2.《红楼梦》中的避讳文化

"失火"为什么叫"走了水"？

明确：走水是"失火"的避讳语。我国古代对死亡、恶疾、灾祸等很多事情忌讳直言，如讳言火灾，将失火叫作"走水"。本回中，贾府马棚失火，贾母询问，丫鬟回答说："南院子马棚里走了水了，不相干，已经救下了。"再如用"老了"讳言死去，如《红楼梦》第十五回写道："这铁槛寺是宁荣二公当日修造的，现今还有香火地亩，以备京中老了人口，在此停灵。"另外，代替死的言词还有去世、下世、过世、辞世、病故、病逝、长逝、长眠、仙逝、作古、不在了、出远门了等。

言语忌讳反映了人们趋利避害的思想倾向，也表示了对别人的尊重，有一定的合理性，因而大量的代用词流传下来，不仅丰富了汉语词汇，而且成为礼俗文化的一个重要组成部分。

五、名家点评

至于《红楼梦》之布置情节也，则祸福倚伏，吉凶互兆，综错变化，不紊不乱，如线串珠，如珠走盘，可谓我国小说中仅有之作。盖书中前前后后之情事，莫不有直接或间接之因果关系焉。故事虽曲折复杂，而终无钩攀混乱之情状。

——王家棫《红楼梦的结构》

六、趣味问答

（1）周瑞家的说刘姥姥投了两个人的缘，这两个人是谁？

明确：王熙凤、贾母。

（2）团脐的螃蟹是啥样的？

明确：雌蟹腹甲形圆，称团脐。雄蟹腹甲形尖，称尖脐。故团脐、尖脐有时亦指雌蟹和雄蟹。

七、延伸探究

本回中李纨的形象特征与之前的"竟如槁木死灰一般"的形象有所不同，说说你对李纨的这种变化的理解。

明确：李纨是贾珠之妻，贞静淡泊、清雅端庄，是标准的封建淑女节妇。

而本回中湘云做东邀社时，凤姐让平儿来要螃蟹，众人拉着平儿，平儿不肯，李纨瞅着她笑道："偏叫你坐！"因拉她身边坐下，端了一杯酒，送到她嘴边，平儿忙喝了一口就要走，李纨道："偏不许你去！显见你只有凤丫头，就不听我话了。"

两个"偏"字，这样任性的言语，偏偏最不该是李纨说出来的。

李纨又揽着平儿笑道："可惜这么个好体面模样儿，命却平常，只落得屋里使唤。不知道的人，谁不拿你当做奶奶太太看？"平儿一面和宝钗湘云吃酒，一面回头笑道："奶奶，别这么摸的我怪痒痒的。"

"揽""摸"这样亲昵的动作也确实不该是李纨的举动。

作者这样安排，一方面是表现李纨性格中活泼可爱的一面，表明平时李纨和平儿关系很好；另一方面主要应该是李纨酒后显真情的表现。李纨的心事就通过这平时不可能发生在她身上的语言和动作显露出来。

李纨评价平儿是"外表体面""命却平常"，这让她想到了自己的身世。虽为大奶奶却青春丧偶，独守空房，又说平儿和凤丫头是有造化的，可以互相依靠，而自己却如此冷清寂寞，一人独撑，"说着滴下泪来"。可见，此时的李纨借着微醉，将内心的苦楚和故事显露了出来，这也应该是她真性情的流露了。

第四十回

史太君两宴大观园　金鸳鸯三宣牙牌令

一、整本阅读，思维导图

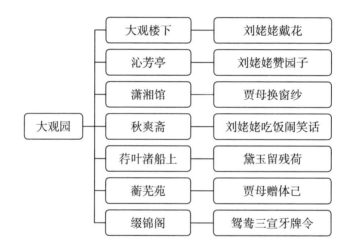

二、回目题解

本回中的大观园又热闹起来了！贾母为给史湘云还席设宴大观园。刘姥姥用她的眼睛带着我们重游大观园，别有一番风味，也带给园中人久违的欢乐。酒令大将军金鸳鸯英明神威，贾母行酒令尽显胸襟气派，黛玉行酒令误漏小秘密，刘姥姥行酒令最接地气，大观园内果然热闹非常！

三、主要人物

上半回：贾宝玉、李纨、刘姥姥、贾母、王熙凤、林黛玉、史湘云。

下半回：贾母、王夫人、贾探春、薛宝钗、金鸳鸯、薛姨妈。

四、学养积累

1. 疏通字词

觑［qū］：眼睛眯成缝。

戗［qiàng］金：在器物图案上嵌金。

麈［zhǔ］尾：古人闲谈时执以驱虫、掸尘的一种工具。在细长的木条两边及上端插设兽毛，或直接让兽毛垂露外面，类似马尾松。

珐琅［fàláng］：涂料名。又称搪瓷。用石英、长石、硝石和碳酸钠等加上铅和锡的氧化物涂在铜质或银质器物上，经过烧制，能形成不同颜色的釉质表面。

2. 牙牌令说明

牙牌令是贾母两宴大观园席上行的酒令。

牙牌，又称骨牌、牌九，旧时游戏用具，亦作赌具。共三十二张，刻有等于两粒骰子的点色，即上下的点数都是少则一，多至六。一、四点色红，二、三、五、六点色绿。三张牌点色成套的就成"一副儿"，有一定的名称。行令时，宣令者说一张，受令者答一句，说完三张，合成这一副儿的名字，无论诗词歌赋、成语俗话，比上一句，都要押韵。小说里牙牌令中的一、三、五、七句都由宣令者鸳鸯来说。

3. 典故释义

良辰美景奈何天

明代大戏曲家汤显祖《牡丹亭·惊梦》中女主角杜丽娘的唱词原句："良辰美景奈何天，赏心乐事谁家院！"

《牡丹亭》有反对传统婚姻制度和旧礼教的倾向，被儒家道学先生视为"淫书"，所以书中说"宝钗听了，回头看看她"。

五、名家点评

一时饭毕，凤姐和刘姥姥道："你可别多心，不过大家取乐儿。"鸳鸯亦走来笑道："姥姥别恼，我给你老人家赔不是。"刘姥姥笑道："咱们哄着老太太开个心儿，有什么恼的！你先嘱咐我，我就明白了。不过大家取个笑儿。"一句兜转，才见得刘姥姥是积古老姬，非蠢如、拙如牛之物。

——洪秋蕃《红楼梦扶隐》

六、趣味问答

（1）潇湘馆、秋爽斋、蘅芜苑、缀锦楼分别是大观园中谁的居所？

明确：林黛玉、贾探春、薛宝钗、贾迎春。

（2）贾母为黛玉换的窗纱叫什么名字？有哪些颜色？

明确：软烟罗。有四样颜色，分别是雨过天晴、秋香色、松绿色、银红色。

（3）"留得残荷听雨声"是哪个朝代谁的哪首诗里的一句？

明确：唐代李商隐《宿骆氏亭寄怀崔雍崔衮》中的一句。

七、延伸探究

刘姥姥在贾府中似乎一直是被愚弄的对象，试着从本回对刘姥姥的人物描写中探究一下你所发现的刘姥姥的人物形象特点。

明确：本回是刘姥姥二进大观园，曹雪芹对刘姥姥进行了浓墨重彩的描写，将刘姥姥的形象展现得非常充分。

凤姐给刘姥姥插了满头的花来戏弄他，刘姥姥却说："我这头也不知修了什么福，今儿这样体面起来。"宴席上鸳鸯戏弄刘姥姥，刘姥姥极力配合，逗大家一笑。可见刘姥姥能够放低自己，懂得自我调侃，有能够投人所好的智慧。当王熙凤和鸳鸯向刘姥姥道歉时，刘姥姥笑道："姑娘说那里话，咱们哄着老太太开个心儿，可有什么恼的！你先嘱咐我，我就明白了，不过大家取个笑儿。我要心里恼，也就不说了。"这又让我们看到刘姥姥大智若愚的豁达与胸襟。而行牙牌令时刘姥姥行的酒令，则尽显刘姥姥天然质朴可爱的一面。由此，一个丰满立体的刘姥姥形象在本回中展现出来。

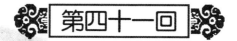

第四十一回

栊翠庵茶品梅花雪　怡红院劫遇母蝗虫

一、整本阅读，思维导图

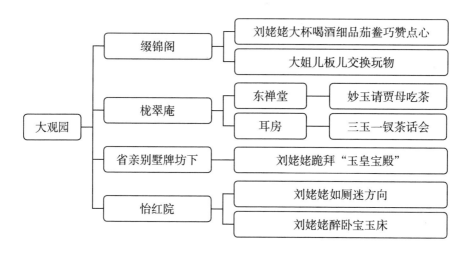

二、回目题解

本回中众人品茶栊翠庵。作者在交代妙玉饮茶品位的同时，也点出了妙玉的性格秉性，一位有洁癖又清高的奇女子形象深入人心。刘姥姥醉酒后误入怡红院并睡在宝玉的床上，一个让人憎恶又质朴可爱的刘姥姥形象跃然纸上。上半回与下半回一雅一俗，文章构思可谓别具匠心。

三、主要人物

上半回：贾母、王熙凤、鸳鸯、板儿、大姐儿。

下半回：刘姥姥、妙玉、林黛玉、贾宝玉、袭人。

四、学养积累

1. 疏通字词

戗敪［diān duō］：即掂掇。

鲞［xiǎng］：泛指成片或成丁的腌腊食品，如茄鲞。

蠲［juān］：同"涓"，清洁。这里是密闭封存使之澄清的意思。

脾气：本回中指脾胃的习性。

鼾齁［hān hōu］：熟睡时打呼噜的声音。

机括：这里指一触即动的开关装置，也叫"消息"或"机关"。

2. 古代传说

百兽率舞

各种野兽，相率起舞。旧指帝王修德，时代清平。出自《尚书·舜典》："予击石拊石，百兽率舞。"

示例：大礼告成，伺候各官，循例三呼，国乐以外，杂以军乐，仿佛有凤凰来仪，百兽率舞景象。

——蔡东藩、许廑父《民国通俗演义》

3. 典故释义

晋王恺珍玩

王恺，字君夫，西晋时期外戚、富豪，曹魏司徒王朗之孙，名儒王肃第四子。晋武帝司马炎的舅舅，文明皇后王元姬的弟弟。曾得晋武帝之助与石崇斗富攀比，为时论者所讥讽。

五、名家点评

世俗之人，横一团私欲于胸中，便处处以男女相悦之心，揣摩书中所叙之事。如妙玉之于宝玉，亦以为迹涉狎昵，真隔尘障千百层，无从与之领略此书旨趣也。此种笔墨，作者难，识者亦不易。余少时读此回，亦不能无疑于妙玉，彼时只因未识得宝玉耳。及反复寻绎，将宝玉之性情行事看透，方能处处领会作书者之旨趣。眼光稍一不到，不免冤枉杀妙玉，即是冤枉杀宝玉，且并黛玉亦冤枉杀也。

——陈其泰《桐花凤阁评〈红楼梦〉》

六、趣味问答

（1）鸳鸯命人拿来的十个大套杯是什么材质的？用来给谁喝酒？

明确：黄杨木，刘姥姥。

（2）大姐儿和板儿交换了什么玩物？

明确：柚子和佛手。

（3）妙玉请贾母和宝钗、黛玉喝的茶分别用的是什么水泡的？

明确：请贾母喝的是旧年蠲的雨水泡的；请宝钗、黛玉喝的是五年前收的梅花上的雪水泡的。

（4）本回中妙玉请大家喝茶用的茶杯各叫什么名字？

明确：贾母用的是海棠花式雕漆填金云龙献寿的小茶盘里放的一个成窑五彩小盖钟；众人用的是官窑脱胎填白盖碗；薛宝钗用的是㼞（bān）瓟（páo）斝（jiǎ）；林黛玉用的是点犀䀉（qiáo）；贾宝玉用的是绿玉斗。

七、延伸探究

本回目在其他的版本中还有"贾宝玉茶品栊翠庵　刘姥姥醉卧怡红院"的提法，说说它们各自的妙处。

明确："栊翠庵茶品梅花雪"在上半回目中重点强调了"梅花雪"，明确地点明了妙玉请钗黛二人喝的茶是用梅花上的雪水泡的，足见妙玉在饮茶上的品位之高，其豪门贵族的身份可见一斑；下半回的"怡红院劫遇母蝗虫"中的"劫遇""母蝗虫"则带有强烈的感情色彩，将林黛玉等人对刘姥姥的贬斥的态度鲜明地表露出来。

而另一版本中的"贾宝玉茶品栊翠庵　刘姥姥醉卧怡红院"，则采用工整的对偶式将本回中的两个主要事件客观地交代清晰明了，并且把上半回中品茶的主要人物定位为贾宝玉，以此展开妙玉和宝玉之间的微妙关系的叙述。可见，这两种版本的回目各有其妙处。

八、请您欣赏

本回中我们跟着妙玉学了一回品茶，也第一次听说了一些新奇的茶具的名字，下面我们就来欣赏一下妙玉这个茶具控收藏的几种奇妙的茶具吧！

爵　　　斝

斗　　　海

第四十一回　栊翠庵茶品梅花雪　怡红院劫遇母蝗虫

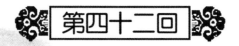

第四十二回

蘅芜君兰方解疑癖　潇湘子雅谑补余香

一、整本阅读，思维导图

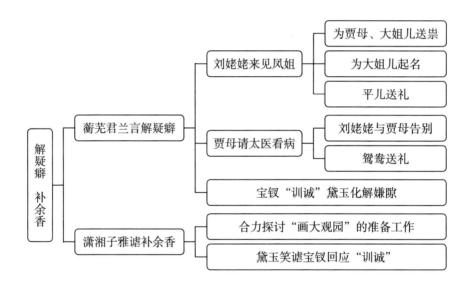

二、回目题解

这一回中的蘅芜君指宝钗，兰言指知心话，解疑癖是指为人解惑，这句话的意思是说宝钗用知心美言帮助黛玉，指导她要多读正经书，从而化解了黛玉对宝钗的疑惑。潇湘子指黛玉，雅谑指雅致的玩笑，补余香是说黛玉用雅致的玩笑来回应了宝钗"教训"她的事儿。

三、主要人物

薛宝钗、林黛玉、刘姥姥、贾母、王熙凤、李纨、惜春、史湘云。

四、学养积累

疏通字词

皴〔cūn〕崇书本子：指讲记迷信神鬼星命凶吉祸福的书籍。

一斗珠：一种毛卷曲像一粒粒珍珠似的白羊羔皮，又名珍珠毛。

供奉：古代以各种技艺专长在宫廷供职的人统称"供奉"。这里是对王太医的尊称。

梅花点舌丹、紫金锭、活络丹、催生保命丹：这里所说的是四种中成药，梅花点舌丹是祛毒的，紫金锭是去暑的，活络丹是活血的，催生保命丹是治难产的，都是比较珍贵有效的成药。

脱滑：这回指偷空儿、溜走、躲懒的意思。

镜袱：遮盖镜子的软帘。

抿子：梳头时抹发油的小刷子。

五、名家点评

第四十二回宝钗问黛玉行酒令时所说之《西厢记》《牡丹亭》，又引出宝钗幼时也看过，宝钗对黛玉之一遍话，真正大光明，实在不假。〔张笑侠《读红楼梦笔记》〕宝钗笑谓黛玉道：你当我是谁，我也是个淘气的。又谓祖父手里极爱藏书，无所不有。大约传奇歌本，奸盗邪淫无不博览胸中，故能造金锁、托僧言，夺人婚姻如反掌手耳。接观下文论男人读书，且有读坏的，何况女孩儿家？倒是不认得字的好；既认得字，捡那正经书看也罢了；最怕见些杂书，移了性情，就不可救了。此是宝钗自点自晴。

——洪秋蕃《红楼梦抉隐》

六、趣味问答

（1）大姐儿的生日是哪天，你还记得吗？

明确：七月初七。

（2）鸳鸯给了刘姥姥两个"笔锭如意"，你发现它的谐音是什么了吗？

明确： 必定如意。

（3）宝钗叫黛玉来自己房里是因为她知道黛玉读了哪两本书？

明确：《牡丹亭》《西厢记》。

（4）你还记得黛玉笑称刘姥姥什么吗？为何会这么称呼她呢？

明确： 黛玉称刘姥姥"母蝗虫"，因为蝗虫不仅食量大，而且古人对蝗虫还怀有一种复杂而又微妙的情绪。她认为刘姥姥很厉害，来一趟带了那么多东西走，所以用母蝗虫形容她。

七、延伸探究

（1）宝钗为何认为《牡丹亭》《西厢记》是"不正经"的书？

明确：《西厢记》写的是书生张生和相国小姐崔莺莺在侍女红娘的帮助下，冲破重重阻挠，终成眷属的故事。表达了青年人对爱情的渴望，以及青年人自身愿望与家长意志的冲突。《牡丹亭》描写了官家千金杜丽娘对梦中书生柳梦梅倾心相爱，竟伤情而死，化为魂魄寻找现实中的爱人，人鬼相恋，最后起死回生，终于与柳梦梅永结同心的故事。这两部书都是写情爱的，所以在当时，作为一个知书达理的大家闺秀，是不可以读这些书的。

（2）宝钗和黛玉一起前往李纨的住处稻香村。"稻香村"有什么深意？请你思考。

明确： 李纨因为守寡，所以她的院子是十二金钗里最朴素的。她的院子里没有栽种任何花，种的都是稻米、蔬菜一类的东西，中国古代固有的一个思想，就是耕读传家，李纨独自抚养贾兰，让她住在稻香村，预示李纨母子以耕开始，贾兰将来读书有成。《红楼梦》里每个人都住在属于自己宿命的环境中，比如回目中的潇湘馆是黛玉的住处，里面栽的全是竹子，象征着黛玉纤巧婀娜的身姿和清高孤傲的性格。

（3）黛玉道"人物还容易，你草虫上不能。"这里的"草虫"是说什么？

明确： 这里涉及中国绘画的分类，有花鸟画、仕女画、界画、草虫画。草虫画就是以草虫为主题的画，在长期的发展中建立了一套严整的技法体系，如画蜻蜓，就要把蜻蜓翅膀上面透明的纹路都画出来。现代著名画家齐白石是画工笔草虫的大家。

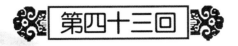

第四十三回

闲取乐偶攒金庆寿 不了情暂撮土为香

一、整本阅读，思维导图

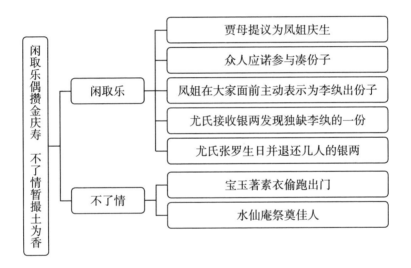

二、回目题解

  "闲取乐偶攒金庆寿"是说贾母要大家每人拿出一点钱，用凑份子的方式为王熙凤庆生。"不了情暂撮土为香"是指生日当天，贾宝玉带着书童焙茗来到冷清之处祭奠佳人，因为是偷跑出来，所以无法事先准备祭奠的东西，只能撮土来代替烧香。这一天既是凤姐的生日，也是佳人的生日，同是生日，但人和人的命运却不同。"闲取乐"和"不了情"对照了两种人生。

三、主要人物

贾母、王夫人、王熙凤、尤氏、贾宝玉、焙茗、玉钏儿。

四、学养积累

疏通字词

男女先儿：男女盲艺人。旧时习惯称盲目人为"先生"，简称"先儿"。

瓠子：外形有点像葫芦，比葫芦长，中间没有腰，是可以食用的，有点苦味，所以说一个人命苦，就说"像个苦瓠子"。本回目"苦瓠子"喻"苦命人"。

道恼：心情不好，去安慰，去宽抚。

五、名家点评

凤姐当着大众作情，说李纨的十二两他出，及到尤氏取银子的时候偏少了李纨一份。凤姐不拿了，因此又引出尤氏退还平儿、鸳鸯、彩霞、赵姨娘、周姨娘等人之份银，层层细致，如无凤姐不拿李纨之份，又何以写尤氏退平儿等之份银，丫头中只退平儿、彩霞、鸳鸯等一份，独不退袭人一份。

——张笑侠《读红楼梦笔记》

六、趣味问答

（1）宝玉看到泥塑之后有什么反应？为什么？

明确：宝玉不觉滴下泪来，因为宝玉看到的不是洛神，而是他心里要祭奠的那个人。

（2）玉钏儿见了宝玉怎么称呼他的？她为什么这样说？

明确：玉钏儿一见宝玉来，便收泪说道："凤凰来了"。凤凰是传说中的神鸟，玉钏儿这样称呼宝玉是在讽刺他被全家娇惯的程度，下文果真"众人真如得了凤凰一般"。

七、延伸探究

（1）焙茗说："我常见二爷最厌这水仙庵的"，宝玉为何讨厌水仙庵？

明确： 因为水仙庵里供奉的是洛神，而古来并没有所谓的洛神。洛神缘于曹植创作的辞赋名篇《洛神赋》，他虚构了自己与洛神的邂逅和彼此间的思慕爱恋。洛神形象美丽绝伦，人神之恋缥缈迷离，但由于人与神的不同而不能结合，最后抒发了无限的悲伤怅惘之情。它被认为是中国第一篇男子写给女子的，纯粹在谈女性美的文章，所有形容最美女子的句子全部在这里。顾恺之的《洛神赋图》也是有关这个内容，它说的是曹植聪明又漂亮，爱上了甄宓。可是后来甄宓嫁给了他的哥哥曹丕，做了皇后，曹植心里就很难过。有一次他去拜见哥哥、嫂嫂，回来的时候经过洛水，就有一点神思恍惚，然后看见一个很漂亮的女子在水上漂，并据此写下了《洛神赋》。宝玉喜欢《洛神赋》，但是却不喜世人不知缘故就混供神，混盖庙。

（2）宝玉命焙茗拣一块干净的地方进行祭奠，最终选在了什么地方？你想到什么了吗？

明确： 宝玉选定祭奠的地方是"井台"。这个"井台"是有寓意的，金钏儿就是跳井自杀的，所以从这里我们可以知道宝玉偷跑出来要祭奠的是金钏儿。作者在本回中最终没有直接点明宝玉祭奠的对象，除了这一细节，我们还能从下文中猜测出来。下文中说到宝玉回来后看见"玉钏儿独坐在廊檐下垂泪"，这个"独"我们可以感受到别人都已经遗忘了她那个受到羞辱而自杀的姐姐，只有她、唯独她还记得。宝玉见到她后赔笑说道："你猜我往哪里去了"，宝玉想告诉玉钏儿他也记得金钏儿的死，他去祭奠她了。从这一细节，我们也能猜测出宝玉祭奠的佳人就是金钏儿。可是玉钏儿的反应是："不答，只管擦泪。"所以本回中作者最终没有点明。

第四十四回

变生不测凤姐泼醋　喜出望外平儿理妆

一、整本阅读，思维导图

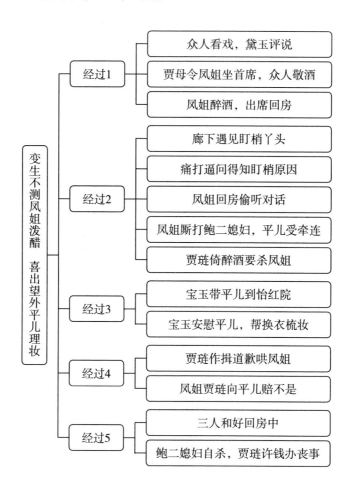

变生不测凤姐泼醋　喜出望外平儿理妆

经过1
- 众人看戏，黛玉评说
- 贾母令凤姐坐首席，众人敬酒
- 凤姐醉酒，出席回房

经过2
- 廊下遇见盯梢丫头
- 痛打逼问得知盯梢原因
- 凤姐回房偷听对话
- 凤姐厮打鲍二媳妇，平儿受牵连
- 贾琏倚醉酒要杀凤姐

经过3
- 宝玉带平儿到怡红院
- 宝玉安慰平儿，帮换衣梳妆

经过4
- 贾琏作揖道歉哄凤姐
- 凤姐贾琏向平儿赔不是

经过5
- 三人和好回房中
- 鲍二媳妇自杀，贾琏许钱办丧事

二、回目题解

"变生不测凤姐泼醋"是说凤姐喝多了酒，回屋路上遇到了贾琏安排盯梢的小丫头，痛打小丫头得知了被盯梢的原因。凤姐醋意大发，回屋后厮打鲍二媳妇，大闹贾琏，平儿无辜受牵连。"喜出望外平儿理妆"是指宝玉安慰受委屈的平儿，要平儿换衣服，帮平儿理妆。这在宝玉眼里，是他今生意想不到之乐。

三、主要人物

王熙凤、贾琏、平儿、贾母、贾宝玉。

四、学养积累

1. 疏通字词

待东：又作"代东"，即替主人招待客人。东，主人的代称，

夜叉星：旧社会妇女干涉了丈夫，常被指为"悍妇"，或说"母夜叉"。迷信的"星命"说法，认为人生一切生活都有天星高官，"命犯"什么"星"即有什么遭遇。

涎言涎语：厚着脸皮，撒着赖地说话。

穿堂：是一种两用的建筑，平时是走廊，必要的时候，把槅窗关起来，就变成了一个房间。

2. 典故释义

（1）《荆钗记》

《荆钗记》是古代中国南戏剧本，讲的是钱玉莲拒绝巨富孙汝权的求婚，宁肯嫁给以"荆钗"为聘的温州穷书生王十朋。后来王十朋中了状元，因拒绝万俟丞相逼婚，被派往荒僻的地方任职。孙汝权暗自更改王十朋的家书为"休书"，哄骗钱玉莲上当；钱玉莲的后母也逼她改嫁，钱玉莲不从，投河自尽，幸被救。经历了种种曲折，王钱二人终于团圆。本回中黛玉等人看的是《男祭》，这一折就是钱玉莲伤心跳江，王十朋以为她死了，在江边祭奠她。

（2）吃醋

据说唐太宗为了笼络人心，要为当朝宰相房玄龄纳妾，房夫人出于嫉

炉，就横加干涉。唐太宗无奈之下，只得让房夫人在喝毒酒和纳小妾之中二选一。没想到房夫人确有几分刚烈，宁愿一死也不在皇帝面前低头，于是端起那杯"毒酒"一饮而尽。当她含泪喝完后，才发现杯中不是毒酒，而是醋。从此，吃醋便成了"嫉妒"的喻语。

五、名家点评

忽使平儿在绛芸轩中梳妆，非世人想不到，宝玉亦想不到者也。作者费尽心机了。写宝玉最善闺阁中事，诸如胭粉等类，不写成别致文章，则宝玉不成宝玉矣。然要写又不便特为此费一番笔墨，故思及借人发端。然借人又无人，若袭人辈则逐日皆如此，又何必拣一日细写？似觉无味。若宝钗等又系姊妹，更不便来细搜袭人之妆奁，况也是自幼知道的了。因左思右想，须得一个又甚亲，又甚疏，又可唐突，又不可唐突，又和袭人等极亲，又和袭人等不大常处，又得袭人辈之美，又不得袭人辈之修饰一人来，方可发端，故思及平儿一人方如此，故放手细写绛芸闺中之什物也。

——脂砚斋评点《红楼梦》

六、趣味问答

（1）贾琏安排盯梢的第一个和第二个丫头见到凤姐的反应分别是什么？

明确：第一个丫头回身就跑，第二个丫头缩头就跑。

（2）平儿受委屈后最先被谁带走的？

明确：李纨。

七、延伸探究

（1）黛玉看戏时对宝钗说的那些话有什么深意？

明确：黛玉嘲笑王十朋不通达，"不管在那里祭一祭罢了，必定跑到江边子来做什么？"她这话表面上是和宝钗说，其实是说给宝玉听的。上一回中作者始终没有明确说出宝玉去祭奠的人是谁，在所有人都不知道他干什么去了的时候，黛玉已经明白了。所以黛玉这话的意思其实是说宝玉为何要偷偷摸摸、大费周章地跑那么远去祭拜。金钏儿跳水而死，宝玉你只需舀碗水，对着哭就好了。

（2）王熙凤打小丫头时，平儿是怎么劝她的?

明确：平儿见凤姐打人，忙劝："奶奶仔细手疼。"平儿想劝王熙凤不要打了，但是她不敢说不要打了，只说小心手疼。她这样说表明，我是站在你这一边的，我并不是可怜那个小丫头，而是心疼你。这也可以看到平儿的聪明。

（3）凤姐最后对平儿说："我昨儿灌丧了酒了，你别埋怨，打了哪里，让我瞧瞧"，你有什么想法?

明确：这个时候的凤姐真的是在向平儿赔不是，对平儿说的话也是发自内心的心疼。所以凤姐也有她的另外一面。整个《红楼梦》让我们看到、感悟到没有一个人是绝对的好或是绝对的坏，每个人背负的辛苦，是别人看不到的，一个人之所以会这样是由很多的前因后果造成的。

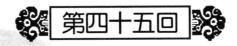

第四十五回

金兰契互剖金兰语　风雨夕闷制风雨词

一、整本阅读，思维导图

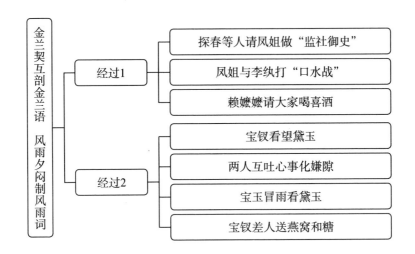

金兰契互剖金兰语　风雨夕闷制风雨词

- 经过1
  - 探春等人请凤姐做"监社御史"
  - 凤姐与李纨打"口水战"
  - 赖嬷嬷请大家喝喜酒
- 经过2
  - 宝钗看望黛玉
  - 两人互吐心事化嫌隙
  - 宝玉冒雨看黛玉
  - 宝钗差人送燕窝和糖

二、回目题解

　　"金兰契互剖金兰语"中的"金兰"源自《世说新语》："山公与嵇康、阮面契若金兰。"原指朋友间感情投合，后来用作结拜为兄弟姐妹的代称。"契"是契约，"金兰语"指知心话。这里是说宝钗、黛玉二人经过一番互剖心意，互相倾诉自己的真心，情同姐妹。"风雨夕闷制风雨词"是说黄昏过后风雨交加，黛玉有感作《秋窗风雨夕》一词。宝玉冒雨来看黛玉，看到了林黛玉写的风雨词，称赞其好。

150

三、主要人物

王熙凤、李纨、赖嬷嬷、薛宝钗、林黛玉、贾宝玉。

四、学养积累

1. 疏通字词

狗长尾巴尖儿的好日子：代指生日，是一种玩笑话。

酒后无德：喝了酒精神不乱，称为"酒德"；相反的"酒闹"，被称为"酒后无德"。

扎窝子：躲在家里。又有专好往一处聚集不散的意思。

到三不着两：做事没有中心，不分轻重缓急。还有指喜怒任性的意思。

铫子：煎熬饮料用的壶类、罐类小器皿，泛称"铫子"，又写作"吊子"。

剖腹藏珠：对那些为物伤身、轻重颠倒的行动所作的讽刺性比喻。

2. 典故释义

（1）铜商

西汉的时候，有一个人叫邓通，是汉文帝的男宠。汉文帝为了奖赏他，就把他家乡附近的铜山都赏赐给了他，准许他自行铸钱，于是邓通就成了西汉有名的大富商。所以"铜商"的意思是，高兴铸多少钱就铸多少钱，完全不把钱当回事；用今天的话来说就是金主。

（2）司马牛之叹

出自《论语·颜渊》："司马牛忧曰：'人皆有兄弟，我独亡。'"比喻对孑然一身、孤立无援的感叹。

五、名家点评

宝钗笼络之法，捷如应响，甚至黛玉亦入其玄中。送观燕窝一节可知。宝钗以燕窝送黛玉，物虽不足以悦人，其言是以感人。黛玉之感，感其言也，孰而由言不衷乎？人苟有爱人之心，则虽病者垂危，犹作解慰宽怀之语，翼其心而身始泰耳。钗不然。黛玉方以不能健饭为虑，钗乃说食谷者生，你素日吃，不能添养精神气血，不是好事：是明许其死。爱之者固如是乎？黛玉又以身居是客，招人嫌怨为虑，宝钗又笑道：将来也不过多费一副嫁妆。是直以人忧虑事而儿戏目之。爱之者又如是乎？乃黛玉不察感，念声声，方将推我赤心，置卿腹内，抑何太直欤！昔郑武公欲伐胡，乃与胡亲。胡君以郑为亲己而不备，郑人乃袭而取之。宝钗以燕窝送黛玉，即郑武公之亲胡也；黛玉之感宝钗，以郑为亲己也。哀哉！

——洪秋蕃《红楼梦抉隐》

六、趣味问答

（1）赖嬷嬷是谁？

明确：是赖大的妈妈，贾政的奶妈。

（2）赖嬷嬷的请客顺序是怎样的？

明确：第一天请主人，第二天请亲友，第三天请两府的朋友。

（3）省候二次是什么意思？

明确：早上梳洗之后一次，晚上临睡前一次，晚辈要向长辈问安。

（4）宝玉看望黛玉时一见面一口气问了哪三个问题？

明确：今儿好些？吃了药没有？今儿一日吃了多少饭？

七、延伸探究

（1）众人见了赖嬷嬷有什么反应？为什么？

明确：一个小丫头扶了赖嬷嬷进来，凤姐儿等忙站起来。以前的富贵人家，佣人常常是买来的，等于是卖身到富贵人家，所以他的孩子也会继续留在这个家里当差，叫作"家生子"。就是这样，经过一代，二代，三代，他们就变成"老家人"。因为跟主人有了长久的默契和信任，他们特别受贾府的重视。因此赖嬷嬷一来，众人都忙站起来。

（2）赖嬷嬷"教训"宝玉的话，你有什么想法？

明确：贾家最后走向衰落，跟贾家这帮做长辈的腐化堕落有很大的关系。《红楼梦》往往借第三者尤其是仆人的话做出评论。第七回中焦大喝醉后大骂，也是他看不惯贾府后代的败德、不法。赖嬷嬷同样是以一个老用人的眼睛来看贾府的从前和现在，间接地批评贾府。后来贾府被抄家，在这里也暗伏一笔。

（3）你还记得宝钗和黛玉的"嫌隙"从何而来吗？

明确：宝钗在贾府这个派系复杂，矛盾重重的大家族中，很善于处理人际关系。她和各方面的人都保持着一种亲切自然，合宜得体的关系，甚至对于被人瞧不起的赵姨娘等人也未曾表现出冷淡和鄙视的神色，因而得到了贾府上上下下各种人等的称赞。所以第五回中就写了黛玉对宝钗的嫌隙，"黛玉心中便有些恒郁不忿之意，宝钗却浑然不觉"。

第四十五回　金兰契互剖金兰语　风雨夕闷制风雨词

第四十六回

尴尬人难免尴尬事　鸳鸯女誓绝鸳鸯偶

一、整本阅读，思维导图

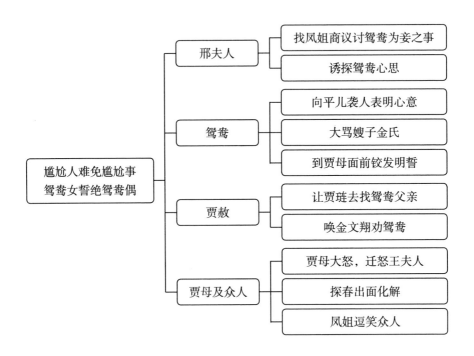

二、回目题解

贾赦想收鸳鸯为妾，邢夫人先找凤姐商量，凤姐推托，后又诱探鸳鸯的心意，鸳鸯不语，她便又到凤姐处。鸳鸯对平儿表示，即使作大老婆她也不干。鸳鸯嫂子来当说客，鸳鸯气得大骂。贾赦叫贾琏去南京找鸳鸯父亲金彩，贾琏未去被骂了一顿。贾赦亲唤鸳鸯之兄金文翔吩咐，金文翔对鸳鸯转述了贾赦的话，鸳鸯气愤，便到贾母面前剪发明誓。贾母被气得浑身乱战，怪罪王夫人，众人不敢劝阻。探春出来化解了紧张的局面，王熙凤将贾母及众人逗笑，丫鬟传邢夫人来了。

三、主要人物

上半回：王熙凤、邢夫人、贾母、鸳鸯、平儿。

下半回：鸳鸯、平儿、袭人、鸳鸯嫂子、宝玉、贾赦、贾琏、金文翔、贾母、探春、王夫人、王熙凤。

四、学养积累

1. 疏通字词

克啬〔sè〕：刻薄、吝啬。克，同"刻"。

左性：性情固执，遇事不肯变通。

人牙子：即人贩子。旧时称买卖的中间经纪人为"牙子"，即掮〔qián〕客。

积粘：扭扭捏捏，不干脆，不爽快。

牙碜〔chěn〕：食物中夹杂砂石，咀嚼起来硌牙，皮肤起栗，叫牙碜。这里引申为说肉麻话，令人难受。

九国贩骆驼的：比喻到处兜揽生意、巧言善辩、钻营图利的人。亦作"六国贩骆驼的"。

趱〔yǐn〕：也可读"qǐn"，低着头快走。

2. 歇后语

（1）宋徽宗的鹰，赵子昂的马——都是好画儿

意即"都是好话儿"。"画儿"与"话儿"谐音。宋徽宗的鹰：宋徽宗赵佶，工于花鸟，以画鹰著称。赵子昂的马：赵孟頫字子昂，元代书画家，擅长画马。

（2）状元痘儿灌的浆儿又满——是喜事

意即"喜事"。状元痘，是天花痘疹的讳称。痘疹发出灌浆饱满，生命即可保无虞，故称"喜事"。这里是对"天大喜事"一语的嘲弄。

五、名家点评

夫鸳鸯者贾母之婢也，贾母所朝亲夕爱，不可一刻暂离之婢也，其行事慰贴可靠，自不待言，即论其形容，作者已于邢夫人目中写出，固为丫环中之顶顶尖矣，其为赦公之所垂涎也亦宜，乃就鸳鸯论之，以微贱之分，忽见重于主人。而使其主母亲说之尊，以姨娘之号许以并肩之宠，则所谓诱之以利者不为不尽矣，然问之而不语，携之而不行，其不为利动也何如，及其触怒贾赦也，又使其兄嫂说之，绝其自择之心，杜其外聘之路，则所谓逼之以势者，不为不至矣，然剪发所不惧一死所不惧，其不为势屈也又何如，观其园中对平儿袭人之言，同其嫂向贾母哭诉之语，真可与日月并明而为天地鬼神之所共鉴者，何物老伦，竟敢夸其有偌大手心乎。吾观此，知其已伏下死节之根矣。

——张子梁《评订红楼梦》

六、趣味问答

（1）请简述贾赦想讨鸳鸯为妾，鸳鸯得知后是什么态度？

明确：鸳鸯鄙视贾赦的为人，坚决拒绝做妾，她说：就是娶她做大老婆，她也不会接受。面对贾赦的威逼，她毫不动摇，宁愿出家；并说如果老太太逼她，她宁死也不会从命。

（2）前后一共有几人来劝鸳鸯嫁给贾赦？分别是谁？

明确：共有三人，分别是邢夫人、鸳鸯的嫂子、鸳鸯的哥哥金文翔。

七、延伸探究

试概括鸳鸯的人物性格特征。

明确：鸳鸯是个办事干净利落，性格刚烈要强的丫鬟，她不愿意做小，甚至是贾赦的正室夫人也不做。她的勇敢在于，可以当着贾母的面，揭露她的大儿子好色和老不正经的德行。她的聪明在于，她一直忍而不发，正是要等待一个合适的时机，一发命中。

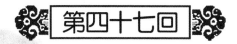

第四十七回

呆霸王调情遭苦打　冷郎君惧祸走他乡

一、整本阅读，思维导图

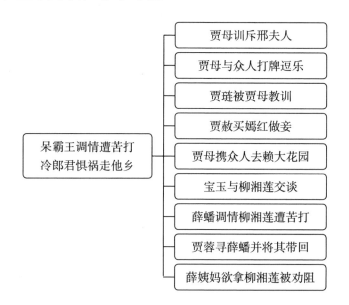

```
                                    ┌─ 贾母训斥邢夫人
                                    ├─ 贾母与众人打牌逗乐
                                    ├─ 贾琏被贾母教训
                                    ├─ 贾赦买嫣红做妾
呆霸王调情遭苦打                    ├─ 贾母携众人去赖大花园
冷郎君惧祸走他乡 ──────────         ├─ 宝玉与柳湘莲交谈
                                    ├─ 薛蟠调情柳湘莲遭苦打
                                    ├─ 贾蓉寻薛蟠并将其带回
                                    └─ 薛姨妈欲拿柳湘莲被劝阻
```

二、回目题解

　　贾母训邢夫人三从四德，贤惠太过，说明鸳鸯对自己、王夫人、凤姐的重要性。贾母叫薛姨妈、王夫人、凤姐、鸳鸯打牌斗乐，凤姐输钱说笑逗贾母欢心。贾琏替贾赦来请邢夫人，被贾母教训了一顿，邢夫人训贾琏不孝。贾赦含愧，自此告病，忍气花八百两银子买了嫣红做妾。柳湘莲诱薛蟠至郊外揍了他一顿。贾珍派贾蓉在北门外桥下二里路苇塘处找到薛蟠。薛姨妈要告诉王夫人寻拿柳湘莲，被宝钗劝阻了。

157

三、主要人物

上半回：王夫人、邢夫人、贾母、薛姨妈、王熙凤、探春、鸳鸯、平儿、贾琏、贾赦。

下半回：贾母、柳湘莲、赖尚荣、宝玉、薛蟠、贾珍、贾蓉、薛姨妈、宝钗。

四、学养积累

1. 疏通字词

告幺［yāo］：斗牌时，洗完牌，由头家掷骰子，或每人先翻一张牌，按点数的多少起牌。因"幺"点次序最先，故称这种按点起牌叫"告幺"。

十严：亦云"得等"。即斗牌时牌已配齐，只等所需的最后一张牌出现，便可放牌获胜，谓之"十严"。

填限：也作"填馅"，代人受过、白白充当牺牲品的意思。

放鹰：这里是打猎的别称。猎人出猎，常放出驯养的猎鹰捕取猎物。

扎煞手：也作"扎撒手"。扎煞，即双手张开的样子，指遇到难处没有办法。

认镫［dèng］：脚尖踏进马镫，在这里即"上马"的意思。镫，挂在马鞍两旁的踏脚。

2. 文学文化常识

（1）一吊钱

旧时制钱一个叫一文，一千文叫一吊（也叫"一串"）。各地并不一致，也有一百文作一吊的。

（2）三从四德

"三从四德"是中国古代封建社会用于约束妇女的行为准则和道德规范，"三从"与"四德"的合称。"三从"指未嫁从父、出嫁从夫、夫死从子，"四德"指妇德、妇言、妇容、妇功。"三从"是对妇女道德的教戒劝誉，"四德"是对妇女品德、仪表、言辞、修养的要求。

五、名家点评

薛蟠粗枝大叶，风流自喜，而实花柳之门外汉，风月之假斯文，真堪绝倒也。然天真烂漫，纯任自然，伦类中复时时有可歌可泣之处，血性中人也，脱亦世之所希者与？晋其爵曰王，假之威曰霸，美之谊曰逸呆，讥之乎？予之也。

——涂瀛《红楼梦论赞》

六、趣味问答

（1）因贾赦逼鸳鸯做妾一事，贾母训谁"三从四德""贤慧"太过，说明鸳鸯对自己、王夫人、凤姐的重要性。

明确：邢夫人。

（2）贾母叫薛姨妈、王夫人、凤姐、鸳鸯打牌斗乐，谁输钱说笑逗贾母欢心。

明确：王熙凤。

（3）贾珍派贾蓉在北门外桥下二里路苇塘处找到薛蟠。薛姨妈要告诉王夫人寻拿湘莲，被谁劝阻了。

明确：薛宝钗。

七、延伸探究

结合本回内容，分析贾母的人物形象。

明确：①这个钟鸣鼎食之家的老祖宗虽然养尊处优，总是找机会活动筋骨，斗牌既动脑，又动手，且又热闹有趣，自然成了她老人家消磨时间的首选项目。当然她斗牌赢钱，主要是为了显示自己头脑好使，耳聪目明，精力不减当年，其实质是维护自己的绝对权威。②贾母深知自己年事已高，头脑、手脚自然没有凤姐利索，便把鸳鸯叫来，坐在自己旁边，为自己看牌，传递信息。凤姐又乐于迎合老祖宗，自然贾母总是赢钱。③但我们从描写斗牌的字里行间，还是可以看出贾母这个封建家长的霸道。对于贾赦逼娶鸳鸯，她则刚柔相济，对邢夫人循循善诱，苦口婆心，是潺潺流水式的霸气；而对于薛姨妈、王熙凤，则通过斗牌，以戏谑的口吻，流露出老祖宗的居高临下的风采。

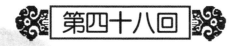

第四十八回

滥情人情误思游艺　慕雅女雅集苦吟诗

一、整本阅读，思维导图

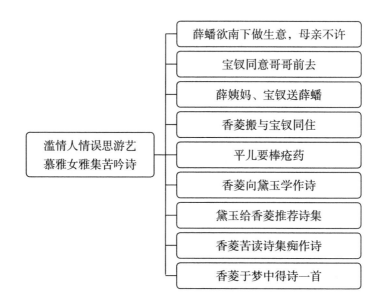

滥情人情误思游艺
慕雅女雅集苦吟诗

- 薛蟠欲南下做生意，母亲不许
- 宝钗同意哥哥前去
- 薛姨妈、宝钗送薛蟠
- 香菱搬与宝钗同住
- 平儿要棒疮药
- 香菱向黛玉学作诗
- 黛玉给香菱推荐诗集
- 香菱苦读诗集痴作诗
- 香菱于梦中得诗一首

二、回目题解

　　薛蟠要和老伙计张德辉南去贩纸札香扇，他征询母亲，母亲不允，薛蟠便赌气回房。宝钗同意让哥哥去，薛氏以用钱买乖而应允。香菱搬来与宝钗同住。香菱要宝钗教她作诗，宝钗叫香菱从老太太起各处拜望拜望。平儿向宝钗要棒疮药，说贾赦为石呆子二十把古扇之事把贾琏打了一顿，脸上两处伤。黛玉自愿教香菱写诗，她认为作诗第一立意要紧。香菱苦读诗集，痴于作诗，尝试三次终于成功。

三、主要人物

上半回：薛蟠、张德辉、薛姨妈、薛宝钗、香菱、平儿。

下半回：香菱、林黛玉、薛宝钗、贾宝玉、探春、李纨、惜春。

四、学养积累

1. 疏通字词

戥［děng］子：一种称量金银、药品等所用的小秤，计量单位从两到分厘。

得陇［lǒng］望蜀：《后汉书·岑彭传》，喻人之贪得无厌。

不以词害意：因拘泥于辞义而误会或曲解作者的原意；又指写文章不要只追求修辞而忽略文章的立意。

三昧：佛教用语。本意是心神专一，杂念止息，是佛家修持的重要方法之一。后借指事物的奥秘和精义。

画缯［zēng］：绘画用的绢。缯，古代对丝织品的统称。

鳏［guān］：一种大鱼，其性独行。其字从鱼，鱼目常睁不闭，故常用"鳏"形容忧愁失眠的样子。

2. 文学文化常识

（1）一三五不论，二四六分明

格律诗对平仄声的规定，每句的第一、三、五字要求较宽，平仄皆可，可以不论（第五字一般也是不宜违律的）；第二、四、六字则要求较严，平仄必须依律，故云。

（2）十四寒

诗韵中上平声第十四部以"寒"字开头的韵目，称为十四寒。后面"十五删"则是上平声第十五部以"删"字开头的韵目。

五、名家点评

林黛玉鄙弃六宋诗，主张由唐诗入手，再进入魏晋，由近体诗入手，再进入古体诗。因为近体诗篇幅短简，少则四句，多则八句，且有着固定的格律，依样画葫芦比较容易些。古体诗，篇幅不拘，没有格律的限制，形式上比较自由，但才气学力不足，绝难处理，应付裕如。林黛玉这种见解，非常正确。

——刘梦秋《红楼梦林黛玉论诗》

六、趣味问答

（1）简介黛玉是如何指导香菱学诗的？

明确：一是黛玉讲诗理，认为立意最重要。二是黛玉给香菱推介阅读书目。黛玉指导她先读《王摩诘全集》中五言律一万首，接着再读一二百首杜甫的七律，然后把李白的七绝读一二百首，之后再读陶渊明、应场、谢灵运、阮籍、庾信、鲍照等人的诗，并说："你只看有红圈的都是我选的，有一首念一首，不明白的，问你姑娘，或者遇见我，我讲与你就是了。"

（2）概括香菱学诗"入魔"的表现。

明确：一是沉醉读诗并给黛玉讲读诗感悟，二是央求黛玉给她出题作诗，三是执着地如醉如痴地作诗改诗。

七、延伸探究

简述"香菱学诗"情节，探究她学诗成功的原因。

明确：①香菱本来不懂诗，随宝钗进大观园后，见宝玉与众姐妹结社咏诗，便苦志学诗，她"一天就忙忙碌碌梳了头，去找黛玉改诗"。学习有了一点心得，就立即谈出来，向别人请教，听取指点帮助。众姐妹们称她为"诗魔"，拿她取笑，她行之若素。经多次请教，几易其稿，"精血诚聚"，终于写成一首"新巧而有意趣的吟月好诗"。②香菱学诗成功的原因：苦学、乐学、善学；资质好，领悟高；老师指点好；大观园的环境激起香菱学诗的愿望。

第四十九回

琉璃世界白雪红梅　脂粉香娃割腥啖膻

一、整本阅读，思维导图

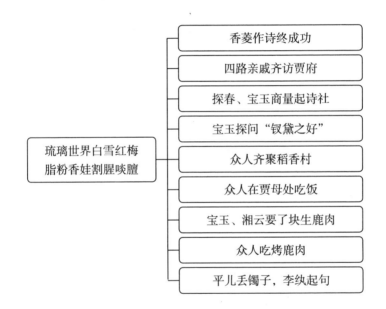

琉璃世界白雪红梅
脂粉香娃割腥啖膻

- 香菱作诗终成功
- 四路亲戚齐访贾府
- 探春、宝玉商量起诗社
- 宝玉探问"钗黛之好"
- 众人齐聚稻香村
- 众人在贾母处吃饭
- 宝玉、湘云要了块生鹿肉
- 众人吃烤鹿肉
- 平儿丢镯子，李纨起句

二、回目题解

　　香菱作的第三首诗终获成功，大观园里会齐了来访投各人的亲戚，好不热闹。众姐妹商议在芦雪庵赏雪作诗。宝玉第二天起来，见雪色皎洁，出院门到栊翠庵赏玩梅花。湘云和宝玉向贾母要了一块鹿肉。众人吃鹿肉，平儿丢了一个镯子。脂粉，指众女孩，香娃，指宝玉。割腥啖膻，指吃烤鹿肉。

三、主要人物

上半回：香菱、薛宝钗、贾母、贾宝玉、探春、袭人。

下半回：贾母、王熙凤、薛宝钗、史湘云、薛宝琴、琥珀、贾宝玉、林黛玉、李纨、平儿、探春。

四、学养积累

1. 疏通字词

从弟：堂弟。

迁委：官职调动。

鹤氅〔chǎng〕：原为用鸟羽制成的衣裳。这里指斗篷之类。

麀〔yōu〕：母鹿。此处疑为"麂〔jǐ〕"之误。状似鹿而小。麂皮，也叫"绒面革"。

蜂腰猿背、鹤势螂形：喻人腰细臂长，俏便利落。这里用来形容史湘云的打扮像武士。

槿〔jǐn〕篱竹牖〔yǒu〕：槿，即木槿，落叶灌木，夏秋开花，多植庭院供观赏，兼作篱笆，故称槿篱。竹牖，竹窗。

2. 文学文化常识

（1）杜工部之沉郁，韦苏州之淡雅，温八叉之绮靡，李义山之隐僻

明代高棅《唐诗品汇总序》。杜工部：指杜甫，他曾任工部员外郎，其诗风格沉郁顿挫。韦苏州：指韦应物，唐代诗人，曾任苏州刺史，其诗风格恬淡自然。温八叉：指温庭筠，唐代诗人和词人，相传他才思敏捷，叉手八次即可成篇，故称温八叉，其诗风艳丽，故云绮靡。李义山：指李商隐，唐代诗人，其诗隐曲晦涩，且多无题诗，尤难索解，故云隐僻。

（2）孟光接了梁鸿案

语出元代王实甫《西厢记》第三本第二折，这句唱词在《西厢记》里是比喻莺莺接受了张生的爱情。这里是比喻黛玉接受了宝钗的友情。

五、名家点评

此文线索在斗篷。宝琴翠羽斗篷，贾母所赐，言其亲也；宝玉红猩猩毡斗篷，为后雪披一衬也；黛玉白狐皮斗篷，明其弱也；李宫裁斗篷是哆

罗呢，昭其质也；宝钗斗篷是莲青斗纹锦，致其文也；贾母是大斗篷，尊之词也；凤姐是披着斗篷，恰似掌家人也；湘云有斗篷不穿，着其异样行动也；岫烟无斗篷，叙其穷也。只一斗篷，写得前后照耀生色。

——蒙府本回末总批

六、趣味问答

（1）_____作的第三首吟月诗得到了众人的一致好评。

明确：香菱

（2）邢夫人之兄嫂带着女儿_____进京，路遇李纨之寡婶带着两个女儿李纹、李绮，加上宝钗之堂妹宝琴一起住进大观园，_____也被贾母留下，园中热闹许多。

明确：邢岫烟　史湘云

（3）下雪，在_____众人准备起诗社，恰好有新鲜鹿肉，湘云、宝玉向贾母要了一块鹿肉与众人用火烤了吃，黛玉取笑，湘云说这样才能锦心绣口。

明确：芦雪庵

七、延伸探究

赏析香菱创作的第三首诗。

明确：香菱在学习中经过几次挫折，找到了门径，第三首诗内容就大不一样。首句起得很有势头，恰似一轮皓月破云而出，精华难掩，将自己才华终难埋没、学诗必能成功的自信心含蓄地传出。因知道寄情于景，第二句就像是自我身世的写照：顾影自怜，吐露了自己精神上的寂寞。颔联用修辞上的特殊句式抒发内心幽怨，笔法老练。颈联拓展境界，情景并出。至此，为末联已作好了层层铺垫。结句的感喟本是作诗者自己的，偏推给处境同样寂寞的嫦娥，诗意曲折，又紧扣咏月诗题；"团圆"二字将月与人合咏，自然双关，余韵悠长。所以众人看了都称赞说："这首不但好，而且新巧有意趣。"

第四十九回　琉璃世界白雪红梅　脂粉香娃割腥啖膻

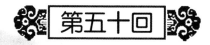

第五十回

芦雪庵争联即景诗　暖香坞雅制春灯谜

一、整本阅读，思维导图

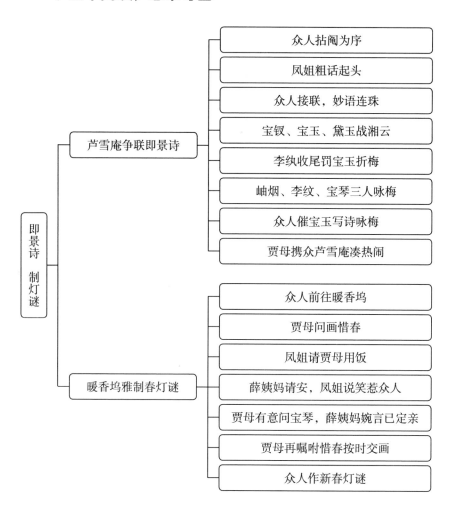

二、回目题解

本回堪称红楼里一场别开生面的诗词大会，别看都是小姐丫头，诗词对联出口即成，贾宝玉这个正经学堂里的人反倒败下阵来。即景诗，对景当场吟诗，非一般人可为之事，非有大才，胸中没有文墨，都做不到。

三、主要人物

宝钗、宝玉、宝琴、黛玉、史湘云、李纨、岫烟、贾母、王熙凤、贾惜春等姐妹。

四、学养积累

1. 疏通字词

匝〔zā〕地：遍地。

琼瑶：美玉，此处比喻白雪。

蒌苕〔tiáo〕：枯萎的苇花。

年稔〔rěn〕：喻年景好；收成好。稔，庄稼成熟。

杓〔biāo〕：北斗柄部的三颗星。

鳌〔ào〕：海里的大龟或大鳖。

坳垤〔ào dié〕：高低不平的地势。

缟带〔gǎo dài〕：犹缟紵，白色生绢带，朴质之衣饰，泛指学子之服。

鲛绡〔jiāo xiāo〕：亦作"鲛鮹"，传说中鲛人所织的绡；亦借指薄绢、轻纱；指毛帕、丝巾。

锦罽〔jǐn jì〕：丝织品和毛织品，指有纹彩的毡毯。

蟠螭〔pán chī〕：盘曲的无角之龙。常用作器物的装饰。

老鸮〔xiāo〕：猫头鹰。

箪〔dān〕：盛饭的圆竹器。

僵蚓：冻僵的蚯蚓。

罗浮：山名，相传隋赵师雄在此梦遇梅花仙女。

绿萼〔è〕：梅花名。

庾岭：山岭名，岭上多梅树。

槎［chá］：木筏。

樽：盛酒的器具。

槎枒［yā］：形容瘦得骨瘦如柴的样子。

托懒儿：偷懒。

羯［jié］：骟［shàn］过的公羊。

鸦没［mò］雀声：一点声音也没有。

梓［zǐ］：梓木。

琅玕［láng gān］：像珠子的美石。

2. 妙语佳句

访妙玉乞红梅

酒未开樽句未裁①，寻春问腊到蓬莱②。

不求大士瓶中露③，为乞嫦娥槛外梅④。

入世冷挑红雪去，离尘香割紫云来⑤。

槎枒谁惜诗肩瘦，衣上犹沾佛院苔。

注释：①开樽——动杯，开始喝酒。樽，酒杯。句未裁——诗未做。裁，裁夺，构思推敲。②寻春问腊——乞红梅。以"春"点红，以"腊"点梅。蓬莱，指出家人妙玉所居的栊翠庵。③大士——指观世音菩萨。佛教宣传认为她的净瓶中盛有甘露，可救灾厄。这里以观世音比妙玉。④嫦娥——比妙玉。程高本作"孀娥"，是寡妇的意思。从脂本。槛外，栏杆之外。又与妙玉自称"槛外人"巧合，所以黛玉说："凑巧而已。"（据庚辰本）程高本改为"小巧而已"，也是不细察原意的妄改。⑤"入世"二句——这两句是诗歌的特殊修辞句法，将栊翠庵比为仙境，折了梅回"去"称"入世"，"来"到庵乞梅称"离尘"。梅称"冷香"，所以分"冷""香"于两句中。"挑红雪""割紫云"都喻折红梅。宋代毛滂《红梅》诗："深将绛雪点寒枝。"唐代李贺《杨生青花紫石砚歌》："踏天磨刀割紫云。"紫云，李诗原喻紫色石。

五、名家点评

话说薛宝钗道："到底分个次序，让我写出来。"说着，便令众人拈阄为序。［庚辰双行夹批：起首恰是李氏。一定要按次序，恰又不按次序，似脱落处而不脱落，文章歧路如此。然后按次各各开出。按：此段批语混入正文。]

湘云起身笑道："我也不是作诗，竟是抢命呢。"[庚辰靖眉批：写的是湘云。写海棠是一样笔墨，如今联句又是一样写法。]

——脂砚斋评点《红楼梦》

第五十回　芦雪庵争联即景诗　暖香坞雅制春灯谜

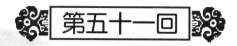

第五十一回

薛小妹新编怀古诗　胡庸医乱用虎狼药

一、整本阅读，思维导图

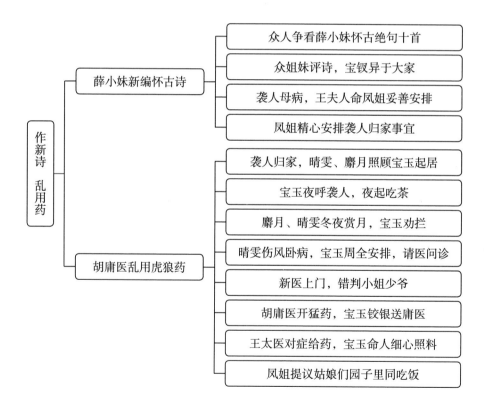

作
新
诗
乱
用
药

薛小妹新编怀古诗
- 众人争看薛小妹怀古绝句十首
- 众姐妹评诗，宝钗异于大家
- 袭人母病，王夫人命凤姐妥善安排
- 凤姐精心安排袭人归家事宜

胡庸医乱用虎狼药
- 袭人归家，晴雯、麝月照顾宝玉起居
- 宝玉夜呼袭人，夜起吃茶
- 麝月、晴雯冬夜赏月，宝玉劝拦
- 晴雯伤风卧病，宝玉周全安排，请医问诊
- 新医上门，错判小姐少爷
- 胡庸医开猛药，宝玉铰银送庸医
- 王太医对症给药，宝玉命人细心照料
- 凤姐提议姑娘们园子里同吃饭

二、回目题解

　　跟随父亲游山玩水的宝琴，即兴新编十首怀古诗。八首有鉴前人，两首笔墨创新，众人称赞。袭人归家探母，晴雯、麝月照看宝玉，却不想

晴雯受风生病，反倒要宝玉操心，倒像晴雯是小姐一般。胡庸医不懂女儿弱，乱开虎狼药惹宝玉，倒是真替姑娘家着想。

三、主要人物

薛宝琴、王熙凤、晴雯、贾宝玉、袭人。

四、学养积累

1. 疏通字词

纪纲：国家法纪和社会秩序。

戎羌：边疆少数民族。

子房：汉朝谋士张良。

冰弦：琴弦。

樗栎〔chū lì〕：喻无能的人。

胶柱鼓瑟：比喻固执拘泥，不知变通。

矫揉造作：比喻做作，不自然。

风毛儿：装饰性的皮毛边。

提着：提醒。

业已停床：已经去世。

汤婆子：取暖用的扁壶。

哈什：哈欠。

貂颏〔kē〕：指貂下巴的皮毛。

蝎〔xiē〕蝎螫〔shì〕螫：胆小怕事。

跑解〔xiè〕马：在马上表演技艺。

死不拣好日子：骂人的话。

沾染：传染。

一大趸〔dǔn〕儿：一起，一总。

笸箩〔pǒ luo〕：用柳条或篾条编的器物。

狼虎药：药性较猛的药。

2. 诗词鉴赏

赤壁怀古

赤壁①沉埋水不流②，徒留名姓载空舟③。

喧阗④一炬⑤悲风冷，无限英魂在内游。

注释：①赤壁：山名，在今湖北省赤壁市西北38千米处，长江南岸，冈峦壁立，上镌"赤壁"二字。东汉建安十三年（公元208年）孙权与刘备联军用火攻大破曹操军于此。②沉埋水不流：言曹军伤亡重大，折戟沉尸于江中，而江水为之阻塞不流。③"徒留"句：战舰上插帜，上书将帅姓氏，兵败后，空见船上旗号而已。④喧阗：声音大而杂。⑤一炬：一把火。指三江口周瑜纵火。

这首诗借古战场赤壁抒发了一种怀古伤今的情绪。从来的"怀古"，都是"伤今"，怀古的情绪是由伤今引出来的。所以有人说从这首诗渲染的悲凉气氛看，很可能是隐示贾家这个不可一世的封建世家，由于"自杀自灭"导致大厦倾颓，家散人亡，留下一片茫茫白地的惨景。

五、名家点评

上文既将钗黛湘探诸人连写数回矣，其于美人韵事固已穰穰纸上，故是回暂且消停，再从宝玉房中丫环写起，亦文章家避堆砌法也。且当此极盛之时，不有一二小不如意事以间之，亦殊非天道之常。如袭人之母病，细事也，乃王夫人于袭人回家时，特命凤姐酌量办理，而凤姐则于其车辆衣服以及跟从仆女，无不细心检点，盖以其明明为宝玉房中人矣，则知是回之极写袭人，正为后来改嫁之罪立一底案也；于写晴雯之病，虽系偶然感冒，亦足为纵乐者下一箴规，而下文补裘之根，又于此培起，是知《红楼梦》一书虽于至平淡处，亦无不看上顾下也。

——张子梁《评订红楼梦》

六、趣味问答

自古有评论说晴雯"心比天高，命比纸薄"，在本回中你能看出她"心比天高"的征兆么？

明确：①麝月笑道："你今儿别装小姐了，我劝你也动一动儿。"

晴雯道："等你们都去尽了，我再动不迟。有你们一日，我且受用一日。"②晴雯睡在暖阁里，只管咳嗽，听了这话，气得喊道："我那里就害瘟病了，只怕过了人！我离了这里，看你们这一辈子都别头疼脑热的。"说着，便真要起来。宝玉忙按他，笑道："别生气，这原是他的责任，唯恐太太知道了说他不是，白说一句。你素习好生气，如今肝火自然盛了。"

第五十二回

俏平儿情掩虾须镯　勇晴雯病补雀金裘

一、整本阅读，思维导图

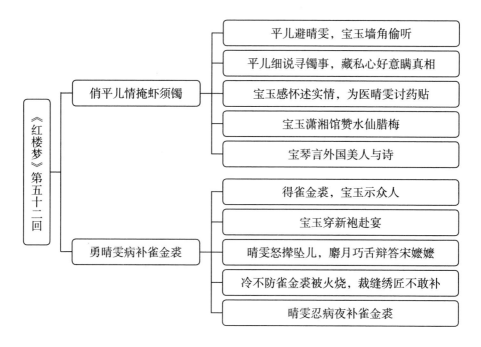

《红楼梦》第五十二回

俏平儿情掩虾须镯
- 平儿避晴雯，宝玉墙角偷听
- 平儿细说寻镯事，藏私心好意瞒真相
- 宝玉感怀述实情，为医晴雯讨药贴
- 宝玉潇湘馆赞水仙腊梅
- 宝琴言外国美人与诗

勇晴雯病补雀金裘
- 得雀金裘，宝玉示众人
- 宝玉穿新袍赴宴
- 晴雯怒撵坠儿，麝月巧舌辩答宋嬷嬷
- 冷不防雀金裘被火烧，裁缝绣匠不敢补
- 晴雯忍病夜补雀金裘

二、回目题解

　　平儿丢了一只虾须镯，原来是被坠儿偷了去。为宝玉脸面着想，平儿没给王熙凤说实情。宝玉墙角偷听知道真相，晴雯爆炭脾气，没等袭人回来就撵走坠儿。贾母送宝玉一件稀罕物，名叫"雀金裘"，乃俄罗斯珍有之物，奈何宝玉出去赴宴时被烧了个洞，裁缝补匠都不敢接的活，病着的晴雯倒是硬给补好了。

三、主要人物

平儿、晴雯、麝月、贾宝玉、黛玉、宝琴。

四、学养积累

疏通字词

取和儿：求得和睦。

爆炭：比喻性情急躁的人。

囟〔xìn〕门：头顶前面正中的部位。

联垂：发辫。

通事官：官名，负责翻译等事项。

岚〔lán〕气：山中的雾气。

靥〔yè〕：酒窝儿，嘴两旁的小圆窝儿。

坠镫：拉止马镫，侍候上马。

攒沙：玩耍。

一丈青：一种簪子。

界线：一种刺绣的方法。

抠搂〔kōu lōu〕：眼窝下陷。

五、名家点评

平儿侍妾中之翘翘者也，晴雯亦侍妾中之翘翘者也，然其性情则大不同，如此回平儿之来诉坠儿偷镯事也，不肯使宝玉知之，并不肯使晴雯知之，只嘱麝月变法以处，纯是一片投鼠忌器之心，是平儿之善善于柔也。而晴雯之一闻坠儿偷镯事也，不待宝玉之命，并不待袭人之回，竟使其母当时领出，纯是一片嫉恶如仇之意，是晴雯之长长于刚也。刚柔虽不同，而其为侍妾之翘翘则一耳。然此回前后多言晴雯，是欲专为晴雯生色，故其中虽有诸姊妹谈诗一段，并宝黛相喻于不言一片深情，此亦不过带言其后，仍入于宝玉出门，贾母赏衣以归于病补雀裘，正文总见晴雯聪明灵巧超乎同侪，已足超人心之妒，而更胜如烈火，不能随合，卒致诽谤交生，而抱屈夭风流也。

——张子梁《评订红楼梦》

六、趣味问答

你觉得晴雯和麝月谁更会吵架？

明确：①晴雯道："宝二爷今儿千叮咛万嘱咐的，什么'花姑娘''草姑娘'，我们自然有道理，你只依我的话，快叫他家的人来领他出去。"晴雯听说，一发急红了脸，说道："我叫了他的名字了，你在老太太跟前告我去，说我撒野，也撵出我去。"由此可见，晴雯吵架单凭暴脾气，仗着宝玉待自己好，拿气势压人。②麝月忙道："嫂子，你只管带了人出去，有话再说。这个地方岂有你叫喊讲礼的？你见谁和我们讲过礼？别说嫂子你，就是赖奶奶林大娘，也得担待我们三分。便是叫名字，从小儿直到如今，都是老太太吩咐过的，你们也知道的，恐怕难养活，巴巴的写了他的小名儿，各处贴着叫万人叫去，为的是好养活。连挑水挑粪花子都叫得，何况我们！连昨儿林大娘叫了一声'爷'，老太太还说他呢，此是一件。二则，我们这些人常回老太太的话去，可不叫着名字回话，难道也称'爷'？那一日不把宝玉两个字念二百遍，偏嫂子又来挑这个了！过一日嫂子闲了，在老太太，太太跟前，听听我们当着面儿叫他就知道了。嫂子原也不得在老太太，太太跟前当些体统差事，成年家只在三门外头混，怪不得不知我们里头的规矩。这里不是嫂子久站的，再一会，不用我们说话，就有人来问你了。有什么分证话，且带了他去，你回了林大娘，叫他来找二爷说话。家里上千的人，你也跑来，我也跑来，我们认人问姓，还认不清呢！"说着，便叫小丫头子："拿了擦地的布来擦地！"这些话麝月说得不卑不亢，开口一个"嫂子"又不显得无礼，虽没有一句明确表达自己地位的言语，但又句句都显着她内屋丫头的地位，还拿老太太、太太、赖大娘等人说事，对于正觉得没有按规矩、体统行事的宋嬷嬷，偏又让她感觉站在这屋里说话正是自己没地位、更没规矩。而麝月最后命丫头擦地，更是"请你走人"的逐客令，同时又无形地表达出内心对她的瞧不起之态。可见，麝月吵架更讲方法，贬人于无形，气人到无语。

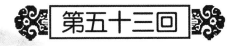

第五十三回

宁国府除夕祭宗祠　荣国府元宵开夜宴

一、整本阅读，思维导图

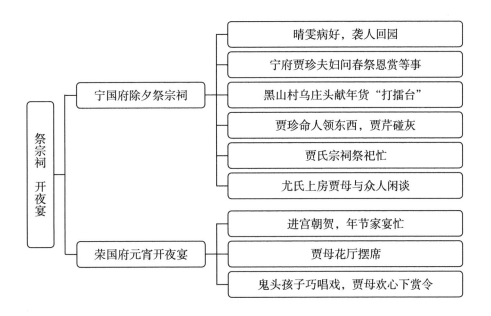

二、回目题解

　　本回目主要写乌庄头冒雪赶路送年例，宁国府里贾珍不知穷人日子艰难，却道穷人不知富人穷，老实的庄稼人还得帮着府中人撑门面。前面诸回总是荣国府里大事多，本回宁国府里祭宗祠的盛况着实让宁国府也露了一回脸。元宵佳节，贾母牵头办家宴，好不热闹。

三、主要人物

贾珍、贾蓉、乌庄头、贾母。

四、学养积累

疏通字词

炊爨［cuàn］：烧火做饭。

押岁锞［kè］子：用作压岁钱的小块金银。

讫［qì］：完结，终了。

花押：在契约文书末尾的签字。

庄头：田庄的管理人。

鲟鳇鱼［xún huáng］：一种很大的鱼。

蛏子［chēng］：是海中的一种贝类，肉鲜、嫩。

斛［hú］：容量单位。

打擂台：耍花招，使手段。

旱潦［hàn lǎo］：旱灾和水灾。

猞猁狲［shē lì sūn］：兽名。

桃符：驱邪用的桃木板。

封诰：官宦家妇女的封号。

蒸尝：祭祀。

弼［bì］：辅佐。

黎庶［lí shù］：黎民，民众。

昭穆：长幼尊卑的次序。

飒沓［sà tà］：靴子触地发出的声音。

排插：一种板壁。

络绎不绝：行人车马接连不断。

茹荤：吃荤。

聒［guō］耳：声音充满耳朵。

夔［kuí］龙：传说中的一种龙形异兽。

美人拳：捶腿或背时用的小锤儿。

五、名家点评

上二回既就宝玉房中细事轻描淡写，使阅者稍得纵容，此回又将过节大关目，以张皇贾府也。夫前此之张皇贾府者屡矣，然往往详于荣而略于宁，今则从宁府贾珍开宗祠请神主起手，以及领恩赏收地租分上物，种种事务无法经心细写。至于庙貌之盛，礼仪之繁，又借宝琴初进贾祠留神看出，此与形容荣府时假黛玉目中写之，一样笔法也。继一样笔法也。继引而至尤氏上房，其陈设之盛，亦不亚于荣府。盖宁府虽为陪荣府而设，然力均势敌，且后来致败之由，系于宁府者不少其当时奢华气象，正有不可略者，由是过入荣府。不过将行礼之处，大概一提，此固详略之法。抑以荣府局面，屡为铺陈，此则无须多赘也。吾意作者写此回时，以一心照应两府之人，以一笔敷演两府之事，而老少、男女、上下、尊卑一时间须要色色俱到，其笔墨之忙真不减。协理宁府数回矣，乃写之不足，又接写元宵节事。夫元宵节虽系家宴，其间写摆设，写淆馔，写坐次，写族中人，写戏中插科打诨，人以为极忙，而作者偏若游刃有余也，吾真不测其多大力量已。

——张子梁《评订红楼梦》

六、趣味问答

（1）乌庄头送给哥儿姐儿的玩意有哪些？

明确：活鹿两对，活白兔四对，黑兔四对，活锦鸡两对，西洋鸭两对。

（2）贾珍是怎样形容贾府家道没落的情形的？

明确：黄柏木作磬槌子——外头体面里头苦。

（3）古代男尊女卑的思想在这回里是如何体现的？

明确：男东女西，俟贾母拈香下拜，众人方一齐跪下。古代宴饮座次有讲究，东为尊。

（4）文中提到哪几味中药有益神养血之效？

明确：茯苓、地黄、当归。

（5）丫头给尤氏拿来的押岁锞子总共多少个？都是什么形状的？

明确：共总倾了二百二十个锞子。说着递上去。尤氏看了看，只见也有梅花式的，也有海棠式的，也有笔锭如意的，也有八宝联春的。

（6）乌庄头说今年收成不好的原因。

明确：从三月起下雨，接接连连直到八月，竟没有一连晴过五日的。九月里一场碗大的雹子，方近一千三百里地，连人带房并牲口粮食，打伤了上千上万的。

第五十四回

史太君破陈腐旧套　王熙凤效戏彩斑衣

一、整本阅读，思维导图

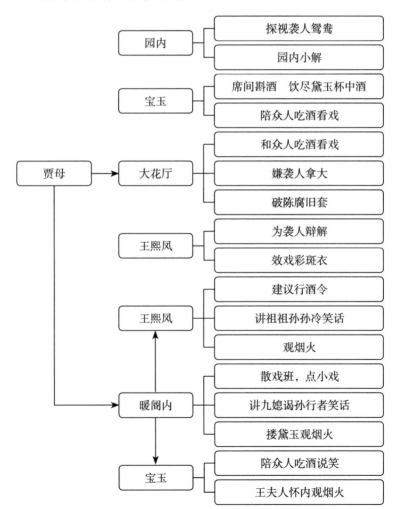

二、回目题解

《红楼梦》第五十四回可称全书之分水岭。此一回主要讲了荣国府元宵节晚上，贾母携儿女大摆筵席庆元宵的场景，是贾家人非常齐全的一次家宴，可谓热闹至极。但"悲凉之雾，遍被华林"，表面上大家强颜欢笑，实则贾府的衰颓之势已无可挽回。这不可不想到秦氏所托凤姐梦中谶语："常言'月满则亏，水满则溢'；又道是'登高必跌重'。如今我们家赫赫扬扬，已将百载，一日倘或乐极悲生，若应了那句'树倒猢狲散'的俗语"。此一回正是写月满之日、水满之时、树倒之兆。

三、主要人物

贾宝玉、贾母、王熙凤。

四、学养积累

1. 疏通字词

便宜：方便合适。

仔细：小心。

耽险：危险。

菜馔：菜肴。

蹑足潜踪：放轻脚步，隐住身体。形容小心隐秘的样子。

矜功自伐：自以为有功劳而夸耀。

沤：浸泡，这里指清洗。

2. 动词妙用

袭人道："正是，我也想不到能彀看父母回首。太太又赏了四十两银子。这到也算不罔养我一场。我也不敢妄想了。"宝玉听了，忙转身，悄向麝月等道："谁知他（鸳鸯）也来了。我这一进去，他又赌气走了，不如咱们回去吧。让他们两个清清净净的说一回。袭人正一个人闷得慌，幸而他来得好。"说着，仍悄悄的出来。

明确：鸳鸯因前几日贾赦讨要而忧烦无比，袭人母亲新逝，热孝在身，两人皆未参加元宵节宴会。因此宝玉席间不顾贾母叮嘱离去，欲回园内探望。"忙转身""悄向""悄悄的出来"这些动作描写可以看出贾宝玉对园内的众丫鬟一视同仁，体恤关爱，不以主仆论之，完全没有豪门大户的纨绔之风。

五、名家点评

首回楔子内云：古今小说千部共成一套云云，犹未泄真，今借老太君一写，是劝后来胸中无机轴之诸君子，不可动笔作书。凤姐乃太君之要紧陪堂，今题"斑衣戏彩"，是作者酬我阿凤之劳，特贬贾珍、琏辈之无能耳。

——脂砚斋评点《红楼梦》

六、趣味问答

（1）麝月、秋纹与贾宝玉一同游园子。在花厅廊上，秋纹为何与一个老婆子发生口角？这一情节显示出了什么？

明确：宝玉小解后要洗手，小丫头们早已备好热水在一旁候着。然而天气寒冷，盆内的水已冰冷。一个小丫头向迎面走来的老婆子要点滚水，老婆子说这滚水是给老太太泡茶的，让她自己另舀去。秋纹见了破口大骂，老婆子见是秋纹就笑说自己眼花了，马上倒滚水。显示出贾宝玉在贾府受宠溺娇的特殊地位，也足见贾府的尊卑等级观念深入人心。

（2）从本回看，贾母为什么喜欢王熙凤？显示出她们怎样的性格特征？

明确：王熙凤是贾母的开心果、顺气丸。贾母之所以喜欢凤姐，一个重要的原因是凤姐能说会道。而贾母本身就是一个善良、慈祥、开朗的老太太。闹元宵时取笑王熙凤嘴巧是因为"吃了孙猴子的尿"，也说明了贾母性格开朗大方。

王熙凤精于察言观色，又能说会道。二十四孝中老莱子娱亲的故事经王熙凤的嘴说出，竟脱去矫揉造作，与本场宴会无缝贴合，这显示出了她的高明。而顺手接来的贾母的半杯剩酒，与那句"讨老祖宗的寿吧！"又将她逢场作戏的本事展露无遗。

七、延伸探究

又上汤时，贾母说道："夜长，觉得有些饿了。"凤姐儿忙回道："有预备的鸭子肉粥。"贾母道："我吃些清淡的罢。"凤姐儿忙道：

第五十四回　史太君破陈腐旧套　王熙凤效戏彩斑衣

"也有枣儿熬的粳米粥。预备太太们吃斋的。"贾母笑道："不是油腻腻的，就是甜的。"凤姐儿又忙道："还有杏仁茶。只怕也甜。"贾母道："到是这个还罢了。"说着，又命人撤去残席，外面另设上各种精致小菜。大家随便随意吃了些。用过漱口茶，方散。

明确：这是贾府元宵节宴会接近尾声时的又一次换席，一场宴会席面三撤三换，足见贾府钟鼓馔玉的奢靡风气，以及贾母等人对吃食的极致讲究。在"刘姥姥二进大观园"的章节中，也有对贾府菜品奢靡讲究的描写，可以找到相关情节并仔细研读，并谈谈自己的体会。

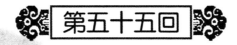

第五十五回

辱亲女愚妾争闲气　欺幼主刁奴蓄险心

一、整本阅读，思维导图

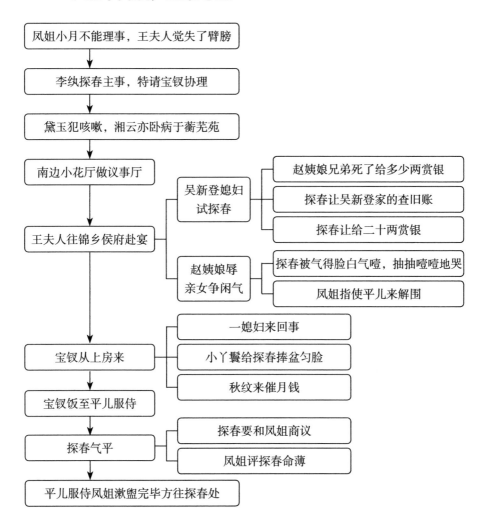

凤姐小月不能理事，王夫人觉失了臂膀

李纨探春主事，特请宝钗协理

黛玉犯咳嗽，湘云亦卧病于蘅芜苑

南边小花厅做议事厅

王夫人往锦乡侯府赴宴

吴新登媳妇试探春
- 赵姨娘兄弟死了给多少两赏银
- 探春让吴新登家的查旧账
- 探春让给二十两赏银

赵姨娘辱亲女争闲气
- 探春被气得脸白气噎，抽抽噎噎地哭
- 凤姐指使平儿来解围

宝钗从上房来
- 一媳妇来回事
- 小丫鬟给探春捧盆匀脸
- 秋纹来催月钱

宝钗饭至平儿服侍

探春气平
- 探春要和凤姐商议
- 凤姐评探春命薄

平儿服侍凤姐漱盥完毕方往探春处

二、回目题解

凤姐操劳过度病倒。王夫人不大打理家中杂事加之外面应酬多。府上内务交由李纨、探春、宝钗处理。没贾琏什么事，想来大户后院乃是女眷负责。能挑出这三个人，说明王夫人眼力不俗。新官上任，奴才都要试探蒙骗一回。李纨的和善，探春的年少倒助了他们私心逆上。凤姐对探春、黛玉、宝钗几人性格的分析十分透彻，可见是个真明白人，却毁在一个贪字，红尘中人，在所难免。

三、主要人物

上半回：李纨、探春、宝钗、吴新登媳妇、赵姨娘。

下半回：李纨、探春、宝钗、平儿、秋纹、凤姐。

四、学养积累

1. 疏通字词

逞纵［chěng zòng］：犹放纵。

卯［mǎo］正：早晨六点。

嫌隙［xián xì］：因猜疑或不满而产生的。

蠲［juān］了：除去，免除。

燎毛［liǎo máo］：形容事情极易办到。

2. 俗语积累

（1）倒三不着两

倒三不着两指说话或做事轻重不当，考虑欠周，注意这里，顾不到那里。

（2）镇山太岁

镇山太岁喻指强横凶恶之人。

3. 动词妙用

（1）凤姐儿笑道："过来坐下，横竖没人来，咱们一处吃饭是正经。"丰儿便将平儿的四样分例菜端至桌上，与平儿盛了饭来。平儿屈膝于炕沿之上，半身犹立于炕下，陪凤姐儿吃了饭，伏侍漱盥。

从此处平儿的"坐"你看出了哪些规矩？

明确：此处平儿的"坐"着也说明了主子抬举你，你要承着好意，但是也不能逾矩，这就是主仆之间的礼仪。

（2）探春对赵姨娘说道："我但凡是个男人，可以出得去，我必早走了，立一番事业，那时自有我一番道理。偏我是个女孩儿家，一句多话都没有我乱说的……"

个性化的语言最能凸显人物的性格特点，试分析一下语言，总结探春的性格特点。

明确：贾府中人人景仰的三姑娘，才自清明志自高，性格开朗，正直磊落，具有远见卓识，在大观园的女儿群中，个性鲜明、独树一帜。颇有大丈夫凛然之风，而又不乏女性的美貌娇柔。

五、名家点评

凤姐儿笑道："你这小蹄子，要掂多少过子才罢。看我病的这样，还来怄我。过来坐下，横竖没人来，咱们一处吃饭是正经。"说着，丰儿等三四个小丫头子进来放小炕桌。凤姐只吃燕窝粥，两碟子精致小菜，每日分例菜已暂减去。丰儿便将平儿的四样分例菜端至桌上，与平儿盛了饭来。平儿屈膝于炕沿之上，半身犹立于炕下，陪凤姐儿吃了饭，［庚辰双行夹批：凤姐之才又在能邀买人心。］伏侍漱盥。漱毕，嘱咐了丰儿些话，方往探春处来。只见院中寂静，人已散出。

——脂砚斋评点《红楼梦》

六、趣味问答

（1）荣府今岁元宵无灯谜之集的原因？

明确：只因当今以孝治天下，目下宫中有一位太妃欠安，故各嫔妃皆为之减膳卸妆，不独不能省亲，亦且将宴乐俱免。

（2）王夫人为何特请了宝钗来帮忙执事？

明确：王夫人见凤姐身子不能复旧如常，探春与李纨暂难谢事，园中人多，又恐失于照管，因又特请了宝钗来，托她各处小心。

（3）探春为何只给自己的亲舅舅二十两赏钱？

明确：缘故是"正要找几件利害事与有体面的人开例作法子，镇压与众人作榜样"呢。

七、延伸探究

贾探春为什么不认自己的亲舅舅？

明确： 第一，场合不对。谁都知道探春是赵姨娘生的，探春能管家，是因王熙凤病了，王夫人无人可用有心培养探春。探春行使王夫人的权力，如何敢徇私枉法？

第二，地位不同。尊卑有序，主奴有别。作为赵姨娘生育的庶出儿女，探春、贾环一出生就要奉王夫人为嫡母，王夫人有诰命，叫太太，没有诰命要称母亲。反倒亲生母亲当众都要称呼姨娘，背后叫声母亲那也要背人，绝不可以在外面喊出来。王夫人看重她，培养她，她必须给王夫人脸面。赵姨娘此闹，不占理，不懂事，实在昏聩。

第五十六回

敏探春兴利除宿弊　时宝钗小惠全大体

一、整本阅读，思维导图

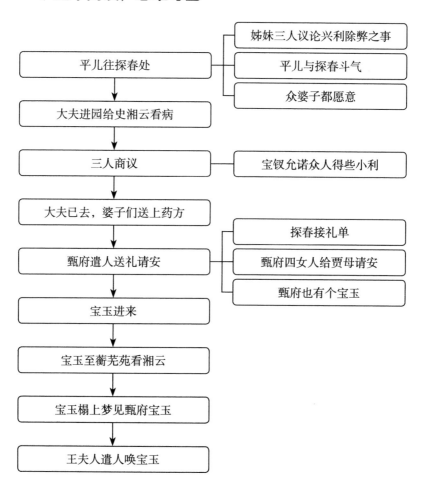

```
平儿往探春处 ──┬── 姊妹三人议论兴利除弊之事
               ├── 平儿与探春斗气
               └── 众婆子都愿意
      │
      ▼
大夫进园给史湘云看病
      │
      ▼
三人商议 ───── 宝钗允诺众人得些小利
      │
      ▼
大夫已去，婆子们送上药方
      │
      ▼
甄府遣人送礼请安 ──┬── 探春接礼单
                   ├── 甄府四女人给贾母请安
                   └── 甄府也有个宝玉
      │
      ▼
宝玉进来
      │
      ▼
宝玉至蘅芜苑看湘云
      │
      ▼
宝玉榻上梦见甄府宝玉
      │
      ▼
王夫人遣人唤宝玉
```

二、回目题解

探春、李纨掌家，兴利除弊。除弊，除的是重复的脂粉例银。府中买办，说白了就是现在的采购。例钱交到他们手里，只需按时办回脂粉即可，这脂粉好坏盈缺又没人理论。花费亦无人监管，很多漏洞。殊不知这些买办本是一个圈子吃饭的，没理由断送自己财路。兴利，是把院子里一干庄稼花草等交与院中人打理，出了利钱不用上交，只需供园子几样用度即可，这样亦可省去雇人管理的费用。

三、主要人物

上半回：平儿、探春、宝钗、李纨。

下半回：探春、宝钗、贾母、宝玉、袭人。

四、学养积累

1. 疏通字词

饥馑［jī jǐn］：灾荒；荒年。五谷收成不好叫饥，蔬菜和野菜吃不上叫馑，因之以饥馑喻遭了灾荒。

兴利剔弊［xīng lì tī bì］：兴办有利的事业，除去各种弊端。剔，剔除。弊，弊端，害处。

参度［cān dù］：斟酌审量。

撮簸［cuō bǒ］：扬糠除秽、清理垃圾的器具，用竹篾、柳条或铁皮制成，三面有边沿，一面敞口。

敬［jìng］伏：敬重佩服。

2. 俗语典故

（1）幸于始者怠于终，缮［shàn］其辞者嗜［shì］其利

"幸于始者怠于终"是指做事的方法。要谋定而动，做某件事之前，要想好可能出现的问题，心中有数再动手。"缮其辞者嗜其利"是指观察人的方法。说得越漂亮的，夸夸其谈者，往往是图利之人。

（2）稳坐吃三注

谚语，意思是指不费力气而稳得多方钱财。三注：赌场用语，押在上

门、下门和天门三个位置上的赌注。

五、名家点评

"如此一行，你们办的又至公，于事又甚妥。"李纨平儿都道："是极。"〔庚辰双行夹批：宝钗此等非与凤姐一样，此则随时俯仰，彼则逸才蹈躏耳。〕探春笑道："虽如此，只怕他们见利忘义。"〔庚辰双行夹批：这是探春敏智过人处，此讽亦不可少。〕平儿笑道："不相干，前儿莺儿还认了叶妈做干娘，请吃饭吃酒，两家和厚的好的很呢。"〔庚辰双行夹批：夹写大观园中多少儿女家常闲景，此亦补前文之不足也。〕探春听了，方罢了。又共同斟酌出几人来，俱是他四人素昔冷眼取中的，用笔圈出。

——脂砚斋评点《红楼梦》

六、趣味问答

（1）为什么探春要在园子里所有的老妈妈中，拣出几个本分老成能知园圃事的，派他们收拾料理？

明确：一则园子有专定之人修理，花木自然一年好似一年的，也不用临时忙乱；二则也不至作践，白辜负了东西；三则老妈妈们也可借此小补，不枉年日在园中辛苦；四则亦可以省了这些花匠山子匠打扫人等的工费。

（2）探春要找专人负责收拾料理园圃的事，李纨怎样回答？

明确：李纨笑道："好主意。这果一行，太太必喜欢。省钱事小，第一有人打扫，专司其职，又许他们去卖钱。使之以权，动之以利，再无不尽职的了。"

七、延伸探究

谈谈你对探春的掌家理念的认识。

明确：探春的持家理念就是法制。探春理事，先要立威立信。①她驳赵国基的抚恤金，是以身作则；②拿凤姐和宝玉"做筏子"，是强调法无特例；③既革了少爷们的学杂费，又革了小姐奶奶的脂粉钱，是一体公平。承包大观园，并不在凤姐原先的职权之内，自然也不在法定授权之内。她必须额外申请，获得新的授权。否则，就是越权。这就叫"讲法"，也叫"讲规矩"。

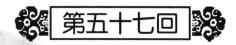

第五十七回

慧紫鹃情辞试忙玉　慈姨妈爱语慰痴颦

一、整本阅读，思维导图

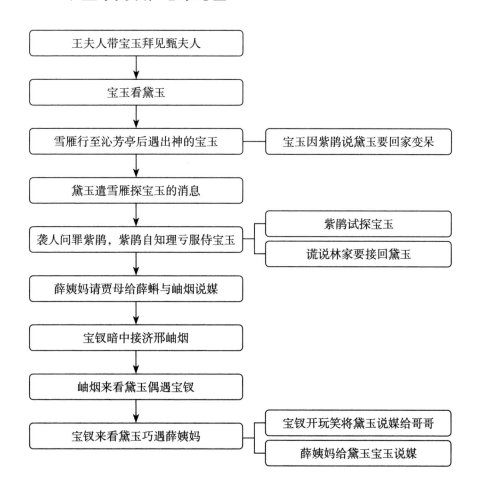

王夫人带宝玉拜见甄夫人

↓

宝玉看黛玉

↓

雪雁行至沁芳亭后遇出神的宝玉 ── 宝玉因紫鹃说黛玉要回家变呆

↓

黛玉遣雪雁探宝玉的消息

↓

袭人问罪紫鹃，紫鹃自知理亏服侍宝玉 ── 紫鹃试探宝玉

── 谎说林家要接回黛玉

↓

薛姨妈请贾母给薛蝌与岫烟说媒

↓

宝钗暗中接济邢岫烟

↓

岫烟来看黛玉偶遇宝钗

↓

宝钗来看黛玉巧遇薛姨妈 ── 宝钗开玩笑将黛玉说媒给哥哥

── 薛姨妈给黛玉宝玉说媒

二、回目题解

本回目写贾宝玉去潇湘馆探看黛玉时，紫鹃谎说黛玉欲回家，一句玩笑话，吓得宝玉半死，黛玉急得立马吐了。可见两人情深，通过此事，两人心意也更明了。贾母把岫烟保给了薛蝌。岫烟寄人篱下，生活拮据，宝钗热心相助。薛姨妈宝钗黛玉卧床畅聊，真亲母女一般，黛玉此刻是幸福的，只是短暂了些！

三、主要人物

上半回：紫娟、宝玉、贾母、晴雯、薛姨妈、宝钗。

下半回：薛姨妈、宝钗、黛玉。

四、学养积累

1. 疏通字词

针黹［zhǐ］：针线活。

壅蔽［yōng bì］：隔绝蒙蔽，多指用不正当手段有意隔绝别人的视听，使人不明真相。

嚼蛆［jiáo qū］：胡说，瞎说。

老鸹［guā］：乌鸦。

壅塞［yōng sè］：阻塞。

趸［dǔn］话：概括的话。

2. 俗语积累

（1）老健春寒秋后热

谚语，意思是老年人的生命就像春天的寒冷、秋后的余热一样不会长久。

（2）万两黄金容易得，知心一个也难求

这两句大意是：黄金虽贵，万两也容易得到；而友谊比黄金更可贵，真正的知心好友一个也难以寻求。

3. 动词妙用

紫鹃停了半晌，自言自语的说道："一动不如一静。我们这里就算好人家，别的都容易，最难得的是从小儿一处长大，脾气情性都彼此知道的了。"黛玉啐道："你这几天还不乏，趁这会子不歇一歇，还嚼什么蛆。"紫鹃笑道："倒不是白嚼蛆，我倒是一片真心为姑娘。替你愁了这几年了，无父母无兄弟，谁是知疼着热的人？趁早儿老太太还明白硬朗的时节，作定了大事要紧。"

明确：本回表现出紫鹃的聪慧与忠贞，紫鹃是黛玉的贴身侍女，紫鹃还对宝黛之间的爱情的发展以及感情纠葛洞若观火，体察细致。"试玉"之后，紫鹃向黛玉明白无误地讲了自己的心曲"别的都容易，最难得是从小一块儿长大，脾气情性彼此知道的了"真可谓是字字披肝沥胆，句句发自肺腑，体现了紫鹃对黛玉的一片真心。黛玉虽嗔她"嚼蛆"，但其字字句句说到心坎上，不然黛玉也不会伤感得一夜流泪。精彩的语言刻画出黛玉和紫鹃人物形象，黛玉美丽娇弱、冰雪聪明，紫鹃温柔贴心、伶俐可人；黛玉孤傲清高、敏感多疑，紫鹃不卑不亢、坦诚纯真。

五、名家点评

偶值雪雁从王夫人房中取了人参来，从此经过，忽扭项看见桃花树下石上一人手托着腮颊出神，不是别人，却是宝玉。［庚辰双行夹批：画出宝玉来，却又不画阿颦，何等笔力！便不从鹃写，却写一雁，更奇。是仍归写鹃。］雪雁疑惑道："怪冷的，他一个人在这里作什么？春天凡有残疾的人都犯病，敢是他犯了呆病了？"［庚辰双行夹批：写娇憨女儿之心何等新巧。］

——脂砚斋评点《红楼梦》

六、趣味问答

（1）偶值雪雁从王夫人房中取了人参来，从此经过，忽扭项看见桃花树下石上一人手托着腮颊出神，不是别人，却是宝玉。此时的宝玉在哪里？

明确：在沁芳亭后头桃花树下石上。

（2）"李妈妈乃是经事的老妪，说宝玉不中用了，可知必不中用。"找出黛玉和宝玉感情深厚的句子。

明确：黛玉一听此言，哇的一声，将腹中之药一概呛出，抖肠搜肺、炽胃扇肝的痛声大嗽了几阵，一时面红发乱，目肿筋浮，喘的抬不起头来。紫鹃忙上来捶背，黛玉伏枕喘息半晌。推紫鹃道："你不用捶，你竟拿绳子来勒死我是正经！"

七、延伸探究

本回中"慧紫鹃情辞试忙玉"指的是怎样的一件事？

明确：紫鹃先是对宝玉反常的冷淡，后来又借燕窝一事的话头告诉宝玉，黛玉明年要回苏州老家。宝玉听了一头热汗、满脸紫胀，呆呆地回到怡红院，后来失去了知觉，直至见到紫鹃才哭出声来，而且拉住紫鹃不放手。紫鹃因自己的玩笑话引出这样大的事，也尽心侍候，宝玉服下王太医开的药好转后，紫鹃直言试探宝玉的缘由，宝玉也表明心意，紫鹃为黛玉而感到欣慰。

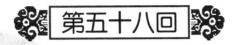

第五十八回

杏子阴假凤泣虚凰　茜纱窗真情揆痴理

一、整本阅读，思维导图

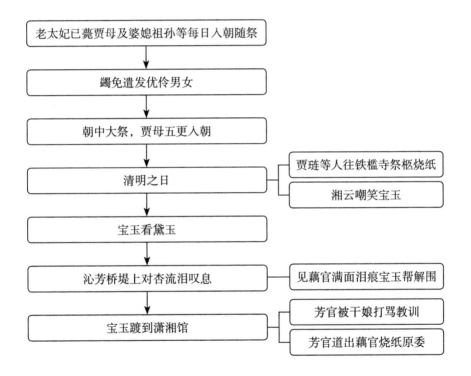

老太妃已薨贾母及婆媳祖孙等每日入朝随祭

↓

蠲免遣发优伶男女

↓

朝中大祭，贾母五更入朝

↓

清明之日 ── 贾琏等人往铁槛寺祭枢烧纸

　　　　　 湘云嘲笑宝玉

↓

宝玉看黛玉

↓

沁芳桥堤上对杏流泪叹息 ── 见藕官满面泪痕宝玉帮解围

↓

宝玉踱到潇湘馆 ── 芳官被干娘打骂教训

　　　　　　　　芳官道出藕官烧纸原委

二、回目题解

　　清明宝玉拄杖饭后闲转，宝玉仰望杏子想到"绿叶成荫子满枝"，邢岫烟再过几年也"绿叶成荫子满枝"了。见雀落枝头乱啼，又发感叹。见藕官为同伴烧纸，宝玉为之遮掩。宝玉看黛玉，两人都瘦了，黛玉想起往事，不觉流下泪来。芳官和其干妈闹仗，宝玉为芳官辩护。芳官说明藕官烧纸是因与药官同演夫妻，药官死后，又与蕊官演夫妻，温柔体贴，但还是怀念药官，给其烧纸。

三、主要人物

上半回：宝玉、湘云、藕官。

下半回：宝玉、晴雯、芳官、袭人、麝月。

四、学养积累

1. 疏通字词

敕谕［chì yù］：皇帝的诏令。

跐［cǎi］踏：脚底在物体上向下用力踩。跐，踩的繁体字，动词，脚底接触地面或物体。

慵妆髻［yōng zhuāng jì］：偏垂一边的蓬松发髻。

菂［dì］官：菂，古代指莲子，荃华虽敷，不菂而枯。

优伶［yōu líng］男女：指古时以乐舞、戏谑为业的艺人，后指戏曲演员。优，俳优。伶，乐工。

2. 俗语积累

（1）咬群的骡子

咬群的骡子喻爱跟周围的人吵闹的人。

（2）一个巴掌拍不响

一个巴掌拍不响比喻争吵双方都有错。

（3）公冶长

公冶长是孔子的弟子，相传能通鸟语。

（4）挑幺挑六

挑幺挑六形容喜欢挑剔。

3. 动词妙用

因宝玉未大愈，故不曾去得。饭后发倦，袭人因说："天气甚好，你且出去逛逛，省得丢下粥碗就睡，存在心里。"宝玉听说，只得拄了一支杖，靸着鞋，步出院外。

明确："拄""靸"生动形象地刻画出宝玉的病势及大病未愈的精神状态。

五、名家点评

"等两日消闲了，咱们痛回一回，大家把威风煞一煞儿才好。宝玉才好了些，连我们不敢大声说话，你反打的人狼号鬼叫的。上头能出了几日门，你们就无法无天的，眼睛里没了我们，再两天你们就该打我们了。他不要你这干娘，怕粪草埋了他不成？"宝玉恨的用拄杖敲着门槛子说道："这些老婆子都是些铁心石头肠子，也是件大奇的事。不能照看，反倒折挫，天长地久，如何是好！"〔庚辰双行夹批：画出宝玉来。〕晴雯道："什么'如何是好'，都撵了出去，不要这些中看不中吃的！"那婆子羞愧难当，一言不发。那芳官只穿着海棠红的小棉袄，底下丝绸撒花裤裤，敞着裤腿，〔庚辰双行夹批：四字奇想，写得纸上跳出一个女优来。〕一头乌油似的头发披在脑后，哭的泪人一般。

——脂砚斋评点《红楼梦》

六、趣味问答

（1）贾母、邢、王、尤、许婆媳祖孙等皆每日入朝随祭，至未正以后方回。发生了何事？

明确：上回所表的那位老太妃已薨，凡诰命等皆入朝随班按爵守制。

（2）宝玉为何伤心对杏流泪叹息？

明确：只见柳垂金线，桃吐丹霞，山石之后，一株大杏树，花已全落，叶稠阴翠，上面已结了豆子大小的许多小杏。宝玉因想道："能病了几天，竟把杏花辜负了！不觉倒'绿叶成荫子满枝'了！"因此仰望杏子不舍。又想起邢岫烟已择了夫婿一事，虽说是男女大事，不可不行，但未免又少了一个好女儿。不过两年，便也要"绿叶成荫子满枝"了。再过几日，这杏树子落枝空，再几年，岫烟未免乌发如银，红颜似槁了，因此不免伤心，只管对杏流泪叹息。

七、延伸探究

你能根据自己的理解分析本回的题目的含义吗?

明确: 杏子阴假凤泣虚凰,意思就是在杏树林里,藕官为死去的"妻子"蒻官哭泣。藕官是小生,药官是小旦,她俩经常在戏里扮夫妻,一来二去时间一长两人产生了感情,真当自己是夫妻了,对这两个小姑娘来说就是"假凤虚凰";茜纱窗真情揆痴理,当只剩下宝玉和芳官两人时,芳官向宝玉细说藕官和药官的感情。揆,度也,测量,衡量。

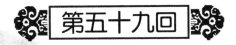

第五十九回

柳叶渚边嗔莺咤燕　绛云轩里召将飞符

一、整本阅读，思维导图

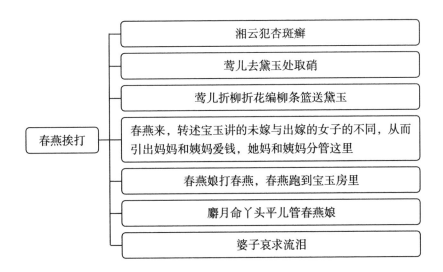

春燕挨打
- 湘云犯杏斑癣
- 莺儿去黛玉处取硝
- 莺儿折柳折花编柳条篮送黛玉
- 春燕来，转述宝玉讲的未嫁与出嫁的女子的不同，从而引出妈妈和姨妈爱钱，她妈和姨妈分管这里
- 春燕娘打春燕，春燕跑到宝玉房里
- 麝月命丫头平儿管春燕娘
- 婆子哀求流泪

二、回目题解

柳叶渚：是大观园的一个风景区，多柳。

嗔莺：批评莺儿，莺儿是宝钗的丫鬟。

咤燕：训斥春燕，春燕是宝玉的丫鬟。第五十六回写到大观园的树木花草是承包给了个人的。这回中，莺儿采了一些柳叶编花篮，损害了承包人的利益。因此，承包人——春燕的妈妈看到这种情况心疼，就批评了女儿春燕和宝钗的丫鬟莺儿。

这场吵闹包含着一种矛盾——大观园改革中的矛盾，即经济利益和娱乐诉求的矛盾。作为一个名门望族的宅院，大观园中的树木花草主要是供人玩赏的。如今却要它成为产品变出钱来。这两者之间便有了差别，有了矛盾。

绛云轩：即怡红园。

召将飞符：军事术语。符，是兵符，是古代统率军队的一种命令符号。召将飞符，就是发出命令，召唤将军。这是譬喻用法。是指怡红园中的丫鬟总管麝月，为了处理春燕的娘在怡红园闹事，叫小丫头去传平儿或林之孝家的来。若照晴雯、麝月的意思，是要把春燕的娘撵出去的。幸而平儿采取了宽大政策，得饶人处且饶人，从宽处理了此事。

这一回中一派杀气，为后来大观园改革的失败伏笔。柳叶渚边嗔莺咤燕，大意就是在柳叶渚边，一群姑娘在闹腾，所以"嗔莺咤燕"，只不过中间掺了个老妈子。绛云轩里召将飞符，事情闹得管不住了，叫出管事的平儿，把事情解决了，所以叫"召将飞符"。

三、主要人物

湘云、宝钗、莺儿、黛玉、蕊官、藕官、春燕、春燕的妈妈和姨妈、袭人、麝月、宝玉、平儿。

四、学养积累

疏通字词

吃不了兜着走：表示承受不起，吃不消。

五、名家点评

本回故事篇幅虽偏小，但涉及矛盾多处。尽管大观园探春的改革消除了部分弊病，但新的利益冲突又起，终究挽回不了封建腐朽没落的大家族。

——张胜利《红楼梦学刊》

六、趣味问答

（1）春燕何婆之女，宝玉房中的丫头。其母"愚顽昏眊"，春燕却聪明乖觉，柳叶渚边对其母及姨妈的一番褒贬议论，说明了什么？

明确：说明春燕深知贾府规矩、底细，又善于随机应变。"我素日劝你老人家再不信，何苦闹出没趣来才罢。""你若安分守己，在这屋里长久了，自有许多的好处"。

（2）第五十九回中错综复杂的故事几乎是由春燕一人串起来的，那三个"肇事"的婆子都与她沾亲带故。从书中一波未平一波又起的琐事中，可以看出什么？

明确：可以看出作者用在这个小人物身上的笔墨：琐事不小，小中见大。从这些琐事中折射出怡红院、大观园乃至荣国府内上下之间、各房之间、主奴之间、奴才与奴才之间，以及小戏子与其干娘之间的重重矛盾。

七、延伸探究

（1）为什么说麝月的存在对宝玉极为关键？

明确："寿怡红群芳开夜宴"一节里，麝月所掣花签为"荼蘼"，题为"韶华胜极"。"韶华"是指人的青春年华，"胜极必落"则突出美好的时光马上过去。宝玉觉得不吉利，所以会把签藏起来，不让大家看。签中又引用宋代王淇《春暮游小园》里的诗句"开到荼蘼花事了"，则表明良辰美景就要结束。"荼蘼不争春，寂寞开最晚。"曹雪芹以花喻女儿，用荼蘼花则表明"诸芳尽"。正好印证麝月是陪伴在宝玉身边最后的女儿。

（2）众人为何袒护春燕？

明确：因为那天的确是春燕的两个长辈不对，她们对大丫鬟心存忌恨且过于小气，除了抠门舍不得花草，还有点故意找碴儿。不敢动莺儿，就拿春燕开刀，泄私愤，芝麻大的事，还追着打孩子，到了大丫鬟跟前还横。况且她们素日都知道这些婆子们有很多恶性，原本就没有好印象，外加宝玉一向喜欢年轻的女儿们，年轻姑娘之间存在姐妹情，所以众人都向着春燕。

第六十回

茉莉粉替去蔷薇硝　玫瑰露引来茯苓霜

一、整本阅读，思维导图

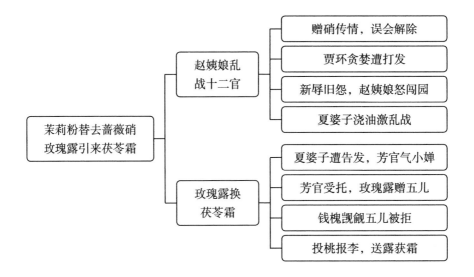

```
茉莉粉替去蔷薇硝        ┌─ 赵姨娘乱 ─┬─ 赠硝传情，误会解除
玫瑰露引来茯苓霜  ──────┤   战十二官  ├─ 贾环贪婪遭打发
                        │            ├─ 新辱旧怨，赵姨娘怒闯园
                        │            └─ 夏婆子浇油激乱战
                        │
                        └─ 玫瑰露换 ─┬─ 夏婆子遭告发，芳官气小婵
                            茯苓霜    ├─ 芳官受托，玫瑰露赠五儿
                                      ├─ 钱槐觊觎五儿被拒
                                      └─ 投桃报李，送露获霜
```

二、回目题解

　　"玫瑰露"与"茯苓霜"属于食品，"茉莉粉"与"蔷薇硝"属于化妆品。这几样看似"风马牛不相及"的东西，在这回中却有着巧合而又复杂的连带关系。

　　前后这几回的篇幅虽然都相对较短，矛盾冲突却是错综交叉又连贯延续。从这些剪不断、理还乱的关系中，我们可以看到，在这样一个行将没落的大家族里面，存在着多少若隐若现、易燃易爆的安全隐患。

三、主要人物

袭人、平儿、李纨的丫鬟、宝玉、春燕、宝钗、莺儿、蕊官、芳官、贾环、贾琮、麝月、彩云、赵姨娘、藕官的干娘夏婆子、黛玉、晴雯、探春、尤氏、李纨、周姨娘。

四、学养积累

1. 疏通字词

香饽[bō]饽：比喻受人欢迎的人。

撞尸：骂人话，瞎跑、乱撞。

挺床：骂人话，睡觉。

看人下菜碟儿：势利眼，看人行事。

说长说短：议论别人是非。

伶透：伶俐，聪明。

旋子：温酒时盛热水的器具。

内亲：女眷的亲戚。

2. 词句赏析

（1）贾环听了，便伸着头瞧了一瞧，又闻得一股清香，便弯着腰向靴筒内掏出一张纸来托着，笑说："好哥哥，给我一半。"

明确：体现了贾环十足的下作模样。

（2）麝月便说："这会子且忙着问这个，不过是这屋里人一时短了。你不管拿些什么给他们，他们那里看得出来？快打发他们去了，咱们好吃饭。"

明确：贾环的身份虽然是"爷"，但因为平时总是贪小便宜不自重，所以连丫鬟们都瞧不起他。

（3）芳官听了，便将些茉莉粉包了一包拿来。贾环见了就伸手来接。芳官便忙向炕上一掷。贾环只得向炕上拾了，揣在怀内，方作辞而去。

明确：贾环这个人物作为宝玉形象的衬托，与宝玉形成鲜明的对比。我们在相关章节陆续都可以看到的，其相貌之猥琐、人性之卑劣、行为之下贱。

五、名家点评

芳官那里禁得住这话，一行哭，一行说："没了硝我才把这个给他的。若说没了，又恐他不信，难道这不是好的？我便学戏，也没往外头去唱。我一个女孩儿家，知道什么是粉头面头的！姨奶奶犯不着来骂我，我又不是姨奶奶家买的。'梅香拜把子，都是奴几'呢？"［闲批：梅香，奴婢、丫鬟辈称谓。拜把子，结拜时分等次。奴几，奴才第几、奴才老几。此句言，无论怎么分等次，还不都是奴才。按：奴几（奴幾），今印本多修改作"奴才""奴儿"，有失原意。］袭人忙拉他说："休胡说！"赵姨娘气的便上来打了两个耳刮子。袭人等忙上来拉劝，说："姨奶奶别和他小孩子一般见识，等我们说他。"芳官捱了两下打，那里肯依，便拾头打滚，（按：拾头，即撞头。见《醒世姻缘传》第九二回："那侄儿又照着他姑娘心口里拾头，四个人扭成一块，打的披头散发。"另见《儿女英雄传》第七回："女儿只是拾头撞脑要寻死。"）泼哭泼闹起来。口内便说："你打得起我么？你照照那模样儿再动手！我叫你打了去，我还活着！"便撞在怀里叫他打。众人一面劝，一面拉他。晴雯悄拉袭人说："别管他们，让他们闹去，看怎么开交！如今乱为王了，什么你也来打，我也来打，都这样起来还了得呢！"

——《戚蓼生序本》

六、延伸探究

从本回中能看出赵姨娘为什么在贾府里受到人们的厌恨？

明确：贾环向芳官要蔷薇硝，而芳官给的是茉莉粉，当知道不是蔷薇硝时，贾环看了看笑道："这也是好的。"赵姨娘骂后又去找芳官，不但骂而且打了芳官，激起了丫鬟们的愤怒，联合起来反击赵姨娘。赵姨娘敢动手打芳官，是因为在她眼里连她家下三等丫鬟都不如的贱伶竟敢戏弄作为主子的亲生儿子贾环，因而把芳官们当作"猫儿狗儿"，大肆抖其雌威，欺凌弱者，并且唯恐天下不乱，搬弄是非之至，愚蛮粗野之极令人叹止。赵姨娘"倒三不着两"的无赖习气及其心术不正，"蛮"而"愚"，再加上她摇齿鼓唇，搬弄是非，因而在贾府里受到人们的厌恨。

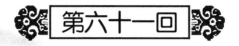

第六十一回

投鼠忌器宝玉瞒赃　判冤决狱平儿行权

一、整本阅读，思维导图

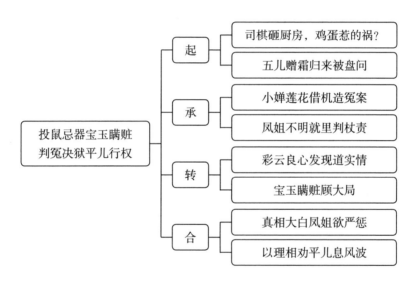

投鼠忌器宝玉瞒赃
判冤决狱平儿行权

- 起
  - 司棋砸厨房，鸡蛋惹的祸？
  - 五儿赠霜归来被盘问
- 承
  - 小婵莲花借机造冤案
  - 凤姐不明就里判杖责
- 转
  - 彩云良心发现道实情
  - 宝玉瞒赃顾大局
- 合
  - 真相大白凤姐欲严惩
  - 以理相劝平儿息风波

二、回目题解

本回开头交代，柳家的要进角门，门上的小厮趁机纠缠搭讪。二人看似不经意的半开玩笑的对话，透露了一点儿耐人寻味的信息：一是大观园实行"承包制"，带来了人际关系的显著变化——人与人之间利益纷争频繁化、表面化；二是贾府的下层已经形成了千丝万缕、盘根错节的复杂人际关系。

三、主要人物

柳家的、小厮、老婆子、莲花儿、司棋、小燕、宝姑娘、赵姨奶奶、芳官、林之孝家的、五儿、宝玉、王熙凤、平儿、玉钏、李纨、探春。

四、学养积累

1. 疏通字词

杩〔mà〕子盖：旧时小孩儿留头发的一种样式，四周剃去，中留短发。

内纤〔qiàn〕：内奸。

狗颠屁股儿：形容献媚的丑态。

花遮柳隐：偷偷摸摸的样子。

顶缸：顶罪。

买转：收买，贿赂。

兜揽：把责任揽到自己身上。

窝里炮：内部相互争斗。

八下里：各个方面。

炭篓子：高帽子，奉承的话。

挂误：因受牵连而丢官。

2. 词句赏析

（1）殊不知告失盗的就是贼。

明确：玉钏迫于压力被彩云反咬一口，增加了问题的复杂性。就是这样一件本来只是平常的人情交换的事儿，但在曲曲折折发展过程中的是是非非，却真实地反映出里里外外、明里暗里、层层叠叠的矛盾关系。不过，从中也可以看到作者拨草瞻风的洞察力。

（2）平儿说出了自己的判断和顾虑："如今从赵姨奶奶屋里起贼赃也容易，只怕又伤了一个好人的体面，不肯为打老鼠伤了玉瓶。"

明确："投鼠忌器"的"鼠"当然是赵姨娘，但所忌的"器"却是探春。所以这个案子就让明察秋毫而又一贯秉持好心的平儿十分难办。

（3）林之孝家的又向平儿说："今儿一早押了他来，恐园里没人伺候姑娘们的饭，我暂且将秦显的女人派了去伺候。姑娘一并回明奶奶，他倒干净谨慎，以后就派他常伺候罢。"平儿道："秦显的女人是谁？我不大相熟。"林之孝家的道："他是园里南角子上夜的，白日里没什么事，所以姑娘不大相识。高高孤拐，大大的眼睛，最干净爽利的。"玉钏儿道："是了。姐姐，你怎么忘了？他是跟二姑娘的司棋的婶娘。司棋的父母虽是大老爷那边的人，他这叔叔却是咱们这边的。"

明确：谜底揭开——原来，司棋大闹小厨房，不仅是表面那点事儿，背后还有更主要的原因。这样说来，还是带点儿"有组织、有预谋"的味道。至此，在明眼人看来，已经不言自明，秦显家的要夺取所觊觎的位置，司棋也借机找碴儿帮衬。这个小厨房究竟有多大的利益可图，以至于这样明火执仗地争夺？在后面一回中，多少可以看出些端倪。

五、名家点评

凤姐儿道："虽如此说，但宝玉为人不管青红皂白爱兜揽事情。……虽不加贼刑，也革出不用。朝廷家原有挂误的，倒也不算委屈了他。"〔闲批：官司判案如凤姐者，严究厉断，虽有精明处，亦未免混账不公。〕

戚序本回末总评：赵姨痛儿，弄得羞愧满面；柳家惜女，几至鞭楚随身。可知养子种孙，自有大体，莫学那溺爱禽犊。柳家婆煮糕烹茶，何等殷勤，未得些儿便宜；秦家婆偷仓盗库，百般赔垫，反伤无数钱财。可知君子安贫，达人知命，原有乐处。

——《戚蓼生序本》

六、趣味问答

"投鼠忌器宝玉瞒赃"，这里的"鼠"和"器"各指什么？
明确："鼠"指赵姨娘，"器"指探春。

七、延伸探究

（1）简述大观园里丢东西的情节。

明确：王夫人房里的彩云偷了玫瑰露给贾环，丫鬟五儿因为舅舅同时得了茯苓霜，自己的妈妈柳家的与别人有过节，被人冤枉偷了茯苓霜。宝玉假说自己拿了玫瑰露和茯苓霜，应了两件事，保全了五儿和彩云。

（2）请结合玫瑰露和茯苓霜丢失后宝玉、平儿的做法，并简要评析两人的性格特征。

明确：宝玉主动要求认下玫瑰露和茯苓霜两件事，保全受冤枉的五儿和虽然偷窃却勇于承认的彩云，防止事情闹大，体现了宝玉体贴关爱女性、平等待人的性格特点。

平儿在知道事情真相后，放过了五儿和彩云，在王熙凤提出要严厉处罚时，善意劝解，最终平息此事，体现了平儿宽宏大度、识大体、顾大局、善待人，同时又聪明机灵的性格特点。

第六十二回

憨湘云醉眠芍药茵　呆香菱情解石榴裙

一、整本阅读，思维导图

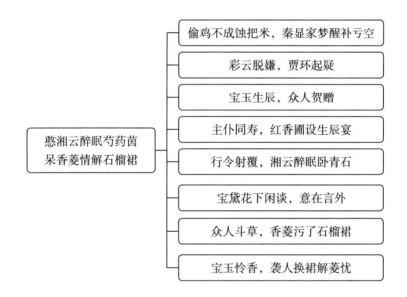

憨湘云醉眠芍药茵
呆香菱情解石榴裙

- 偷鸡不成蚀把米，秦显家梦醒补亏空
- 彩云脱嫌，贾环起疑
- 宝玉生辰，众人贺赠
- 主仆同寿，红香圃设生辰宴
- 行令射覆，湘云醉眠卧青石
- 宝黛花下闲谈，意在言外
- 众人斗草，香菱污了石榴裙
- 宝玉怜香，袭人换裙解菱忧

二、回目题解

本回写尽了主事之人不在家，宝玉和大观园的青春少女尽情欢乐的场面，既有诗意，又有放浪，自由畅快。"湘云醉卧芍药茵"自然是最高点，也是作者的精彩之笔。今天看来这是一场高雅的互动，在当时却是一种常见的活动。大观园聪明的姑娘们，显示了她们的才华。只是这些诗句，除了悲凉之外，重要的是影射了她们的命运。作者的巧妙之笔在诗令中得到了发挥。

三、主要人物

平儿、林之孝家、柳家的母女、李纨、探春、司棋、秦显家的、赵姨娘、彩云、玉钏儿、贾环、宝玉、宝琴、张道士、李贵、薛姨妈、薛蟠、晴雯、麝月、岫烟、湘云、宝钗、黛玉。

四、学养积累

疏通字词

扬铃打鼓：大声张扬。

掩旗息鼓：停止做事。掩，今为"偃"。

放堂：向僧众施舍财物。

絮聒：打扰，吵闹。

打横：坐在方桌侧面。

拇战：酒令的一种，也叫猜拳。

埘〔shí〕：在墙上挖成的鸡窝。

时宪书：一种日历。

呷〔xiā〕：小口喝。

沈〔chén〕醋：也作"沉醋"。

后手不接：入不敷出，经济困难。

拿三搬四：比喻不服从调派。

五、名家点评

宝玉听了，喜欢非常，答应了忙忙的回来，一壁里低头心下暗算："可惜这么一个人，没父母，连自己本姓都忘了，被人拐出来，偏又卖与了这个霸王。"因又想起上日平儿也是意外想不到的，今日更是意外之意外的事了。一壁胡思乱想，〔庚辰双行夹批：又下此四字。〕

——脂砚斋评《红楼梦》

六、趣味问答

（1）在《红楼梦》第六十二回中，林黛玉行酒令时说："落霞与孤鹜齐飞，风急江天过雁哀。"分别是引用了哪两位诗人的名句？

明确：王勃、陆游。

（2）以下是《红楼梦》第六十二回中描写"湘云醉卧"的一段文字，请在下列横线上填写一组四字词，分析这一幅诗意的画面及史湘云的性格。

果见湘云卧于山石僻处一个石凳子上，业经香梦沉酣，四面芍药花飞了一身，满头脸衣襟上皆是红香散乱，手中的扇子在地下，也半被落花埋了，一群蜂蝶闹穰穰的围着他，又用鲛帕包了一包芍药花瓣枕着。众人看了，又是爱，又是笑，忙上来推唤挽扶。湘云口内犹作睡语说酒令。

卧具：青石为床、①_____

睡态：香梦沉酣、②_____

环境：③_____、红香满身

性格：④_____、随性适意

明确：①落花为枕（芍药花枕）②憨态可掬（娇憨可爱、妩媚娇美）③蜂围蝶绕④豪放旷达（率真坦荡）（不生造词语，意思对即可）

七、延伸探究

（1）史湘云是金陵十二钗之一，一直给人的印象是天真大方的，最能体现的便是"醉眠芍药图"，简述一下过程以及性格特点。

明确：宴席上史湘云喝醉酒，图凉快，便在园中山后一块青板石凳上睡着了，四面芍药花飞了一身，手中扇子落在地下，半被花埋，身边蜂围蝶绕，口中还唧唧嘟嘟说着酒令，后被众人推醒（具体情形：已经香梦沉酣，四面芍药飞了一身，满头脸衣襟上皆是红香散乱，手中的扇子在地下，也被落花埋了，一群蜂蝶闹穰穰的围着她，又用鲛帕包了一包芍药花瓣枕着）。可见湘云乐观豁达，开朗豪爽，不拘小节，无小女儿扭捏之态，而有须眉开朗豪爽的气质。

（2）思考题：从斗草情节中看贾宝玉的思想性格。

明确：贾宝玉找来并蒂菱，对香菱说："你有夫妻蕙，我这里倒有一枝并蒂菱。"他还拿袭人的新裙子给她换上，他对香菱不幸的命运深表同情。"可惜这么一个人，没父母，连自己本性都忘了，被人拐出来，偏又卖给这个霸王！"宝玉的同情虽然带有贵族公子的怜悯味道，却是真诚的。爱惜体恤贫弱，亲近和尊重处于被压迫地位的女性。他说过"女儿是水做的骨肉，男子是泥做的骨肉。我见了女儿便清爽，见了男子便觉浊臭逼人"。他憎恶自己的出身，爱慕和亲近那些与他品性相近、气味相投的出身寒素和地位微贱的人物，尤其对被压迫、被糟践的女孩子的同情体贴之心，更为深切周到、无微不至。这实质上就是对于自己的贵族阶级的否定，对封建等级观念的蔑视，体现了他平等民主的思想，这是贾宝玉叛逆思想的一个重要方面。

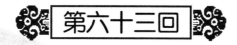

第六十三回

寿怡红群芳开夜宴　死金丹独艳理亲丧

一、整本阅读，思维导图

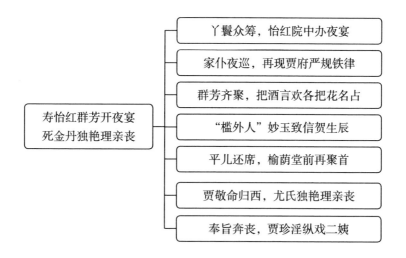

寿怡红群芳开夜宴
死金丹独艳理亲丧

- 丫鬟众筹，怡红院中办夜宴
- 家仆夜巡，再现贾府严规铁律
- 群芳齐聚，把酒言欢各把花名占
- "槛外人"妙玉致信贺生辰
- 平儿还席，榆荫堂前再聚首
- 贾敬命归西，尤氏独艳理亲丧
- 奉旨奔丧，贾珍淫纵戏二姨

二、回目题解

这一回的内容有点儿热闹——宝玉庆生活动的温情别致，与贾敬"宾天"的慌乱虚假以及"槛外人"妙玉的生日祝福，组成一幅幅生动对比的画面。让"入世"体验与"出世"观念时空同框。

于是，在贾府中这短暂的"无政府状态"下，以宝玉为核心，一场极具民主性质的、充满平等博爱色彩的、别开生面的、"民间"自发组织的生日夜宴，即将有声有色地开锣了。

三、主要人物

宝玉、袭人、晴雯、麝月、秋纹、芳宫、碧痕、小燕、四儿、平儿、宝钗、黛玉、李纨、翠墨、小燕、李纨、宝琴、湘云、探春、香菱。

四、学养积累

1. 疏通字词

硬话村：冲撞，冒犯。

调三窝四：搬弄是非，挑拨离间。

走了大褶了：犯了大错的意思。

安席：宴会上一种敬酒的礼节。

抢红：骰子游戏的一种。

揎拳掳袖：握着拳头，挽起了袖子。

图不得：过分困倦，挣扎不得。

畸零：孤单，孤独。

醍醐灌顶：受到启发，彻底领悟。

参星礼斗：参拜太白金星和北斗星。

嵩呼：臣下祝颂帝王。

稽颡〔qǐ sǎng〕：一种跪拜礼。

2. 词句赏析

林之孝家的又笑道："这些时我听见二爷嘴里都换了字眼，赶着这几位大姑娘们竟叫起名字来。虽然在这屋里，到底是老太太、太太的人，还该嘴里尊重些才是。若一时半刻偶然叫一声使得，若只管叫起来，怕以后兄弟侄儿照样，便惹人笑话，说这家子的人眼里没有长辈。"……林之孝家的笑道："这才好呢，这才是读书知礼的。越自己谦，越尊重。别说是三五代的陈人，现从老太太、太太屋里拨过来的，便是老太太、太太屋里的猫儿狗儿，轻易也伤他不的。这才是受过调教的公子行事。"说毕，吃了茶，便说："请安歇罢，我们走了。"

明确：通过林之孝家的教训宝玉的情景可见，像贾府这样的贵族之家，其规矩礼数、等级制度的建立和维持，确实有一个完整的体系——当个贵族也不容易，日常生活的言行举止都受到很多约束。

五、名家点评

一时将正装卸去，头上只随便挽着鬏儿，身上皆是长裙短袄。宝玉只穿着大红棉纱小袄子，下面绿绫弹墨袷裤，散着裤脚，倚着一个各色玫瑰芍药花瓣装的玉色夹纱新枕头，和芳官两个先划拳。当时芳官满口嚷热〔庚辰双行夹批：余此时亦太热了，恨不得一冷。既冷时思此热，果然一梦矣〕。

——脂砚斋评点《红楼梦》

六、趣味问答

（1）宝玉与宝琴、平儿、邢岫烟_____，众姐妹欢宴大观园，园中栊翠庵带发修行的道姑妙玉也以_____的身份写帖致贺。

明确：同一天生日　"槛外人"

（2）宁府_____吞丹丧命，尤氏自行主持，邀继母与两个妹妹前来帮忙。_____垂涎尤家姐妹已久，_____亦有此心，_____就从中撮合。

明确：贾敬　贾琏　尤二姐　贾蓉

七、延伸探究

（1）为庆祝宝玉生日，怡红院开夜宴，在"占花名"的行酒令中，林黛玉、薛宝钗各占得什么花名？作者为什么会如此安排？

明确：①林黛玉占得芙蓉。芙蓉清丽脱俗、纯洁动人，作者将林黛玉喻作芙蓉，暗指她有如出水芙蓉般纯真的天性、美丽、孤傲，这也与她的性格照应。②薛宝钗占得牡丹。牡丹端庄、典雅，象征富贵，有大家闺秀之感，薛宝钗就和牡丹一样，端庄循礼，追求富贵，与林黛玉形成鲜明对比。

（2）宝玉生日时，怡红院内的下人是怎样为他庆生的？体现了宝玉的什么性格？

明确：宝玉生日时，丫鬟们自己凑钱在怡红院摆酒设宴，又请来黛玉、宝钗等人，围桌而坐，行酒令，占花名，直到深夜方散。体现了宝玉尊重女性、平等对待下人的性格，也体现了他冲破封建制度的叛逆性格。

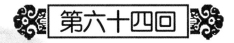

第六十四回

幽淑女悲题五美吟　浪荡子情遗九龙珮

一、整本阅读，思维导图

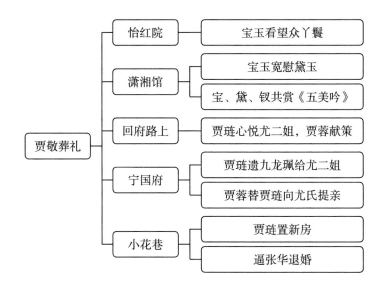

二、回目题解

宝玉的日常就是去潇湘馆探望黛玉，并宽解多愁善感的黛玉。这次不想急而生悲、无言对泣起来，可见多愁善感的不止黛玉一个。宝玉发现了黛玉的《五美吟》，宝、黛、钗三人一起赏诗。下半回主要通过贾琏、贾蓉等人为我们展示封建大家族纨绔子弟的作风。好色的贾琏觊觎尤二姐，遗落九龙珮于尤二姐以试探其心意，郎有情姜有意，于是贾琏、贾蓉迅速在后街的小花巷置办了新房，只等尤二姐过门。

三、主要人物

上半回：贾宝玉、薛宝钗、林黛玉。

下半回：贾珍、贾琏、贾蓉、尤氏姐妹。

四、学养积累

1. 疏通字词

焜［kūn］耀：光辉；辉煌。

畁［bì］：给。

聚麀［yōu］之诮：是指父子共占一个女子的禽兽行为。

藉草枕块：意思是指古时居父母之丧，坐卧在草垫上，枕着土块。形容悲痛欲绝。

春秋荐其时食：每逢春秋祭祀，向祖先进献时鲜食品。

传经：中医术语。人体受了风寒，通过经络传遍至全身叫"传经"。

吊祭银：送给死者家属以代祭品的银钱。

石居余气：形容人之将死。这句是说杨素老朽不堪，无所作为。

2. 典故

（1）黥彭

黥彭指淮南王英布和梁王彭越，二人同为汉朝开国功臣，后均遭杀戮，故并称之。英布因犯法受过黥刑（面上刺字），故称黥布。秦末率刑徒起兵，先附项羽，后反楚降汉，助刘邦击灭项羽。汉王十二年举兵反叛，战败被杀。彭越于秦末聚众起兵，高祖二年归刘邦。后被人告谋反，被刘邦贬为庶人，后诛而醢之，以其醢遍赐诸侯，被夷三族。这两句的意思是，与其像黥、彭那样他年受醢刑，何如像虞姬那样自刎于楚帐之中。

（2）绿珠

西晋石崇的宠妾，姓梁，善吹笛。孙秀想要绿珠，石崇不给，孙假传皇帝诏令逮捕石崇，绿珠因此跳楼自杀，石崇也被处死。

（3）红佛

红佛女本为隋朝大将杨素的侍女，后随李靖私奔，她在杨家时常手持红拂尘。

五、名家点评

此一回紧接贾敬灵柩进城，原当铺叙宁府丧仪之盛，然上回秦氏病故凤姐理丧已描写殆尽，若仍极力写去，不过加倍热闹而已，故书中于迎灵送殡极忙乱处却只闲闲数笔带过。忽插入钗玉评诗、琏尤赠佩一段闲雅文字来，正所谓"急脉缓受"也。

——脂砚斋评点《红楼梦》

六、趣味问答

（1）大观园中有几个名字带官的女子？分别叫什么？她们具体的职业是什么？

明确：有文官、宝官、玉官、龄官、茜官、藕官、蕊官、茄官、芳官、葵官、荳官、艾官，共十二官。她们是贾府为筹备元妃省亲买来的戏班子成员。

（2）宝玉有几个丫鬟？分别是几等丫鬟？

明确：伺候贾宝玉的丫鬟有18个，其中大丫鬟8个。

大丫鬟：袭人。

二等丫鬟：晴雯、麝月、秋纹、绮霞、碧痕、茜雪、紫绡。

三丫等鬟：春燕、佳蕙、坠儿、四儿、靛儿、良儿、小红（林红玉）、柳五儿、芳官、檀云。

（3）丫鬟有等级吗？不同等级月银有区别吗？

明确：贾府的丫鬟划分为三个等级：一般情况下，一等大丫鬟，月钱是每月一两银子；二等丫鬟协助大丫鬟负责主人的起居生活，每月各有一吊钱；普通丫鬟基本都是打杂的，每月月钱是五百钱。

七、延伸探究

（1）宁国府有几次葬礼？为什么这次葬礼如此轻描淡写？

明确：两次。描写人物的需要，秦可卿是金陵十二钗里的人物，关乎整个小说的脉络发展，加上出场时间比较短，很多信息都需要通过葬礼来透露。贾敬在书中的线索地位没有秦可卿重要，故而略作交代即可。

（2）贾珍向下人俞禄借钱说明什么问题？

明确：宁国府财政出现了危机，宁国府已是空架子。宁府经历秦可卿无比风光、盛大至极的葬礼。又有之前的元妃省亲，整修大观园的奢靡铺张。加上贾珍平时荒淫无耻，花销无度。才落得自己至亲的葬礼费用都需要靠亲戚朋友的吊祭银填补。

第六十四回　幽淑女悲题五美吟　浪荡子情遗九龙珮

第六十五回

贾二舍偷娶尤二姨　尤三姐思嫁柳二郎

一、整本阅读，思维导图

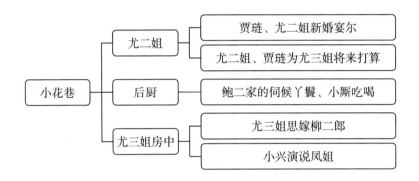

二、回目题解

贾琏在小花巷偷娶了尤二姐，二人你侬我侬、忒煞情多。贾珍跑来想与三姐厮混，可是谁也没曾料到尤三姐是一个性情刚烈的女子，在与贾珍与贾琏共同喝酒的时候，其言行举止倒是把贾琏和贾珍给唬住了。此时贾琏就想到要给尤三姐找个好人家，而尤三姐也早就想洗心革面，重新做人。所以当姐姐来问的时候，她就说她早在几年前看上了柳湘莲。

三、主要人物

上半回：贾琏、尤二姐、尤三姐。

下半回：贾珍、贾琏、贾蓉、尤氏姐妹、兴儿。

四、学养积累

1. 疏通字词

知局：知趣；识相。

撞丧：狂吃烂饮的意思。

讪讪：不好意思。

花马吊嘴：耍贫嘴，哄骗人。

牛黄狗宝：两种中药，均为结石，这里用来骂人，比喻黑心肠，坏心思。

二舍：舍即舍人，原为官名。宋元以来俗称贵族官僚子弟为舍人。

犯夜：犯夜行禁令。古代城中宵禁，不准夜行。

2. 典故释义

富比石崇

石崇，字季伦，小名齐奴。渤海南皮（今河北南皮县）人。西晋开国元勋石苞第六子，西晋时期文学家、富豪。当时的西晋世家大族崇尚豪华，石崇就是代表人物之一。石崇在横征暴敛积累了一大笔财富之后，便开始了建豪宅、养姬妾、吃喝玩乐，不仅如此他还攀比权贵、疯狂斗富，达到无以复加的地步。

五、名家点评

文有双管齐下法，此文是也。事在宁府，却把凤姐之尖酸刻薄、平儿之任侠直鲠、李纨之号"菩萨"、探春之号"玫瑰"、林姑娘之"怕倒"、薛姑娘之"怕化"一时齐现，是何等妙文！

——脂砚斋评点《红楼梦》

六、趣味问答

（1）尤二姐、尤三姐跟尤氏是什么关系？

明确：尤老娘是尤氏的继母，是尤二姐和尤三姐的亲妈。尤氏是尤二姐和尤三姐法律上的姐姐，尤氏与尤二姐、尤三姐是既不同父也不同母的姐妹。

（2）尤二姐、尤三姐的性格区别？

明确：尤二姐性格懦弱，认不清现实。尤三姐性格刚烈，不肯任人摆布。

（3）"大菩萨""二木头""玫瑰花""多病西施"分别指的是谁？

明确：李纨、贾迎春、贾探春、林黛玉。

（4）尤三姐说了一句俗语是什么？

明确：清水下杂面——你吃我看。

七、延伸探究

（1）贾琏帅吗？

明确：作者对贾琏的外貌并没有直接描绘，但是从他得到灯姑娘、尤二姐等美丽女性的倾心，在外寻花问柳屡屡得心应手等情况，可以想象贾琏是一位风度翩翩、英俊潇洒又精明能干的年轻公子。贾赦逼鸳鸯时说："自古嫦娥爱少年……多半是看上了宝玉，只怕也有贾琏。"便可以看出贾琏是个美男子。

（2）通过本回，总结尤二姐的性格特点？

明确：尤二姐大脑过于简单，"我只以礼待他，他敢怎么样！"尤二姐"只以礼待他"，说明她的善良，而不知道王熙凤"敢怎么样"，则说明了她的无知。尤二姐不仅对兴儿的善意警告分不清真假，而且对妹妹的警告，也像个无心人。尤二姐对贾琏的轻信导致了她错误地托付了一生，对王熙凤的轻信导致了她身陷危境而不自知。贾琏的仆人兴儿对尤二姐介绍自己的女主人时，哪怕只听进去半句，尤二姐也不会死得那么惨。

八、肖像描写鉴赏

作者比较注重对眼睛的刻画，如宝玉"睛若秋波、目如点漆"，黛玉"泪光点点的似喜非喜的含情目"，凤姐的"一双丹凤三角眼"，宝钗是水杏眼，北静王亦目似明星。本回描写尤三姐则写她是秋水眼。

秋水清澈，看后让人心旷神怡，因此，古人用"秋水"比喻"清澈的眼波"。李贺就有"一双瞳仁剪秋水"的名句，后来又有了望穿秋水的成语，可见秋水是形容眼波很好的喻体。"本是一双秋水眼，再吃了酒……"这里就用了这个比喻，使尤三姐明眸流转、顾盼生辉的形象跃然纸上。

第六十六回

情小妹耻情归地府　冷二郎一冷入空门

一、整本阅读，思维导图

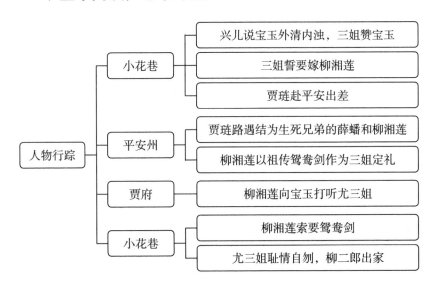

人物行踪

- 小花巷
  - 兴儿说宝玉外清内浊，三姐赞宝玉
  - 三姐誓要嫁柳湘莲
  - 贾琏赴平安出差
- 平安州
  - 贾琏路遇结为生死兄弟的薛蟠和柳湘莲
  - 柳湘莲以祖传鸳鸯剑作为三姐定礼
- 贾府
  - 柳湘莲向宝玉打听尤三姐
- 小花巷
  - 柳湘莲索要鸳鸯剑
  - 尤三姐耻情自刎，柳二郎出家

二、回目题解

　　尤二姐问起贾府家常，兴儿说宝玉外清内浊，三姐却赞宝玉，正如她恪守非柳湘莲不嫁的誓言。贾琏去平安州途中偶遇和好的柳湘莲和薛蟠，当即为柳湘莲和尤三姐撮合这门亲事，柳湘莲拿出祖传鸳鸯剑作为定礼。柳湘莲进城后从宝玉口中得知尤三姐是东府的，顿起嫌弃，遂生悔婚之意，向贾琏索要定礼。尤三姐得知此事，性情刚烈的她当着柳湘莲的面用鸳鸯剑自刎。柳湘莲自觉错怪了尤三姐，后悔不迭，万念俱灰之下，随着一道士出家云游去了。

三、主要人物

上半回：贾琏、尤二姐、尤三姐、薛蟠、柳湘莲。

下半回：贾琏、尤三姐、宝玉、柳湘莲。

四、学养积累

1. 疏通字词

吞龙夔〔kuí〕：这里形容剑柄和剑鞘上图案的古雅。

玉山倾倒：这里用作身死倒地的婉辞。玉山，形容仪容之美好。

昆仲：对他人兄弟的敬称。

2. 俗语

没儿捆儿：没有拘束，信口乱说。

五、名家点评

湘莲听了，跌足道：这事不好，断乎做不得了。你们东府里，除了那两个石头狮子干净，只怕连猫儿、狗儿都不干净。我不做这剩忘八。〔庚辰双行夹批：奇极之文，极趣之文。《金瓶梅》中有云：把忘八的脸打绿了，已奇之至，此云"剩忘八"，岂不更奇！〕宝玉听说，红了脸。湘莲自惭失言，连忙作揖说：我该死胡说！〔庚辰双行夹批：忽用湘莲提东府之事，骂及宝玉，可是人想得到的？所谓一个人不曾放过。〕

——脂砚斋评点《红楼梦》

六、趣味问答

（1）柳湘莲别名叫什么？

明确：冷面二郎。

（2）薛蟠的别号叫什么？

明确：呆霸王。

七、延伸探究

（1）冷二郎是真的冷面冷心吗？

明确：柳湘莲为人清高冷面冷心。但是，他对待朋友却很热心，比如给秦钟修坟，不计前嫌帮助薛蟠。如此看来，他是只把全部情义都留给了心中重要之人。脂砚斋评他道："湘莲万根皆削是无情，乃是至情。"原来，冷二郎之至冷，实乃至热。正因此，他才会因为尤三姐的自尽而选择出家，了断尘缘。这一点，却是多情的宝玉、贾琏等人很难做到的。

（2）尤老娘为什么不管束自己的女儿的言行？

明确： 寄住在大女儿夫家，尤氏又不是自己的亲生女儿。贾珍时不时倾囊相助，贾珍又不是正派之人，垂涎她两个貌美如花的女儿，尤老娘不是不知道，只是经济上依赖贾珍，不得不睁一只眼闭一只眼。同时，还有她道德缺失、三观不正的原因，她一心巴望女儿嫁入豪门，哪怕做妾做外室也在所不惜。例如，红楼第六十五回，尤老娘见"二姐身上头上焕然一新，不是在家模样，十分得意"。

第六十七回

见土仪颦卿思故里　闻秘事凤姐讯家童

一、整本阅读，思维导图

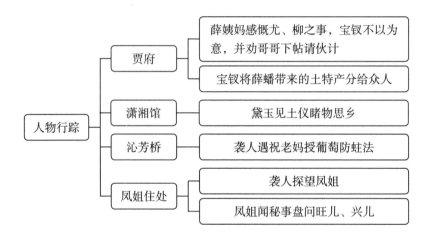

人物行踪
- 贾府
  - 薛姨妈感慨尤、柳之事，宝钗不以为意，并劝哥哥下帖请伙计
  - 宝钗将薛蟠带来的土特产分给众人
- 潇湘馆
  - 黛玉见土仪睹物思乡
- 沁芳桥
  - 袭人遇祝老妈授葡萄防蛀法
- 凤姐住处
  - 袭人探望凤姐
  - 凤姐闻秘事盘问旺儿、兴儿

二、回目题解

　　薛姨妈感慨尤、柳之事，宝钗不以为意，并将哥哥薛蟠从苏州带来的土特产分赠给众人，连不受待见的赵姨娘也没落下，还提醒薛蟠酬谢众人，可惜了宝钗是个女子。黛玉看到自己故乡的东西后触物伤情，少不得宝玉安慰一番。此时的凤姐发现了贾琏的秘事，于是盘问下人，兴儿在凤姐的积威之下不得不将诸事和盘托出。

三、主要人物

上半回：薛姨妈、薛蟠、薛宝钗、林黛玉、贾宝玉。

下半回：袭人、凤姐、平儿、旺儿、兴儿。

四、学养积累

疏通字词

土仪：用来送人的土特产。

展样：这里指人气度豁达。

乍［zhà］着胆子：本来害怕，勉强壮起胆子。

腔子：躯干。

五、名家点评

本回以"且说薛姨妈"承接"话说尤三姐自尽之后"，衔接自然，引出薛蟠"打江南回来"。"特特的带来""两个夹板夹的大棕箱"。"送土仪颦卿思故里"。遂入正文。又由宝玉宽慰因"思故里"而悲的黛玉转到袭人探望凤姐，再牵扯出旺儿、兴儿说漏嘴，暴露出贾琏偷娶尤二姐之秘事，丝丝入扣，逻辑分明。接下来凤姐审讯旺儿、兴儿，连威带吓，抽丝剥茧，充分展示凤辣子的"嘴甜心苦，两面三刀；上头一脸笑，脚下使绊子；明是一盆火，暗是一把刀"，伏下文对付二姐、大闹宁国府等情节。于此可领略此类长篇小说的写法："草蛇灰线，伏脉千里""散而不乱，气脉中贯。"

——李煜晖《红楼梦阅读教学指导》

六、趣味问答

（1）对待尤、柳公案，薛家三人表现如何？

明确：薛姨妈惋惜不已，薛蟠很是伤感，还派人到处寻找柳湘莲。而宝钗作为女孩子却表现得异常冷静成熟。

（2）凤姐不将兴儿立即铲除掉的原因？

明确：凤姐想继续利用兴儿，以对付贾琏和尤二姐。

七、延伸探究

（1）薛宝钗为什么没有送礼物给王夫人？

明确：宝钗为人小心谨慎，薛蟠带来的物件，她仔细打点后，都送给了同辈的兄弟姐妹，至于王夫人是她母亲的姐姐，自然有薛姨妈出面应

229

酬，再说送的都是薛蟠为自己精心挑选的女孩儿家喜欢的物件，送王夫人也不合适。

（2）神秘的六十七回。

明确：《红楼梦》自1791年程高本发行以来，第六十七回就是一个神秘的谜团。关于第六十七回是曹雪芹本人所写还是他人补写，红学界说法不一。晚清的王伯沆在他评注的《红楼梦》中也强调，第六十七回的笔势突然降格，脉络也存在断点。这里补充一些《吴氏石头记增删试评本》中的版本的文字，帮助读者拓宽视野。

吴祖本文本：且说宝钗到了自己房中，将那些玩意儿一件一件的过了目，除了自己留用之外，一分一分配合妥当，也有送笔墨纸砚的，也有送香袋扇子香坠的，也有送脂粉头油的，有单送顽意儿的。只有黛玉的比别人不同，且又加厚一倍。忽见薛蟠进来道："妹妹见我的锦盒子没有，快拿给我。"宝钗拿起一个精致的锦盒问道："是这个吗？"薛蟠从他手里夺去，转身走了，宝钗便知那里头定是些见不得人的东西，笑了笑，仍低头查看——打点完毕，使莺儿同着一个老婆子，跟着送往各处。

袭人道："这也没有什么。只是你们有年纪的老奶奶们，别先领着头儿这么着就好了。"说着遂一径出了园门，来到凤姐这边。一到院里，只听凤姐冷笑道："我如今没有什么好吃的了，地位低贱的丫头都比我吃的好。"贾琏不解，问他什么意思，凤姐吵嚷道："你把好吃的给那些贱人，我混的连个丫头贱人都不如了。"袭人听见这话，知道有原故了，又不好回来，又不好进去，遂把脚步放重些，隔着窗子问道："平姐姐在家里呢么？"平儿忙答应着迎出来。

第六十八回

苦尤娘赚入大观园　酸凤姐大闹宁国府

一、整本阅读，思维导图

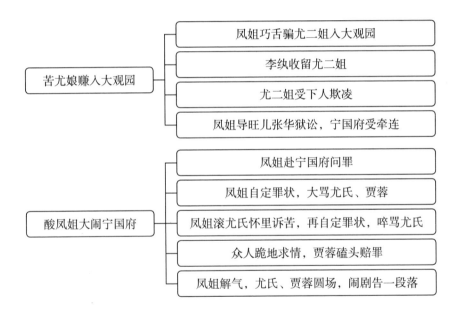

苦尤娘赚入大观园
- 凤姐巧舌骗尤二姐入大观园
- 李纨收留尤二姐
- 尤二姐受下人欺凌
- 凤姐导旺儿张华狱讼，宁国府受牵连

酸凤姐大闹宁国府
- 凤姐赴宁国府问罪
- 凤姐自定罪状，大骂尤氏、贾蓉
- 凤姐滚尤氏怀里诉苦，再自定罪状，啐骂尤氏
- 众人跪地求情，贾蓉磕头赔罪
- 凤姐解气，尤氏、贾蓉圆场，闹剧告一段落

二、回目题解

此标题妙在"苦""赚"和"闹"三字上，"赚"字本该是个得便宜的好字儿，可这里却有被凤姐设计哄骗入大观园的意味；"苦"，指尤二姐还做着去贾府享受荣华富贵的美梦，却不知自己大难临头；"闹"字则淋漓尽致地表现出凤姐儿的高超演技。本回是凤姐自导自演的苦情大戏，她是唯一的女主角，可谓精彩绝伦。

三、主要人物

上半回：王熙凤、平儿、周瑞家的、旺儿媳妇、尤二姐。

下半回：凤姐、尤氏、贾蓉。

四、学养积累

1. 疏通字词

下降：敬辞，犹言光临。

没脚蟹：比喻没有帮手、无依无靠、孤独无助的人。

嚼子：为了便于驾驭牲口，或防止动物伤人，横放在牲口或动物嘴里的小铁链或其他形状的铁制品。

胳膊折了往袖子里藏：比喻庇护自家人的短处。

拼着一身剐，敢把皇帝拉下马：比喻再难的事，拼着一死也能或敢干下去。

耗子尾上长疮——多少脓血儿：转喻人钱财不多，或没什么本事。

叨登：重提旧事。

2. 词句赏析

（1）那善姐渐渐连饭也怕端来与他吃，或早一顿，或晚一顿，所拿来之物，皆是剩的。尤二姐说过两次，他反倒乱叫起来。尤二姐又怕人笑他不安分，少不得忍着。

为何善姐一个下人气焰竟如此嚣张？

明确： 丫鬟名叫"善姐"，是巧用反语。这丫鬟可不善，她是王熙凤派出去的，善姐对尤二姐的态度就是王熙凤的态度。她为什么敢这么对主子说话，主子性情懦弱不得势是一方面，主要原因还是王熙凤授意，善姐仗势欺人。

（2）隔上五日八日见凤姐一面，那凤姐却是和容悦色，满嘴里姐姐不离口。又说："倘有下人不到之处，你降不住他们，只管告诉我，我打他们。"又骂丫鬟媳妇说："我深知你们，软的欺，硬的怕。背开我的眼，还怕谁？倘或二奶奶告诉我一个不字，我要你们的命！"

凤姐说此番话表现出她怎样的性格？

明确： 明明是王熙凤自己授意丫头媳妇们欺凌尤二姐，却在尤二姐面前装好人，尤二姐心地善良本分，被凤姐这么一表现，不仅不好意思开口告状，反而还会帮丫头们掩护，凤姐太了解尤二姐，真是好计谋、好手段。

五、名家点评

又说："倘有下人不到之处，你降不住他们，只管告诉我，我打他们。"又骂丫头鬟媳妇说："我深知你们，软的欺，硬的怕。"［姚燮点评：暗里自家行凶，明说丫头欺软怕硬，其奸恶百喙难辞。］凤姐见他母子这般，也再难往前施展了，只得又转过了一副形容言谈来，［张新之点评：写诸隐意，乃作收场文字。］与尤氏反陪礼说："我是年轻不知事的人，一听见有人告诉了，把我吓昏了，不知方才怎样得罪了嫂子。"［姚燮点评：能收能放，能发能敛，唇舌之利，寰二少双。］

——脂砚斋评点《红楼梦》

六、趣味问答

凤姐做了什么取得了尤二姐的信任？等尤二姐入府后，凤姐马上又针对尤二姐做了哪些有心计的事？

明确：凤姐亲自去迎接尤二姐入大观园，姐妹相称，言语极其诚挚，并说并不是不同意贾琏娶妾，只是害怕他拈花惹草，并许诺一起服侍贾琏。以还在戴孝为由说先不能把尤二姐的身份告诉贾母，一方面叮嘱各个丫头下人对尤二姐冷脸相待，菜饭不济；一方面自己又假意说自己太忙有时候很多事管不着，此外还唆使尤二姐指腹为婚的张华要求继续履行婚约。

七、延伸探究

读了此回，你是如何看待尤二姐性格的？

明确：①她贪慕虚荣，渴望进贾府过锦衣玉食和荣华富贵的生活。②轻信他人，她看到贾琏一时的温存就委身于他，以致痴心错付；凤姐去迎她入府，与她姐妹相称，她竟以为王熙凤是个极好相处的人，就跟着去了。③不自知，更不知他人，她不清楚自己性情懦弱，更不了解贾琏和王熙凤。

第六十八回　苦尤娘赚入大观园　酸凤姐大闹宁国府

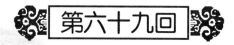

第六十九回

弄小巧用借剑杀人　觉大限吞生金自逝

一、整本阅读，思维导图

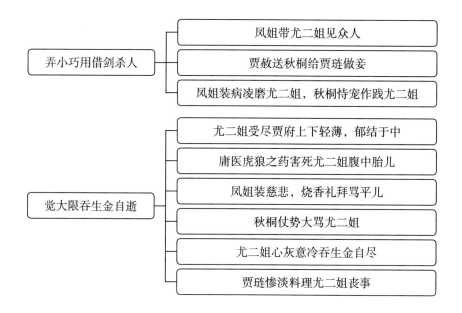

弄小巧用借剑杀人
- 凤姐带尤二姐见众人
- 贾赦送秋桐给贾琏做妾
- 凤姐装病凌磨尤二姐，秋桐恃宠作践尤二姐

觉大限吞生金自逝
- 尤二姐受尽贾府上下轻薄，郁结于中
- 庸医虎狼之药害死尤二姐腹中胎儿
- 凤姐装慈悲，烧香礼拜骂平儿
- 秋桐仗势大骂尤二姐
- 尤二姐心灰意冷吞生金自尽
- 贾琏惨淡料理尤二姐丧事

二、回目题解

从本回目标题不难得知，心狠手辣又城府极深的王熙凤用了借刀杀人计害死了尤二姐，既得偿所愿，也没坏了自己名声，可谓两全其美。可怜的尤二姐心如死灰，最终吞金自尽。

三、主要人物

上半回：王熙凤、尤二姐、尤氏、贾母、贾蓉、贾琏、秋桐、平儿。

下半回：尤二姐、平儿、王熙凤、贾琏、秋桐。

四、学养积累

1. 疏通字词

肉皮儿：人的皮肤。

指桑说槐：同"指桑骂槐"。

不堪之物：极坏极差的东西。

昏愦：愚昧，糊涂。

发脱：脱手，卖出。

荫封：因先代的功勋而受封。

隐隐绰绰：隐隐约约的意思。

2. 词句赏析

（1）主意已定，没人处常又私劝秋桐说："你年轻不知事。他现是二房奶奶，你爷心坎儿上的人，我还让他三分，你去硬碰他，岂不是自寻其死？"那秋桐听了这话，越发恼了，天天大口乱骂说："奶奶是软弱人，那等贤惠，我却做不来。奶奶把素日的威风怎都没了。奶奶宽洪大量，我却眼里揉不下沙子去。让我和他这淫妇做一回，他才知道。"

王熙凤私劝秋桐用意何在？她的目的达成了吗？

明确：意在调唆秋桐与尤二姐争斗，挑拨离间，激起秋桐对尤二姐的仇恨，借秋桐除掉尤二姐。她的目的达成了，秋桐隔三岔五就去找尤二姐的麻烦，言语上凌辱尤二姐，尤二姐饱受秋桐精神摧残和折磨，身体也一天不如一天。

（2）贾琏进来，搂尸大哭不止。凤姐也假意哭："狠心的妹妹！你怎么丢下我去了，辜负了我的心！"

"假意"两字用得极妙，妙在何处？

明确："假意"二字极符合王熙凤此时此刻的心情，她本就对尤二姐虚情假意，无一丝真情。尤二姐是她的情敌，情敌一死，她的内心无比欢喜激动，只是不便于显露出来，所以只能隐忍表现出虚伪的哭。

235

五、名家点评

只半夜，尤二姐腹痛不止，谁知竟将一个已成形的男胎打了下来。［姚燮点评：此时凤姐只有念佛，保护贾琏绝子绝孙。］凤姐比贾琏更急十倍［姚燮点评：真史笔。］于是天地前烧香礼拜，自己通诚祷告说："我或有病，只求尤氏妹子身体大愈，再得怀胎，生一男子，我愿吃长斋念佛。"［张新之点评：虽演凤姐丑态而实演同一自杀。］因又叫人出去算命打卦。偏算命的回来又说："系属兔的阴人冲犯。"［姚燮点评：此等处俱是凤姐教导出去的，并非刻料。］丫鬟听了，急推房门进来看时，却穿戴的齐齐整整，死在炕上。［黄小田点评：二姐结局，凤姐遂心。］

——脂砚斋评点《红楼梦》

六、趣味回答

王熙凤在本回中是如何除掉尤二姐这个心头大患的？

明确：①将尤二姐接入大观园，甜言蜜语，姐妹情深；②暗地挑唆尤二姐原配夫婿张华到官府状告贾府，给贾琏施压；③借刀杀人，离间秋桐与尤二姐，调唆心高气傲的秋桐凌辱尤二姐；④假意让贾母喜欢尤二姐，进而让贾母厌弃，贾府上下都肆意践踏尤二姐；⑤指使胡庸医下虎狼之药杀害尤二姐腹中胎儿。

七、延伸探究

本回写二姐香消玉殒，那么到底是谁杀了尤二姐？

明确：①凤姐，她是个厉害人物，深谙官场之道，玩弄权术，唆使张华状告贾府，坏尤二姐名声，利用贾蓉、尤氏、秋桐、胡庸医、众丫鬟的合力对付尤二姐，甚至连德高望重的贾母也变成一颗棋子，一切都在她掌控之中，生性懦弱善良的尤二姐只有死路一条；②贾琏，本性好色，在国孝家孝之中偷娶了尤二姐，置她于危险境地，可他在贾府、在凤姐面前又是个窝囊做不了主的，不能护尤二姐周全。尤二姐垂危之际，本应守护在她身边悉心照料，却又不得不屈于父亲淫威，移情秋桐，置尤二姐生命于度外。总之，在这起谋杀案中，凤姐是主谋，贾府上下包括贾母都是帮凶。

第七十回

林黛玉重建桃花社　史湘云偶填柳絮词

一、整本阅读，思维导图

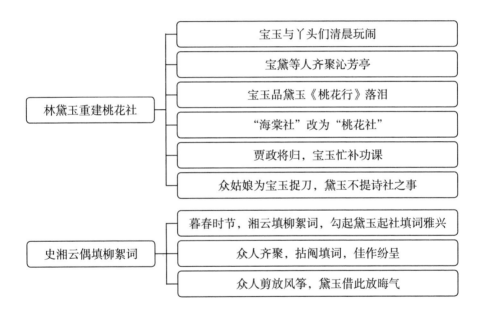

林黛玉重建桃花社
- 宝玉与丫头们清晨玩闹
- 宝黛等人齐聚沁芳亭
- 宝玉品黛玉《桃花行》落泪
- "海棠社"改为"桃花社"
- 贾政将归，宝玉忙补功课
- 众姑娘为宝玉捉刀，黛玉不提诗社之事

史湘云偶填柳絮词
- 暮春时节，湘云填柳絮词，勾起黛玉起社填词雅兴
- 众人齐聚，拈阄填词，佳作纷呈
- 众人剪放风筝，黛玉借此放晦气

二、回目题解

正逢初春时节，万物更新，桃花正盛，勾起了林黛玉的诗情，作《桃花行》一首好诗，众人赏后，改诗社"海棠社"为"桃花社"，她被众人推举当社长。史湘云因见柳花飘舞，偶填柳絮词。众人发挥各自的才情，纷纷填词，好不热闹精彩。每首词都反映出个人的性格，揭示了不同人的命运。

三、主要人物

贾宝玉、林黛玉、薛宝钗、宝琴、湘云、探春、李纨、袭人、晴雯。

四、学养积累

1. 疏通字词

猬集：像刺猬的硬刺那样聚在一起，比喻事情繁多且集中。

咭咭呱呱：亦作"咭咭刮刮"，拟声词，形容大声说笑。

放晦气：中国人的一种迷信说法，指放风筝时故意剪断扯线，让风筝飞走，认为这样可以放走坏运气。

籰〔yuè〕子：绕丝、线的工具，这里指放风筝用的线车子。

睃〔suō〕眼：睁大眼睛注视。

促狭：狭窄，窄小的意思。方言，意为刁钻，爱捉弄人。引申为气量狭小，捉弄人的意思。

2. 诗词鉴赏

桃花行（节选）

胭脂鲜艳何相类，花之颜色人之泪，

若将人泪比桃花，泪自长流花自媚。

泪眼观花泪易干，泪干春尽花憔悴。

憔悴花遮憔悴人，花飞人倦易黄昏。

一声杜宇春归尽，寂寞帘栊空月痕！

这是谁的诗作？如何理解这首诗的内容和情感？

明确：林黛玉的《桃花行》。这是一首触景生情的七言诗，全诗情境融洽，构思奇巧，对比鲜明，感情浓郁，语言清新，语势流畅，读来如行云流水，体味一下，却又柔肠百转，感人至深。这首诗可以说是命薄如桃花的黛玉夭亡命运的象征写照。

五、名家点评

湘云笑道："一起诗社时是秋天，就不应发达。如今却好万物逢春，皆主生盛。况这首桃花诗又好，就把海棠社改作桃花社。"〔张新之点评：海棠乃黛玉，全书之主也；桃花乃薄命，全书之人也，是为大妙，也为大观。〕宝琴笑道："你猜是谁作的？"宝玉笑道："自然是潇湘子的稿子了。"〔张新之点评：心心相印，是一非二。〕

探春、宝钗等都笑说："老太太不用急，书虽替他不得，字却替得的。我们每人每日临一篇给他，搪塞过这一步就完了。"〔张新之点评：必是钗探替写。一财一色，皆后天之污也，而欺父欺天，意在言下。〕

——张新之评点《红楼梦》

六、趣味回答

请回忆本回柳絮词，写出对应的填词人和词牌名。

（1）粉堕百花洲，香残燕子楼，一团团逐队成球。漂泊亦如人命薄，空缱绻，说风流。草木也知愁，韶华竟白头！叹今生谁舍谁收？嫁与东风春不管，凭尔去，忍淹留。

明确：林黛玉《唐多令》。

（2）白玉堂前春解舞，东风卷得均匀。蜂围蝶阵乱纷纷。几曾随逝水，岂必委芳尘。万缕千丝终不改，任他随聚随分。韶华休笑本无根，好风频借力，送我上青云。

明确：宝钗《临江仙》。

七、延伸探究

我们如何看待本回出现的吟咏意象"柳絮"？如何理解林黛玉跟薛宝钗的柳絮词？

明确：其实柳絮和桃花一样，象征女性的命运。柳絮，象征着春光将逝，人生的命运飘浮无定，美好脆弱的事物即将灭亡。林黛玉跟薛宝钗的"柳絮词"，字字句句直指二人的命运。

林黛玉的词自然是缠绵凄婉的："漂泊亦如人命薄，空缱绻，说风流。"在她看来，一切都是空：她的美貌，她的才情，她的诗词，她的爱情！都去吧！何其悲痛，何其伤感！

薛宝钗的词让我们的精神为之一振，诸人唱的皆是悲伤的调子，她却唱出了昂扬向上的新气象："好风频借力，送我上青云。"面对坎坷命运，她有登上青云之大志。然而，细细品她的用词，还是能听出高昂之中

潜藏的无奈："好风频借力"，还是要依赖他人。

从二人的"柳絮词"，可以看作是二人凭借自己细腻的内心感受在对自己渺茫的、悲剧性的前途作无奈的反抗，使读者不忍卒读，为之潸然泪下。

第七十一回

嫌隙人有心生嫌隙　鸳鸯女无意遇鸳鸯

一、整本阅读，思维导图

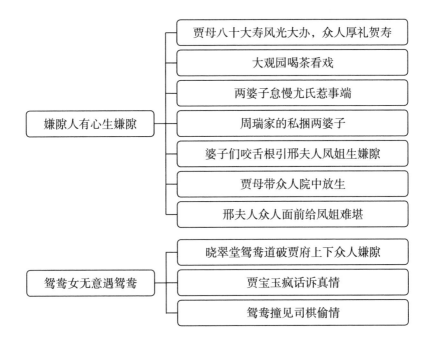

二、回目题解

从本回题目不难发现，贾府所有人都有自己的盘算和心机，互相猜忌，心生嫌隙。鸳鸯女无意间撞见"鸳鸯"，语言极其巧妙。本回的小插曲实则暴露出贾府内部问题的冰山一角，贾府大厦将倾之势可见一斑。

三、主要人物

上半回：贾母、王熙凤、邢夫人、王夫人、尤氏、林之孝家的、赖大家的、周瑞家的。

下半回：宝玉、鸳鸯、李纨、尤氏、司棋。

四、学养积累

1. 疏通字词

晏然：安宁、安适的样子。

帑〔tǎng〕银：意为国库中的银子。

荫袭：旧时因先辈有功，子孙受庇荫而承袭官爵。

揭挑：揭露别人的短处。

狠虫：骂人的话，指凶狠的人。

2. 词句赏析

（1）自七月上旬，送寿礼者便络绎不绝。礼部奉旨：钦赐金玉如意一柄，彩缎四端，金玉杯各四件，帑银五百两。元春又命太监送出金寿星一尊，沉香拐一支，伽南珠一串，福寿香一盒，金锭一对，银锭四对，彩缎十二匹，玉杯四只。馀者自亲王驸马以及大小文武官员家，凡所来往者，莫不有礼，不能胜记。

至二十八日，两府中俱悬灯结彩，屏开鸾凤，褥设芙蓉，笙箫鼓乐之音，通衢越巷。

这两节场景描写了什么？有何深意？

明确：这两个场景极尽奢华。本书规模最大，规格最高的，当属本次贾母寿诞。贾府看上去还是那么风光，可实际内里严重衰落，贾母生辰如此重大的时刻，仍保有这样辉煌耀眼的外表，硬撑罢了。

（2）探春笑道："糊涂人多，那里较量得许多！我说倒不如小人家人少，虽然寒素些，倒是欢天喜地，大家快乐。我们这样人家人多，外头看着我们不知千金万金小姐，何等快乐，殊不知我们这里说不出来的烦难，更厉害！"

探春此语有何深意？

明确：探春见地不凡，洞悉贾府上下人心。虽说她是金枝玉叶，可在贾府中感受不到快乐与幸福，人与人之间尔虞我诈，毫无亲情。

五、名家点评

众人又让了一回，命随便拣好的唱罢了。少时，菜已四献，汤始一道，跟来各家的放了赏。大家便更衣复入园来，另献好茶。[张新之点评：一切排场，悉皆道地，非村学究所能办。而点戏无名，非所重也。]林之孝家的笑道："你这孩子好糊涂，谁叫你娘吃酒混说了，惹出事来，连我也不知道。二奶奶打发人捆他。"[张新之点评：何尝是他捆来，冤人者人必冤之。]然后抬了许多雀笼来，在当院中放了生。[张新之点评：是排场所必有，而已演《飞鸟各投林》一曲也。]凤姐由不得越想越气越愧，不觉的灰心转悲，滚下泪来。[姚燮点评：其实如此糟蹋真受不住。]

——脂砚斋评点《红楼梦》

六、趣味回答

（1）贾母八十寿辰，为何只叫"史、薛、林以及三姑娘"见客？后果是什么？

明确：贾母更亲近这几个姑娘，更疼爱她们。只叫探春，却未提及迎春和惜春，惹邢夫人心生不满，引发了她下面对王熙凤的嫌怨。

（2）尤氏派人传管事婆婆关门灭灯，本是一件小事，却引起轩然大波，反映了什么问题？

明确：反映了贾府主子之间、奴仆之间、嫡庶之间互相倾轧，斗争尖锐。

七、延伸探究

本回情节主线是贾母八十寿诞，可为何用两个似乎不值得一提的小事来占据回目呢？

明确：夜里尤氏派人传管事婆婆关门灭灯，本是一件小事儿，却越闹越大，最终发展成邢夫人与王熙凤之间的嫌怨争斗；鸳鸯女在这里遇到"鸳鸯"确实是"无意"的，可也有必然性，鸳鸯只是无意间路过，却撞着这样的事情，可见丫鬟偷情这样的事是稀松平常的了，这也从一定程度上反映出贾府管理有漏洞。贾母八十大寿，在外人看来张灯结彩，风光无限，其实暗地里主子之间、奴仆之间、嫡庶之间尔虞我诈，斗争尖锐，矛盾重重，危机四伏。贾府实际上已经渐渐走向衰落了。

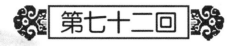

第七十二回

王熙凤恃强羞说病　来旺妇倚势霸成亲

一、整本阅读，思维导图

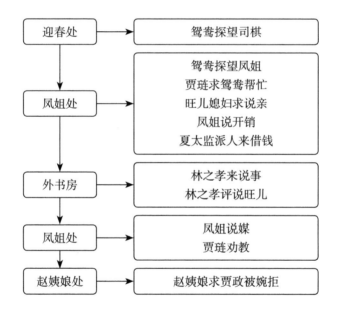

二、回目题解

本回先从鸳鸯与司棋发誓说起，又提凤姐病重。接着大篇幅写贾琏和凤姐处理的琐事：贾琏求鸳鸯帮忙挪用金银，凤姐与旺儿媳妇提收账和开销诸事，凤姐应付夏太监派来借钱的人，贾琏听林之孝的报告。晚间，凤姐向彩霞之母说亲，贾琏劝凤姐管教旺儿之子。最后提一笔：贾政婉拒赵姨娘要留彩霞一事。此回似着意似不着意，似接续似不接续，前后文气，至此一歇。

三、主要人物

鸳鸯、司棋、凤姐、平儿、贾琏、旺儿媳妇、小内监、林之孝、彩霞母、赵姨娘、贾政。

四、学养积累

1. 疏通字词

昧〔mèi〕下了：隐匿。

石崇邓通：石崇，西晋时豪富，曾与王恺斗富；邓通，汉文帝时人，因宠被授予开采铜矿铸钱特权，成为天下巨富。

衔口垫背：旧时给死者口中含珠玉或米粮，身下放钱物。

外祟：比喻外来的祸患。

庚帖：婚帖。

孳〔zī〕生：生育繁衍。

2. 动词妙用

（1）鸳鸯只坐着，笑道："来请爷奶奶的安……"这里鸳鸯见了贾琏为何"只坐着"？

明确："只坐着"是因为鸳鸯来自贾母那里，是替这些儿孙们孝敬服侍老太太的，身份规格不同。贾琏等人都很敬重她。

（2）凤姐听了，又自笑起来，"不是我着急，你说的话戳人的心……"中"自笑"表现了凤姐的什么形象特点？

明确：这里提到尤二姐是凤姐害死的，她却一番言辞倒把贾琏说没了话，低头打算了半晌，体现了凤姐能说会道，阴险虚伪。第六回中周瑞家的说她"十个会说话的男人也说她不过"，这里假话说"真"了，竟比真"还真"、还动人。

五、名家点评

每唆贾环去讨，一则贾环羞口难开，二则贾环也不大甚在意，不过是个丫头，他去了，将来自然还有，〔庚辰双行夹批：这是世人之情，亦是丈夫之情。〕遂迁延住不说，意思便丢开。无奈赵姨娘又不舍，又见他妹子来问，是晚得空，便先求了贾政。〔庚辰双行夹批：这是世人想不到之文，却是大家必有之事。] 贾政因说道："且忙什么，等他们再念一二年书再放人不迟。我已经看中了两个丫头，一个与宝玉，一个给环儿。只是年纪还小，又怕他们误了书，所以再等一二年。" [庚辰双行夹批：妙文，又写出贾老儿女之情。细思一部书总不写贾老，则不若文，然不如此写，则又非贾老。]

——脂砚斋评点《红楼梦》

六、趣味问答（用原文词句回答）

（1）鸳鸯闻知那边无故走了一个小厮。这个"小厮"是谁？

明确： 司棋的姑表兄弟。

（2）凤姐因放账出去，落了个什么名？

明确： 如今倒落了一个放账破落户的名儿。

（3）贾环为何不去要彩霞？

明确： 一则贾环羞口难开，二则贾环也不大甚在意，不过是个丫头，他去了，将来自然还有。

七、延伸探究

以现在的视角看林之孝节省开支的办法（"把这些出过力的老家人用不着的，开恩放几家出去……如今说不得先时的例了，少不得大家委屈些，该使八个的使六个，该使四个的便使两个。"）其实就是企业界的"人事精简"，请试做分析。

明确： "出过力的老家人用不着的，开恩放几家出去"——如果企业运营实在无法支撑时，这类老家人（老弱残兵的员工）虽然有过贡献，但是会被列入首批裁员的名单中。"该使八个的使六个，该使四个的便使两个"——在剩下的员工中，如果分工太细、业务太少就要进行业务整并，把多余的人力释放出来并使用在最紧要处，进行最好的分配。大户人家的管理虽比不上企业管理，但在人事管理和经济掌控上也有一致的、值得借鉴的地方。

第七十三回

痴丫头误拾绣春囊　懦小姐不问累金凤

一、整本阅读，思维导图

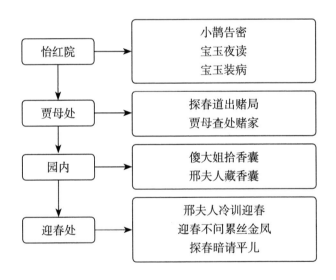

二、回目题解

上半回由宝玉熬夜温习引出装病、赌局之事，贾母严惩了设赌之人。又写邢夫人发现香囊。其中贾母查夜的一席话隐隐照起，接笔却置贼不论，转出赌钱，接笔又置赌钱不论，转出奸证。下半回接笔再置奸证不论，转出讨情：王住儿媳妇求情不成，明欺迎春不还累丝金凤。探春暗中派人请平儿来处理。可谓一波未平，一波又起。

三、主要人物

小鹊、宝玉、晴雯、贾母、探春、凤姐、林之孝家的、傻大姐、邢夫人、迎春、绣橘、王住儿媳妇、宝钗、黛玉、宝琴、平儿。

四、学养积累

1. 疏通字词

舛〔chuǎn〕错：错误。

戒饬〔chì〕：告诫。

圊〔qīng〕厕行：这里指管理或打扫厕所的职务。

借一肩：挑担时让别人挑一会儿自己歇一会儿叫借力歇肩或借一肩，这里是借人之物典押得钱用以应急的意思。

捞梢：赌博输了继续赌以"捞本"，即把输了的钱赢回来。

2. 动词妙用

（1）贾母忙道："你姑娘家，如何知道这里头的利害……""忙"字体现了贾母的什么用心？

明确：爱护探春，给她开脱。此时凤姐生病，家中事务由李纨、探春和宝钗管理，现在出现问题，探春肯定脱不了干系。

（2）平儿进来。宝琴拍手笑说道："三姐姐敢是有驱神召将的符术？"黛玉笑道："这倒不是道家玄术，倒是用兵最精的，所谓'守如处女，脱如狡兔'，出其不备之妙策也。"二人取笑。宝钗便使眼色与二人，令其不可，遂以别话岔开。从三人不同的言行可以看出三个人怎样的形象特点？

明确：黛玉细心任性，聪明颖悟，才学横溢；宝琴纯真、活泼爱动、聪颖敏捷；宝钗成熟稳重，心思深沉，能洞察迎春的内心，不做任何帮忙之事，因为她知道这些都是徒劳的。

五、名家点评

宝玉忙劝道："饶他去罢，原该叫他们都睡去才是。你们也该替换着睡去。"袭人忙道："小祖宗，你只顾你的罢。通共这一夜的功夫，你把心暂且用在这几本书上，等过了这一关，由你再张罗别的去，也不算误了什么。"宝玉听他说的恳切，只得又读。读了没有几句，麝月又斟了一杯茶来润舌，宝玉接茶吃了。因见麝月只穿着短袄，解了裙子，宝玉道："夜静了，冷，到底穿一件大衣裳才是。"麝月笑指着书道："你暂且把我们忘了，把心且略对着他些罢。"［庚辰双行夹批：此处岂是读书之处，又岂是伴读之人？古今天下误尽多少纨绔！何况又是此等时之怡红院，此等之馋婢，又是此等一个宝玉哉！］

——脂砚斋评点《红楼梦》

六、趣味问答（用原文词句回答）

（1）贾母如何处罚设赌之事？

明确：贾母便命将骰子牌一并烧毁，所有的钱入官分散与众人，将为首者每人四十大板，撵出，总不许再入；从者每人二十大板，革去三月月钱，拨入圊厕行内。又将林之孝家的申饬了一番。

（2）探春请平儿处理王住儿媳妇拒还累丝金凤的事时，迎春在干什么？

明确：当下迎春只和宝钗阅《感应篇》故事，究竟连探春之语亦不曾闻得。

七、延伸探究

贾母借赌博处治了一批人，王夫人借绣春囊又处理了一批人，这两件事后，贾府的衰落气息渐浓，而这两件事中的两个当事人为什么都集中在迎春房内呢？

明确：纵观园中同伴，探春对下属的管理一向严格爽利，从查抄时她说的"丫头所有的东西我都知道，都在我这里间收着……"可知；惜春是宁国府的人，仆人的人事关系都在宁国府，从她让尤氏带走入画可以看出；宝钗是暂时寄住，而且向来谨慎；黛玉的丫鬟都以她为中心，虽然是寄居，但是贾母非常关心她；宝玉院里的丫鬟较多，但是袭人谨慎、晴雯厉害且眼里不揉沙子。这些同伴里只有迎春院里管理最弱、最容易出事，这和她懦弱的性格有关，也和长辈们对她关注较少有关，因此所有的事情也就集中在她的房里了。

第七十四回

惑奸谗抄检大观园　矢孤介杜绝宁国府

一、整本阅读，思维导图

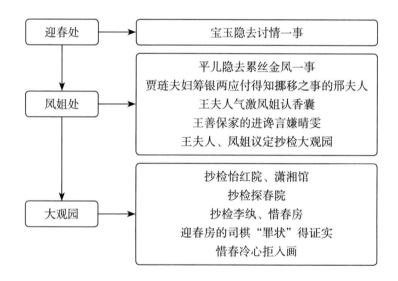

二、回目题解

上半回先写宝玉欲讨情，平儿处理累丝金凤，贾琏送钱给邢夫人。又写王夫人查香囊，王善保家的蛊惑抄检。最后写凤姐等人晚上抄检大观园，从司棋的箱中翻出物证。司棋一事在七十一回叙明，暗用山石伏线；七十三回用绣春囊在山石上一逗便住；至此回可直叙去，又用无数曲折渐渐逼来，及至司棋，忽然顿住。下半回接到入画，文气如黄河出昆仑，横流数万里，九曲不得入海，是何等奇险怪特文字。

三、主要人物

平儿、宝玉、凤姐、贾琏、王夫人、王善保家的、晴雯、袭人、紫鹃、探春、周瑞家的、李纨、惜春、入画、迎春、司棋、尤氏

四、学养积累

1. 疏通字词

打牙撂嘴：指说闲话，相互嘲弄戏骂。

妖妖趫〔qiào〕趫：妖冶轻佻的样子。趫，今作"乔"，行动轻捷，这里有举止轻浮的意思。

对了坎儿：问题恰巧对头，情况恰巧符合。

作耗：任性胡为。

掣〔chè〕出：拽出。

寻拙〔zhuō〕志：寻短见，指自杀。

勖〔xù〕助：勉励与帮助。

2. 动词妙用

（1）一语未了，只见贾琏进来，拍手叹气道："好好的又生事……"这里贾琏为何拍手叹气？

明确：一是前儿和鸳鸯借当的事被邢夫人知道了；二是邢夫人想用二百两银子，他没处迁挪；三是他明知邢夫人不短钱，却拿挪移之事要挟他，心生不满；四是想向凤姐求证和求助。

（2）袭人等方欲代晴雯开时，只见晴雯挽着头发闯进来，豁一声将箱子掀开，两手捉着底子，朝天往地下尽情一倒，将所有之物尽都倒出。

从晴雯的动作可以看出晴雯是怎样一个人？

明确：光明磊落，洒脱泼辣，无所顾忌，坦荡刚强又浑身是刺，向往公正平等。

（3）探春道："……可知这样大族人家，若从外头杀来，一时是杀不死的，这是古人曾说的'百足之虫，死而不僵'，必须先从家里自杀自灭起来，才能一败涂地！"说着，不觉流下泪来。

探春因何流泪？

明确：探春对于自己家人"抄家"反应激烈，持坚决反对的态度，认为家庭矛盾终将为家庭招来祸害。因为她考虑的是整个家族的利益和前景，所以忧患和无奈之情使她流下了眼泪。也因为她是有远见、敢说敢为，有力挽狂澜于既倒之志的人。

五、名家点评

平儿笑道："这也无妨。鸳鸯借东西看的是奶奶，并不为的是二爷。一则鸳鸯虽应名是他私情，其实他是回过老太太的。老太太因怕孙男弟女多，这个也借，那个也要，到跟前撒个娇儿，和谁要去，因此只装不知道。"［庚辰双行夹批：奇文神文！岂世人想得出者？前文云"一想不若私自拿出"，贾母其睡梦中之人矣。盖此等事作者曾经，批者曾经，实系一写往事，非特造出，故弄新笔，究竟记不神也。鸳鸯借物一回于此便结了。］

————脂砚斋评点《红楼梦》

六、趣味问答（用原文词句回答）

（1）上回探春请平儿去处理累丝金凤一事，这回开头凤姐问她三姑娘请去什么事时，她是如何回答的？

明确：平儿笑道："三姑娘怕奶奶生气，叫我劝着奶奶些，问奶奶这两天可吃些什么。"

（2）大家搜检出司棋的脏证时，她有什么表现？

明确：凤姐见司棋低头不语，也并无畏惧惭愧之意，倒觉可异。

七、延伸探究

王善保家的有多坏？

明确：①她是《红楼梦》中最坏的一个，名字中却有一个"善"字，极具讽刺意味，又或"亡善报"的谐音。②在王夫人面前进谗晴雯，导致晴雯当即被叫来责骂一顿，而后在病重之时被撵出了大观园，不久含恨而死。③蛊惑抄检大观园。以为探春庶出，就肆无忌惮地搜衣服，深深伤害了探春敏感的心。查抄出司琪的私情，导致了司棋被赶出大观园，后来撞墙而亡。抄检余波是驱逐了四儿、芳官、蕊官和藕官。

第七十五回

开夜宴异兆发悲音 赏中秋新词得佳谶

一、整本阅读，思维导图

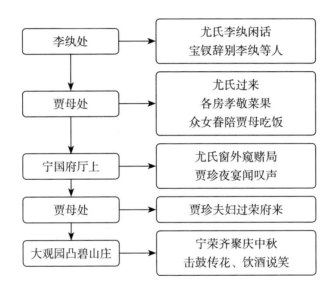

二、回目题解

本回尤氏是线索人物，紧接上回尤氏从惜春处赌气出来，到李纨处闲话，遇宝钗辞别。尤氏又过贾母处，和众人陪贾母吃饭。天黑，尤氏回到宁国府，偷瞧贾珍等人赌钱。贾珍居长，不能承先启后丕振家风，却问柳寻花，呼幺喝六。次日贾珍夫妇来荣国府，众人齐聚赏月。

三、主要人物

尤氏、李纨、宝钗、探春、湘云、贾母、王夫人、鸳鸯、贾珍、邢德全、薛蟠、贾赦、贾政、宝玉、贾兰、贾环。

四、学养积累

1. 疏通字词

邸〔dǐ〕报：中国古时用以传知朝政文书抄本和政情的文字资料。

罗唣〔zào〕：吵闹。

嗔：责怪，埋怨。

蠲〔juān〕了吧：免除了。

鹄〔gǔ〕子：箭靶的中心。

临潼斗宝：春秋战国时，秦穆公想吞并诸侯，约定在临潼会合，借比赛宝物定输赢。楚国伍子胥在会上举鼎示威，制服秦穆公。这里比喻夸耀豪奢、争强赌胜的行为。

氤氲〔yīn yūn〕：烟云弥漫的样子。

胡诌〔zhōu〕：编造。

2. 动词妙用

（1）李纨听说，只看着尤氏笑。尤氏也只看着李纨笑。

二人的笑有何意味？

明确：二人听完宝钗的辞别，心里明白宝钗明着说是因为母亲病了，实则是因凤姐等人抄检大观园，不想生出是非。

（2）贾母也只得吃半杯酒，半日笑道："我也得这个婆子针一针就好了。"

从"只得吃半杯酒"和"半日笑道"揣测贾母的心理？

明确：贾母作为母亲，必须一碗水端平，最怕别人说她偏心，另外这也是老年人普遍的心理问题，即便有偏心的行为，也绝不承认，总是认为自己对所有的儿孙都是一视同仁的。现在贾赦讲了个偏心的笑话，触动了贾母。

（3）贾赦乃要诗瞧了一遍，连声赞好，道："这诗据我看甚是有骨气。想来咱们这样人家，原不比那起寒酸……所以我爱他这诗，竟不失咱们侯门的气概。"

品一品贾赦的内心。

明确：一是贾赦"读（多）书无用"的理论，他自己是承袭的一等将军之职的爵位；二是"在野派向着在野派"，他不好好做官，又不满贾母偏向贾政，在家里地位不高，与贾母、贾政貌合神离。

五、名家点评

于是尤氏一行人悄悄的来至窗下，只听里面称三赞四，耍笑之音虽多，[庚辰双行夹批：妙！先画赢家。] 又兼有恨五骂六，忿怨之声亦不少。[庚辰双行夹批：妙！又画输家。]

——脂砚斋评点《红楼梦》

六、趣味问答（用原文词句回答）

（1）尤氏为何在贾母处吃的仍是白粳米饭而不是红稻米粥？

明确：表面上是因为吃饭的时候，贾母临时加了两个人（探春和尤氏）吃饭，所以红米粥不够吃，尤氏吃的仍是白粳米饭。实际上是因为旱涝不定，田上的米都不能按数交纳给贾府，像红稻米这样的细米更少了，贾母吃的饭只得按人数来做，所以临时多了两个人吃饭，红稻米粥肯定不够吃。

（2）击鼓传花时，花到贾政手中后，他讲了什么笑话？

明确：怕老婆的故事。

（3）击鼓传花时，宝玉拿到花后有什么心思？

明确："说笑话倘或不发笑，又说没口才，连一笑话不能说，何况是别的，这有不是。若说好了，又说正经的不会，只惯油嘴贫舌，更有不是。不如不说的好。"

七、延伸探究

邢大舅道："老贤甥，你不知我邢家底里。我母亲去世时我尚小，世事不知……"

众人对邢夫人的看法前面已经交代过了，作者为何又要添这一笔？

明确：用尤氏的话说是"可怜他亲兄弟还是这样说，这就怨不得这些人了"，作者写贾母不喜欢她，也许因为贾母偏心；贾琏、凤姐与她貌合神离，也常有抱怨，也许是儿子儿媳的私情；探春对邢夫人不满，也许有长房与次房矛盾中的站队问题。但现在连她的亲弟弟也抱怨她，可见她婪取财货、禀性愚弱（常听王善保家的）、家世寻常的形象。

第七十六回

凸碧堂品笛感凄清　凹晶馆联诗悲寂寞

一、整本阅读，思维导图

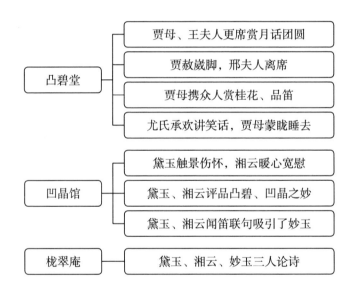

```
凸碧堂 ┬ 贾母、王夫人更席赏月话团圆
       ├ 贾赦崴脚，邢夫人离席
       ├ 贾母携众人赏桂花、品笛
       └ 尤氏承欢讲笑话，贾母蒙眬睡去

凹晶馆 ┬ 黛玉触景伤怀，湘云暖心宽慰
       ├ 黛玉、湘云评品凸碧、凹晶之妙
       └ 黛玉、湘云闻笛联句吸引了妙玉

栊翠庵 ─ 黛玉、湘云、妙玉三人论诗
```

二、回目题解

　　抄检大观园暴露了贾府错综复杂的家庭矛盾，贾珍聚众畅饮时祠堂内的悲怆一叹预示了贾府气数不可挽回，而中秋夜宴更是处处透着冷清：专门准备的圆桌只坐了半壁，桌圆人不圆；量小识短的贾赦所讲笑话冒撞贾母偏心后又在回府的途中崴了脚；尤氏整脚的笑话哄睡了勉力强撑的贾母；呜呜咽咽的笛音让人落下泪来……曲又起，人却散。脂砚斋批曰"将散之兆"。

三、主要人物

上半回：贾母、王夫人、尤氏、黛玉、探春。

下半回：黛玉、湘云、妙玉。

四、学养积累

1. 疏通字词

罽〔jì〕：织皮、网；兽毛织品。

肃然危坐：十分肃穆而端正地坐着。肃然，十分恭敬、肃穆的样子。危，端正。

不落窠〔kē〕臼〔jiù〕：比喻不落俗套，有独创风格（多指文章、作品）。窠臼，老套子，旧格式。

得陇望蜀：已经取得陇右，还想攻取西蜀。比喻得寸进尺，贪心不知满足，贪得无厌。

忝〔tiǎn〕：辱，有愧于，常用作谦辞。

诡谲〔jué〕：奇异，奇怪，令人捉摸不透，变化多端。

2. 勾连课堂

（1）肃然危坐——正襟危坐（苏轼《赤壁赋》）

（2）笛、箫作为中国民间的吹管乐器，本为同源，音色圆润轻柔，幽静典雅。自读苏轼在《赤壁赋》中这段关于洞箫的描写，请将其与文中描写笛音的文字对照，体悟各自妙处。

客有吹洞箫者，倚歌而和之。其声呜呜然，如怨如慕，如泣如诉，余音袅袅，不绝如缕。舞幽壑之潜蛟，泣孤舟之嫠妇。

——《赤壁赋》

只听桂花阴里，呜呜咽咽，袅袅悠悠，又发出一缕笛音来，果真比先越发凄凉。大家都寂然而坐。夜静月明，且笛声悲怨，贾母年老带酒之人，听此声音，不免有触于心，禁不住堕下泪来。众人彼此都不禁有凄凉寂寞之意，半日，方知贾母伤感，才忙转身陪笑，发语解释。

——《红楼梦》

五、名家点评

尤氏笑道："我也就学一个笑话，说与老太太解解闷。"贾母勉强笑道："这样更好，快说来我听。"尤氏说道："一家子，养了四个儿子：大儿子只一个眼睛，二儿子只一个耳朵，三儿子只一个鼻子眼，四儿子倒都齐全，偏又是个哑叭。"正说到这里，只见贾母已朦胧双眼，似有睡去之态。［庚辰双行夹批：总写出凄凉无兴景况来。］

——脂砚斋评点《红楼梦》

正说间，只听笛韵悠扬起来。黛玉笑道："今日老太太、太太高兴了，这笛子吹的有趣，到是助咱们的兴趣了。［庚辰双行夹批：妙！正是吹笛之时分，认作一处之笛也。］"

——脂砚斋评点《红楼梦》

诗词清远闲旷，自是慧业才人，何须赞评？须看他众人联句填词时，个人性情，个人意见，叙来恰肖其人；二人联诗时，一番讥评，一番赏叹，叙来更得其神。再看漏永吟残，忽开一洞天福地，字字出人意表。

——蒙回末总评

六、品读赏析

品诗作文，均讲究炼字，读一读下面这段文字，品一品湘云对"凹""凸"二字的分析，对你可有启发？

湘云笑道："这山上赏月虽好，终不及近水赏月更妙。你知道这山坡底下就是池沿，山坳里近水一个所在就是凹晶馆。可知当日盖这园子时就有学问。这山之高处，就叫凸碧；山之低洼近水处，就叫作凹晶。这'凸''凹'二字，历来用的人最少。如今直用作轩馆之名，更觉新鲜，不落窠白。可知这两处一上一下，一明一暗，一高一矮，一山一水，竟是特因玩月而设此处。有爱那山高月小的，便往这里来；有爱那皓月清波的，便往那里去。只是这两个字俗念作'洼''拱'二音，便说俗了，不大见用，只陆放翁用了一个'凹'字，说'古砚微凹聚墨多'，还有人批他俗，岂不可笑。"

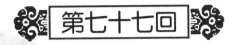

第七十七回

俏丫鬟抱屈夭风流　美优伶斩情归水月

一、整本阅读，思维导图

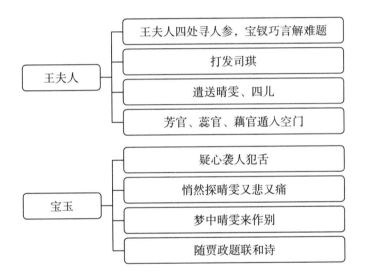

二、回目题解

本回是第七十四回"惑奸谗抄检大观园"的延续，抄检当日，探春曾言"可知这样大族人家，若从外头杀来，一时是杀不死的，这是古人曾说的'百足之虫死而不僵'，必须先从家里自杀自灭起来，才能一败涂地"，而今日一切，更显败象：整个贾府，凑不够二两可用的人参；大观园里那些最富有生命活力、最纯净、最活泼、最温暖、最无害的姑娘们，司琪、晴雯……即将一一被迫离开这里，或即刻走向死亡，或走向她们未可知的险恶人生。

261

三、主要人物

王夫人、宝钗、周瑞家的、迎春、司琪、宝玉、晴雯、袭人、灯姑娘、芳官、蕊官、藕官。

四、学养积累

疏通字词

雷嗔电怒：暴怒的样子。

犯舌：犹多嘴。

饱饫烹宰，饥厌糟糠：饱的时候自然满足于大鱼大肉，饿的时候应当满足于粗菜淡饭。出自《千字文》。

乜斜〔miē xie〕：指没有精神，昏昏欲睡的样子。

狎昵〔xiá nì〕：指过于亲近而态度不庄重。

稽〔qǐ〕首：古时的一种跪拜礼，叩头至地，是九拜中最恭敬的（一曰稽首，二曰顿首，三曰空首，四曰振动）。贾公彦疏：一曰稽首，其稽，稽留之字；头至地多时，则为稽首也。此三者（空首、顿首、稽首）正拜也。稽首，拜中最重，臣拜君之拜。还指出家人所行的相互打招呼问好的一种礼节。

五、名家点评

赖家的见晴雯虽到贾母跟前，千伶百俐，嘴尖性大，却倒还不忘旧，〔庚辰双行夹批：只此一句便是晴雯正传。可知晴雯为聪明风流所害也。一篇为晴雯写传，是哭晴雯也。非哭晴雯，乃哭风流也。〕

此时，多浑虫外头去了，那灯姑娘吃了饭去串门子，只剩下晴雯一人，在外间房内爬着。〔庚辰双行夹批：总哭晴雯。〕宝玉命那婆子在院门瞭哨，他独自掀起草帘〔庚辰双行夹批：草帘。〕进来，一眼就看见晴雯睡在芦席土炕上，〔庚辰双行夹批：芦席土炕。〕幸而衾褥还是旧日铺的。心内不知自己怎么才好，因上来含泪伸手轻轻拉他，悄唤两声。

——脂砚斋评点《红楼梦》

六、斟字酌句

王夫人寻人参一段，读得人心灰意懒，全赖作者用词之精妙，再读此段，思考以下问题，体悟作者深意。

（1）王夫人因何寻人参？

明确： 凤姐病未愈，需配调经养荣丸。

（2）初寻得人参，可王夫人嫌不能用时，作者用哪二字写王夫人的情绪？

明确： "焦躁"二字。

（3）凤姐处无人参，王夫人又向何处去寻？哪二字可见王夫人的无奈？

明确： 邢夫人处；"只得"二字。

（4）邢夫人处亦无人参，王夫人又向何处去寻？哪二字又显王夫人的无奈？

明确： 贾母处；"没法"二字。

（5）贾母处寻得的人参是否可用？为何？

明确： 亦不可用；年代太久了。这东西比别的不同，凭是怎样好的，只过一百年后，便自己就成了灰了。如今这个虽未成灰，然已成了朽糟烂木，也无性力的了。

（6）王夫人听后何种反应？

明确： 低头不语—半日才说没法了只好去买—无心。

七、延伸探究

此回末总批曰"看晴雯与宝玉永绝一段，的是消魂文字"，晴雯境遇之凄惨、二人感情之深纯，无不引人垂泪。现摘越剧《宝玉别晴雯》，与大家再赏，从"我和你慢橹轻摇莲湖中，莲湖中"获得一丝安慰吧。

她安慰话儿语重心长说天宫，好心痛，我从此也藏起一个不灭的梦，恨宝玉空有不平实无能，难救娇花愧在胸，劝晴雯身中冷箭心莫凉，盼来朝，园内园外冰雪融，从此隔墙常思念，思念你，我就往湖边做个梦，梦里好见你浅浅笑，梦里好安慰我思念一重重，梦里抚看君遗物啊，指甲用意笃，绫袄寄情浓，哪怕它大观园雷滚九天掀飓风，我和你慢橹轻摇莲湖中，莲湖中。

第七十八回

老学士闲征姽婳词　痴公子杜撰芙蓉诔

一、整本阅读，思维导图

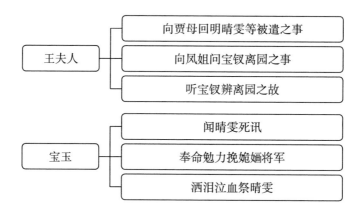

王夫人
- 向贾母回明晴雯等被遣之事
- 向凤姐问宝钗离园之事
- 听宝钗辨离园之故

宝玉
- 闻晴雯死讯
- 奉命勉力挽姽婳将军
- 洒泪泣血祭晴雯

二、回目题解

晴雯被遣一事，总要向贾母禀告一声，且看王夫人言语；宝钗离园，王夫人过问，且看凤姐儿与宝钗回复；宝玉惦念晴雯，得小丫头一番杜撰，伤感落泪却无处述说，勉作《姽婳词》后，回到院中作一篇《芙蓉女儿诔》奠晴雯。

三、主要人物

上半回：王夫人、贾母、凤姐、宝钗、宝玉、贾政、众幕宾。
下半回：宝玉、小丫鬟。

四、学养积累

疏通字词

媿婳〔guǐ huà〕：娴静美好貌。

诔〔lěi〕：古代叙述死者生平，表示哀悼（多用于上对下）；这是一类哀悼死者的文章。

縠〔hú〕：有皱纹的纱。

曩〔nǎng〕：以往、从前、过去的。

罦罭〔fú zhuó〕泛指罗网。

氤氲〔yīn yūn〕：也作"烟煴""絪缊"，指烟气、烟云弥漫的样子；气或光混合动荡的样子。也有"充满"的意思。形容烟或云气浓郁。

尚飨：亦作"尚享"，旧时用作祭文的结语，表示希望死者来享用祭品的意思。

五、名家点评

维太平不易之元，〔庚辰双行夹批：年便奇。〕蓉桂竞芳之月，〔庚辰双行夹批：是八月。〕无可奈何之日，〔庚辰双行夹批：日更奇。试思日何难于直说某某，今偏用如此说，则可知矣。〕怡红院浊玉，〔庚辰双行夹批：自谦得更奇。盖常以"浊"字许天下之男子，竟自谓，所谓"以责人之心责己"矣。〕谨以群花之蕊，〔庚辰双行夹批：奇香。〕冰鲛之縠，〔庚辰双行夹批：奇帛。〕沁芳之泉，〔庚辰双行夹批：奇奠。〕枫露之茗，〔庚辰双行夹批：奇名。〕四者虽微，聊以达诚申信，乃致祭于白帝宫中抚司秋艳芙蓉女儿〔庚辰双行夹批：奇称。〕

——脂砚斋评点《红楼梦》

六、品读赏析

曹雪芹善于将人物放在家长里短的琐碎生活中去刻画，思考下面的几个问题，品一品三个人物形象。

（1）王夫人如何禀明晴雯被遣一事，请概括作答？

明确：丫头大了—病不离身—比别人格外淘气，也懒—前日又得了女儿痨—她色色虽比人强，只是不大沉重—况还有袭人这个沉重知大礼、行事大方、心地老实的在宝玉身边。

（2）凤姐儿如何回复宝钗离院一事？

明确：谁可好好的得罪着她—况且她天天在园里，左不过是她们姊妹那一群人—恐我们疑她，自己回避了。

（3）宝钗又是如何讲自己离园之故？

明确：前日妈又不好了—二则我哥哥眼看要娶嫂子—三则因我而开的小角门子存在隐患—如今彼此都大了—况姨娘这边历年皆遇不遂心的事故—劝姨娘如今该减些的就减些—姨娘深知我家当年的繁盛、现今的冷落。

七、小试身手

蒙回末总批："字字实境，字字奇情，令我把玩不释"，读《芙蓉女儿诔》，感悟宝玉对晴雯的奇情，并选取你认为最好的诗句，展开联想与想象，改写成一段散文。

忆女儿曩生之昔，其为质则金玉不足喻其贵，其为性则冰雪不足喻其洁，其为神则星日不足喻其精，其为貌则花月不足喻其色。

花原自怯，岂奈狂飙；柳本多愁，何禁骤雨。

眉黛烟青，昨犹我画；指环玉冷，今倩谁温？鼎炉之剩药犹存，襟泪之余痕尚渍。

连天衰草，岂独蒹葭；匝地悲声，无非蟋蟀。露苔晚砌，穿帘不度寒砧；雨荔秋垣，隔院希闻怨笛。芳名未泯，檐前鹦鹉犹呼；艳质将亡，槛外海棠预老。

第七十九回

薛文龙悔娶河东狮　贾迎春误嫁中山狼

一、整本阅读，思维导图

二、回目题解

上一回宝玉做《芙蓉女儿诔》，牵引出了黛玉，此一回二人改削祭文，忽然惊觉芙蓉女儿既可是晴雯，更可是黛玉；又借黛玉引出了迎春的婚事，交代了贾府诸人对婚事的态度，为后面写"子系中山狼"做了铺垫；再借香菱引出薛蟠的婚事，宝玉替香菱"耽心虑后"之语、紫菱洲摇摇落落的蓼花苇叶和翠荇香菱似乎都在暗指香菱命运……

三、主要人物

宝玉、黛玉、香菱、薛蟠、夏金桂。

四、学养积累

1. 疏通字词

茜［qiàn］：指茜草，在古汉语中也指"深红"。

不啻［chì］：不只，不止，不仅仅，不亚于。

肥马轻裘：骑肥壮的马，穿轻暖的皮衣。形容阔绰。裘，皮衣。

锱铢较量：指对很少的钱或很小的事，都十分计较。

聊以塞责：姑且应付一下，算是交代了责任。聊，姑且。塞责，搪塞责任。

东床娇婿：对女婿的美称。《晋书·王羲之传》：王羲之幼有风操，郗虞卿闻王氏诸子皆俊，令使选婿。诸子皆饰容以待客，羲之独坦腹东、啮胡饼。神色自若，使具以告，虞卿曰："此真吾子婿也。"问为谁。果是逸少，乃妻之。东床娇婿之说法则由此而来。

2. 典故释义

（1）河东狮

河东狮指代妒妇、悍妇。宋朝陈慥的妻子善妒，苏东坡戏称之为"河东狮"。后来这个故事被同时代的洪迈写进《容斋三笔》中，广为流传。

（2）中山狼

中山狼一般形容那种忘恩负义、恩将仇报的人。出自东郭先生误救中山上的一只狼，反而几乎被狼所害的典故。"中山狼"一词，出自明代马中锡《东田文集》中的《中山狼传》。

五、名家点评

香菱道："因你哥哥上次出门贸易时，在顺路到了个亲戚家去。这门亲原是老亲，且又和我们是同在户部挂名行商，也是数一数二的大门户。前日说起来，你们两府都也知道的。合长安城中，上至王侯，下至买卖人，都称他家是'桂花夏家'。"〔庚辰双行夹批：夏日何得有桂？又桂花时节焉得又有雪？三事原系风马牛，全若强凑合，故终不相符。运败之事大都如此，当事者自不解耳。〕宝玉笑问道：〔庚辰双行夹批：听得"桂花"字号原觉新雅，故不觉一笑，余亦欲笑。〕

香菱道："……我也巴不得早些过来，又添一个作诗的人了。"〔庚辰双行夹批：妙极！香菱口声，断不可少。看他下作死语，便知其心中略无忌讳疑虑等意，直是浑然天真之人，余为一哭。〕

——脂砚斋评点《红楼梦》

六、趣味问答

（1）宝玉黛玉二人改削《芙蓉女儿诔》句，改得字字惊心，你可还记得宝玉、黛玉二人就哪几句做了改动？

明确：红绡帐里，公子多情，黄土垄中，女儿薄命。

（2）黛玉如何改动？

明确：茜纱窗下，公子多情。

（3）宝玉又做了何改动？

明确：茜纱窗下，小姐多情，黄土垄中，丫鬟薄命。

（4）最终削改为哪几句呢？

明确：茜纱窗下，我本无缘；黄土垄中，卿何薄命。

七、品读赏析

鲁迅的《中国小说史略》中说贾府里"悲凉之雾，遍被华林，呼吸领会之，唯宝玉而已"。自读下面的文字，透过宝玉之眼，感受贾府的悲凉。

宝玉……因此天天到紫菱洲一带地方徘徊瞻顾，见其轩窗寂寞，屏帐翛然，不过有几个该班上夜的老妪。再看那岸上的蓼花苇叶，池内的翠荇香菱，也都觉摇摇落落，似有追忆故人之态，迥非素常逞妍斗色之可比。既领略得如此寥落凄惨之景，是以情不自禁，乃信口吟成一歌曰：

池塘一夜秋风冷，吹散芰荷红玉影。

蓼花菱叶不胜愁，重露繁霜压纤梗。

不闻永昼敲棋声，燕泥点点污棋枰。

古人惜别怜朋友，况我今当手足情！

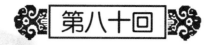

第八十回

美香菱屈受贪夫棒　王道士胡诌妒妇方

一、整本阅读，思维导图

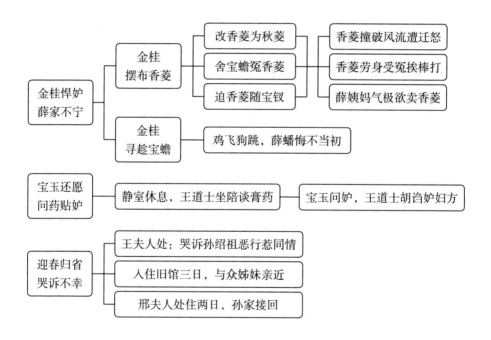

二、回目题解

本回主要写了薛蟠和迎春的婚姻悲剧。薛蟠娶妻不贤，薛家鸡飞狗跳：夏金桂性情悍妒，拿捏丈夫、顶撞婆婆、抗衡小姑，不落下风。香菱痴憨，屡受摆布，终含冤屈，随宝钗而去。金桂又转而寻趁宝蟾，针尖对麦芒，闹得鸡犬不宁。迎春遇人不淑，归省哭诉不幸：丈夫好色、好赌、酗酒，父亲借银不还落口实。可怜无人替她做主，纵使万般无奈，也只得再入"狼窝"。

三、主要人物

上半回：夏金桂、香菱、宝蟾、薛蟠、薛姨妈、宝钗。

下半回：宝玉、王道士、迎春、王夫人、孙绍祖、邢夫人。

四、学养积累

1. 疏通字词

馋痨饿眼：指贪色的目光。

厮奈：混日子，意同今北京话"泡着"。

撞尸游魂：詈词。咒骂人瞎跑、乱撞。

耳软心活：轻易轻信别人的话，自己无主见。

寻趁：寻隙责备。

射利：谋取财利。

没当家花花的：方言，亦作"不当价"。"花花的"为句末语气词，无意义，如同说"不当的"，通常有三种意思：不应该；当不起；罪过。马道婆说的"不当家花花的"是"当不起"的意思；王夫人说的"不当家花花的"是"罪过"的意思；王一贴说的"不当家花花的"是"不应该"的意思。

2. 词语妙用

（1）话说金桂听了，将脖项一扭，嘴唇一撇，鼻孔里哧了两声，拍着掌冷笑道："菱角花谁闻见香来着？……"

明确："扭""撇""哧""拍""笑"，表现了夏金桂得知香菱的名字是宝钗所起，又听香菱夸宝钗学问好时，内心的不快与不屑，还带有一股不平之气，生动形象地刻画出夏金桂自视甚高、张扬跋扈的性格特征。

（2）香菱猛省了，反不好意思，忙陪笑赔罪说："一时说顺了嘴，奶奶别计较。"……香菱忙笑道："……"

明确：两个"忙"字，既表现了香菱的天真善良，又客观地反映了当时社会"妾"的卑微地位。香菱的"忙陪笑""忙笑"，固然是善良好相与的表现，但其中也不乏潜意识里的敬畏和刻意地讨好。

271

五、名家点评

蒙回末总批：此文一为择婿者说法，一为择妻者说法，择婿者必以得人物轩昂、家道丰厚、阴袭公子为快，择妻者必以得容貌艳丽、妆奁富厚、子女盈门为快，殊不知以貌取人失之子羽。试者桂花夏家指择孙家，何等可美可乐。卒至迎春含悲，薛蟠遗恨，可慨矣夫！

——脂砚斋评点《红楼梦》

六、趣味问答

（1）金桂甘舍宝蟾的原因是什么？

明确：正要摆布香菱，无处寻隙……如今且舍出宝蟾去与他，他一定就和香菱疏远了，我且乘他疏远之时，便摆布了香菱。那时宝蟾原是我的人，也就好处了。

（2）邢夫人对迎春的不幸遭遇有什么反应？

明确：本不在意，也不问夫妻和睦，家务繁难，只面情塞责而已。

七、延伸探究

（1）本回写夏金桂之恶和孙绍祖之恶，在写法上有何不同之处？

明确：本回写夏金桂悍妒，以正面描写为主，通过大量的语言、动作、神态、心理描写，特别是细节的刻画，淋漓尽致地表现了夏金桂的心思之深沉歹毒，行为之泼辣凶悍；而写孙绍祖残暴无状，则是运用了侧面描写的手法，通过迎春奶娘与迎春之口，控诉其罪恶。

（2）"王一贴"的"疗妒汤"，博君一笑之际，似乎也有一丝哲学意味，说说你从中悟出了怎样的人生哲理。

明确："疗妒汤"亦称"百岁汤"，人生苦短，不过百年，一切烦恼执着，繁华热闹终将谢幕。百年之后，还有什么可爱可恨，可争可妒的呢？这副"疗妒汤"似乎让我们看到了生命尽头的虚无与荒凉。作者也仿佛是在这里和我们玩了一个文字游戏，他要警戒世人：要想活的通透自在，每天须得一个"离"字，保持距离，才能清心静气，开阔胸怀，活得滋润。

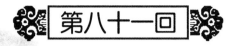

第八十一回

占旺相四美钓游鱼　奉严词两番入家塾

一、整本阅读，思维导图

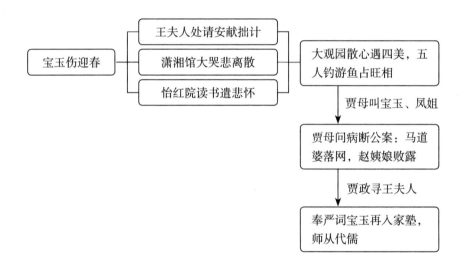

二、回目题解

上半回写迎春归去，宝玉为她伤怀，到王夫人处献计，却被斥呆痴，憋闷中来寻黛玉哭诉心中悲戚。之后宝玉大观园散心，偶遇"四美"垂钓，于是提议钓鱼"占旺相"，结果自己落得个竿折鱼散。下半回写贾母叫来宝玉、凤姐，问前年的"魇病"，原来是马道婆败露，嫌疑直指赵姨娘，只是无凭无据不便追究。贾政思虑宝玉荒废了学业，便做主送他去上家塾，亲送至学堂，嘱咐先生严加管教。

273

三、主要人物

上半回：王夫人、宝玉、黛玉、袭人、探春、李纹、李绮、邢岫烟。

下半回：贾母、王夫人、宝玉、凤姐、马道婆、赵姨娘、贾政、贾代儒。

四、学养积累

1. 疏通字词

占旺相：占，占卜。旺相，亦作王相，这里指好运气。

混帐行［háng］子：指品行恶劣的人。

做东道：请客吃酒饭或一般地出钱请人吃东西。

神马：亦作神码、月光马。《燕京岁时记·月光马儿》："京师谓神像为神马儿，不敢斥言神也。月光马者，以纸为之。"

闹香：即闷香。一种熏人能使之昏迷的香。闹，用药毒谓"闹"，如闹鱼、闹耗子。

踢天弄井：极言小孩活蹦乱跳、调皮玩闹。

颟顸［mān hān］：糊涂，不明事理。

2. 动词妙用

黛玉听了这番言语，把头渐渐的低了下去，身子渐渐的退至炕上，一言不发，叹了口气，便向里躺下去了。

明确："低""退""叹""躺"，这一系列的慢动作，将一个多愁善感、敏感忧郁、娴静病弱的林妹妹形象写活了。以黛玉的敏感多虑，此时必定不独为迎春而悲，更为自己而悲。迎春身后有一个贾府，遭遇毒夫，尚且无人为其出头；同样身为女儿，自己父母双亡，寄人篱下，将来又会何去何从呢？黛玉心中的悲戚，更甚宝玉。所以她不去劝解宝玉，而是自伤自怜了。

五、名家点评

宝玉道："也并不是我发疯，我告诉你，你也不能不伤心。……这不多几时，你瞧瞧，园中光景，已经大变了。若再过几年，又不知怎么样了。故此越想不由人不心里难受起来。"〔这也是逝者如斯夫的永恒叹息，光阴如流水，好景不长在也。何况大观园的那种超级聚集、享乐、青年联欢节，又怎可能长命百岁！]

——王蒙陪读《红楼梦》

六、趣味问答

（1）迎春归去，邢、王二位夫人各有怎样的表现？

明确：邢夫人像没有这事；王夫人甚是伤感，在房中自己叹息了一回。

（2）王夫人与宝玉谈论迎春之事，用了哪两句俗语来说明自己在这件事上无能为力？

明确："嫁出去的女孩儿泼出去的水""嫁鸡随鸡，嫁狗随狗"。

（3）"四美"具体指哪四位？

明确：探春、李纹、李绮、邢岫烟。

七、延伸探究

评论家黄小田评宝玉钓鱼一段，说："竿折鱼散，终归于空；此作者寓意，非徒写钓鱼。"若有所寓，你认为作者想表达什么呢？谈谈你的看法。

明确：可能是在寓意宝玉将来会出家。宝玉自称要做姜太公，"姜太公钓鱼，愿者上钩"，得不得鱼全凭天意，并不重要。这本来就是一种看破世俗、淡泊达观的态度，而宝玉也最终在贾府的没落中看空一切，遁入空门。可能是在寓意宝黛爱情终会落空。"鱼"在中国文化中本就有夫妻恩爱的象征，宝玉钓鱼，即追求爱情；而"竿"，竹质，象征黛玉，竿折，黛玉亡。宝黛生死永隔。

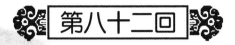

第八十二回

老学究讲义警玩心　病潇湘痴魂惊恶梦

一、整本阅读，思维导图

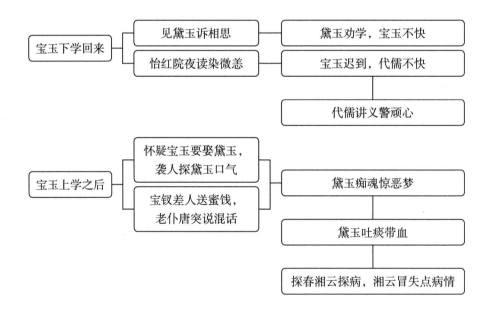

二、回目题解

上半回写宝玉上学，如野马拴缰。下半回主要写黛玉忧心与宝玉的婚事没有着落，夜生噩梦，梦见另许他人，遭贾母等人抛弃，宝玉剖心表白而死，醒来后咳嗽不止，痰中带血，心下灰冷。

三、主要人物

上半回：宝玉、贾母、贾政、黛玉、紫鹃、袭人、代儒。

下半回：袭人、黛玉、薛姨妈处婆子、紫鹃、探春、湘云。

四、学养积累

1. 疏通字词

人功道理：人情事理，即做人处事的方法。

代圣贤立言：明清科举制以八股文取士，试题皆出自"四书""五经"。考生作文必须严格按照八股文格式，依据"圣贤"的意思，模拟古人的老调加以铺叙，不许发挥自己的思想和见解，叫"代圣贤立言"。

梆子下来了：旧时报更，以击梆子为号，故称初更时候（晚7时至9时）为"下梆子"。梆子，古代巡更或旧时衙门用以集散人众所敲的响器。

节旨：明清通行的"四书""五经"读本，除正文和注解外，还有总括章节大意的话，叫"章旨"或"节旨"。

遁世不见知：意谓避世隐居而名不闻于世。语出《礼记·中庸》："君子依乎中庸，遁世不见知而不悔，唯圣者能之。"

擎受：承受。擎，擎架；担当。

放定：订婚的一种手续，即女方接受男方送去的聘礼，表示双方肯定婚约。

肺火上炎：中医用语。指因阴虚而致内火上升，损伤肺中血络，故易咯血，常见于肺炎、肺结核等症。

蝎蝎螫螫：意思是形容人婆婆妈妈，在小事情上过分地表示关心、怜惜。

2. 细节魅力

宝玉连忙答应几个"是"，退出来，忙忙的又去见王夫人，又到贾母那边打了个照面儿。赶着出来，恨不得一走就走到潇湘馆才好。

明确：情景描写生动如在眼前，"连忙""忙忙的""打了个照面""赶着"，一件事接着一件事，仿佛电影的快进镜头，连我们都觉得宝玉匆忙着急了。直到"恨不得"一句心理描写出来，读者才恍然大悟，宝玉这么着急忙慌，原来是要赶着去见黛玉的。在贾母、贾政、王夫人处，心中惦记的原是黛玉。可见后面的"死而复生""一日三秋"的话并不虚。

五、名家点评

刚进门口，便拍着手笑道："我依旧回来了！"［姚评：妙不可言。］［张评：心原不二。］

想起自己身子不牢，年纪又大了。看宝玉的光景，心里虽没别人，但是老太太舅母又不见有半点意思。［姚评：所虑在此。］

黛玉吓得魂飞魄散，忙用手握着宝玉的心窝，哭道："你怎么做出这个事来，你先来杀了我罢！"［姚评：即以黛玉为哥哥所杀可也。］［张评：已先杀了。］

——重校《八家评批〈红楼梦〉》

六、趣味问答

（1）宝玉上学受拘束，贾母是怎样形容的？

明确：野马上了笼头了。

（2）宝玉好容易熬到下学，见着黛玉有什么感觉？

明确：竟如死而复生的一样。

（3）袭人试探黛玉，黛玉对家庭之事发表了怎样的见解？

明确：不是东风压了西风，就是西风压了东风。

七、延伸探究

紫娟说，贾府自老太太、太太起，没一个不疼黛玉的，而黛玉在梦里，"深痛自己没有亲娘，便是外祖母与舅母姊妹们，平时何等待的好，可见都是假的"，你怎么看待黛玉梦里的人情冷漠？

明确：梦境描写是一种心理描写的手段，梦境往往是现实的折射与反映。黛玉是贾母的亲外孙女，贾母自然是疼爱她的，但是这种疼爱更多的是在物质生活上的关心。至于王夫人等人对黛玉好，一大部分原因是因为老太太，她们也不可能观照到黛玉的精神世界。再者，即使她们知道黛玉的精神需求，也还要考虑贾家这个大家族的利益。黛玉梦中众人的冷漠，实际上是黛玉精神需求得不到观照和满足的反映，是黛玉焦虑年纪渐大，婚事无人做主的心理反射。

第八十三回

省宫闱贾元妃染恙　闹闺阃薛宝钗吞声

一、整本阅读，思维导图

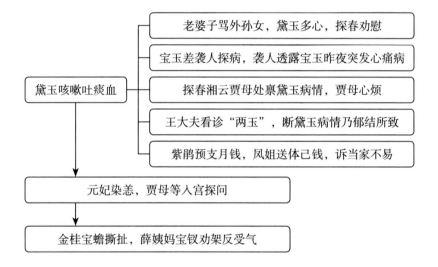

黛玉咳嗽吐痰血

- 老婆子骂外孙女，黛玉多心，探春劝慰
- 宝玉差袭人探病，袭人透露宝玉昨夜突发心痛病
- 探春湘云贾母处禀黛玉病情，贾母心烦
- 王大夫看诊"两玉"，断黛玉病情乃郁结所致
- 紫鹃预支月钱，凤姐送体己钱，诉当家不易

元妃染恙，贾母等入宫探问

金桂宝蟾撕扯，薛姨妈宝钗劝架反受气

二、回目题解

　　本回主要讲了三件事：黛玉病势渐沉、元妃染恙、金桂宝蟾打架。黛玉郁结成疾，且越发气小心疑。外面老婆子责骂外孙女，黛玉疑心是在骂自己，竟至哭晕过去。贾府渐次入不敷出，偏外面传言其富贵泼天，祸端隐现。元妃染恙，召贾母等入宫探病，再叹骨肉亲情不得亲近。金桂宝蟾打架，薛姨妈宝钗劝架无果反受气。

279

三、主要人物

上半回：骂外孙女的老婆子、黛玉、探春、袭人、贾母、贾琏、王大夫、凤姐、周瑞家的。

下半回：贾赦、贾政、贾琏、贾珍、贾母、邢夫人、王夫人、凤姐、元妃、金桂、宝蟾、薛姨妈、宝钗。

四、学养积累

1. 疏通字词

吐衄［nǜ］：吐血。衄，鼻子出血。

塞话：堵噎人、抢白人的话。

小软儿：软弱可欺的人。

没事人一大堆：不相干、不放在心上。

2. 典故释义

假周勃以安刘

假，借。借重周勃的力量安定刘氏天下。周勃，汉高祖时的太尉。语出《汉书·周勃传》："高祖（刘邦）曰：'安刘氏者必勃也。'"意即安定刘氏天下的一定是周勃。这里用来比喻一种药性使另一种药性发生变化。

3. 文化趣词

小蹄子

《红楼梦》中，"小蹄子"出现的频率相当高。主要有两种用法：①詈词，带有侮辱性。②戏谑亲昵的称呼。一般公开场合用来骂人，私底下表示亲昵。

现代汉语释义：指年轻女性，含轻浮义；同时也用作昵称。

词汇来源：是北方游牧民族的口头语传出来的市井话，游牧民族豢养牲畜，多以此称呼小孩或年轻的人。意思和犊子、羔子、牲口相似。本身含有贬义，后专门用来指年轻的女性。亲近的人称呼有开玩笑的亲昵成分，相当于小丫头、小坏蛋、死丫头的意思。

五、名家点评

那黛玉闭着眼躺了半晌，那里睡得着？觉得园里头平日只见寂寞，如今躺在床上，偏听得风声，虫鸣声，鸟语声，人走的脚步声，又象远远的孩子们啼哭声，一阵一阵的聒噪的烦躁起来，因叫紫鹃放下帐子来。［病中静境的有此种光景，亏他想得出又写得出，与前番梦醒时又是同而不同。］［风吹鸟语，诸声萦绕衾枕，虚弱人卧床景况，恐非亲历此者不能述出。］

——《重校八家评批〈红楼梦〉》

黛玉道："不妨，你们快别这样大惊小怪的。刚才是说谁半夜里心疼起来？"［上面几个"轻轻""悄悄"字面，而姑娘偏能听得清楚，始知上文云"偏听得风声虫语"数句埋伏的妙。］

——《重校八家评批〈红楼梦〉》

且说贾琏走到外面，只见一个小厮迎上来回道："大老爷叫二爷说话呢。"贾琏急忙过来，见了贾赦。贾赦道："方才风闻宫里头传了一个太医院御医，两个吏目去看病，想来不是宫女儿下人了。这几天娘娘宫里有什么信儿没有？"［娘娘是贾府的重要背景，娘娘欠安，是大灾难。］

——王蒙陪读《红楼梦》

六、延伸探究

（1）黛玉听了点点头儿，拉着探春的手道："妹妹……"叫了一声，又不言语了。"妹妹……"，似未完结，试着补齐黛玉未竟的话语。

明确：示例1："妹妹，原是你懂我。都道我心细，可知我寄人篱下的难处，处处在意，时时小心，唯恐被人小瞧了去。"

示例2："妹妹，难为你来看我，一心里为我想着，我素日里竟还多心。"

（2）贾母听了自是心烦，因说道："偏是这两个玉儿多病多灾的。林丫头一来二去的大了，他这个身子也要紧。我看那孩子太是个心细。"众人也不敢答言。众人为什么不敢答言？试着分析贾母此时的心理活动。

明确：因为贾母对黛玉颇有微词，埋怨黛玉多病皆是因为心太细。长辈面前，不好非议他人也不好言语反驳，所以众人不敢答言。贾母本有心成全黛玉和宝玉，但黛玉多病且性情多疑多虑，这让贾母很矛盾，因此颇感心烦。

第八十三回　省宫闱贾元妃染恙　闹闺阃薛宝钗吞声

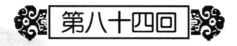

第八十四回

试文字宝玉始提亲　探惊风贾环重结怨

一、整本阅读，思维导图

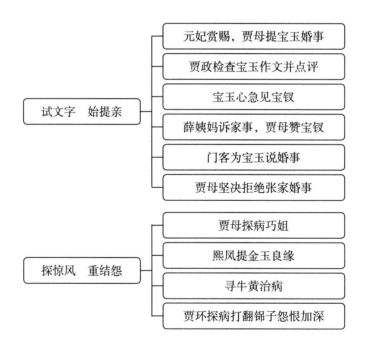

试文字　始提亲
- 元妃赏赐，贾母提宝玉婚事
- 贾政检查宝玉作文并点评
- 宝玉心急见宝钗
- 薛姨妈诉家事，贾母赞宝钗
- 门客为宝玉说婚事
- 贾母坚决拒绝张家婚事

探惊风　重结怨
- 贾母探病巧姐
- 熙凤提金玉良缘
- 寻牛黄治病
- 贾环探病打翻锦子怨恨加深

二、回目题解

　　贾母提起贾宝玉的婚事，让贾政留神，不管穷富，只要脾性模样好。贾政想起宝玉读书之事，遂检查其功课，心中较为欢喜。与门客闲谈，有人给宝玉说亲，但女方虽是富贵双全人家，却没有儿子，要求入赘，贾母等人坚决反对。薛姨妈因家事烦恼，贾母劝薛姨妈不要把家事放在心上，又夸宝钗温厚和平。贾母褒钗抑黛，看来贾母心中已经倾向宝钗，宝黛木石姻缘遭到破坏，爱情悲剧已见端倪；贾母、邢夫人、王夫人看巧姐的病。凤姐有意撮合宝玉和宝钗。贾环代表赵姨娘看巧姐，要看牛黄，闹倒了药锦子。这段小故事再现他轻佻的性格，成事不足败事有余。赵姨娘责骂贾环，二者之间结怨加深。

三、主要人物

上半回：贾母、贾政、王夫人、贾宝玉、薛姨妈、邢夫人。

下半回：王熙凤、贾母、夫人、王夫人、贾环、赵姨娘。

四、学养积累

1. 疏通字词

不稂〔láng〕不莠〔yǒu〕：原指庄稼长得好，禾苗中无野草，后比喻人不成才，没出息。

不愠〔yùn〕：形容性格温和，不生气。愠，发怒，生气。

破题：唐宋时应举诗赋和经义的起首处，须用几句话说破题目要义，叫破题。明清时八股文的头两句，亦沿称破题，并成为一种固定的程式。

背晦：亦作"背会"。脑筋糊涂，做事悖谬。多指老年人。

2. 词句赏析

（1）宝玉听了这话，又是一个闷雷。

明确："闷雷"这个词在这里是隐喻，贾宝玉非常害怕自己的父亲贾政，刚从学堂回家突然听到父亲要见他，内心极其恐惧，就像晴天一记闷雷打在头上，这是当时心理上所遭受突然打击的一种反应。

（2）宝玉答应了"是"，只得拿捏着慢慢的退出，刚过穿廊月洞门的影屏，便一溜烟跑到老太太院门口。

这段文字的动作描写表现了宝玉怎样的形象特点？

明确：宝玉因怕贾政，所以退出的时候要拿捏着，一旦离了贾政的视线范围，那种天真烂漫、淘气的样子就表现了出来。

（3）贾母道："林丫头那孩子倒罢了，只是心重些，所以身子就不大很结实了，要赌灵性儿，也和宝丫头不差什么；要赌宽厚待人里头，却不

济他宝姐姐有耽待，有尽让了。"

分析贾母对宝玉选亲的态度。

明确：贾母爱屋及乌，加上黛玉也有才有貌，门当户对，起初中意林黛玉，但是随着黛玉病情加重，宝钗的出现，贾母的态度发生了变化，从这段文字的"罢了""不济"可以看出已经要放弃黛玉而偏向宝钗了，到后文凤姐提说"宝玉""金锁"，贾母说自己背晦亦可看出。

五、名家点评

不忘老太太疼他一场，也不至糟蹋了人家的女儿［贾政望子成龙心切，可解。动不动上纲到糟蹋人家女儿上去，不可解。糟蹋人家女儿云云，是宝玉的语言而不是贾政的语言］。

——王蒙陪读《红楼梦》

六、趣味问答

（1）薛姨妈又悲又气的是什么？

明确：气的是金桂撒泼，悲的是宝钗有涵养略觉可怜。

（2）贾母提起宝玉的婚事，对女方有什么要求？

明确：也别论远近亲戚，什么穷啊富啊的，只要深知那姑娘的脾性儿好模样儿周正的就好。

（3）宝玉所写"吾十有五而志于学""人不知而不愠""则归墨"分别出自哪里？

明确：前两则出自《论语》，后一则出自《孟子》。

（4）你能完整地说出《论语》中孔子自述学习和修养的过程吗？

明确：吾十有五而志于学，三十而立，四十而不惑，五十而知天命，六十而耳顺，七十而从心所欲，不逾矩。

七、延伸探究

（1）从"试文字"一段看贾政人物形象。

明确：贾政自幼好学，受儒家思想的影响很深，从贾母之口可知贾政"想他那年轻的时候，那一种古怪脾气，比宝玉还加一倍呢"，曾经也有过天性的自然流露，但是如今的贾政俨然是封建儒家统治思想的化身，对贾宝玉文章的点评也完全符合封建正统观念的要求，用封建正统思想来教育贾宝玉。

（2）从"试文字"一段看贾宝玉人物形象

明确：从贾宝玉所写文字可以看出他的思想与封建正统思想背道而驰，不符合封建统治者的要求，他认为"不志于学"是多数人的常态，他不喜欢所谓的正经书，无意于仕途经济，认为"圣人十五而志之"是很难做到的，这也是对封建思想的一种反抗。

第八十五回

贾存周报升郎中任　薛文起复惹放流刑

一、整本阅读，思维导图

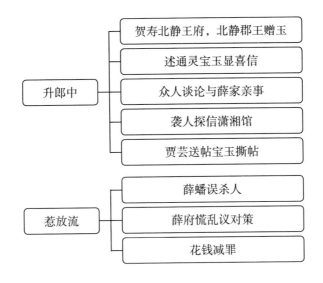

升郎中
- 贺寿北静王府，北静郡王赠玉
- 述通灵宝玉显喜信
- 众人谈论与薛家亲事
- 袭人探信潇湘馆
- 贾芸送帖宝玉撕帖

惹放流
- 薛蟠误杀人
- 薛府慌乱议对策
- 花钱减罪

二、回目题解

　　贾赦、贾政带着贾宝玉兄弟去为北静郡王拜寿，北静郡王单留宝玉说话，并赠送一块仿制的"宝玉"。回到家中与贾母闲聊说起通灵宝玉夜间放红光之事，凤姐说是喜信，宝玉不解，贾母询问向薛家求亲之事，因薛蟠不在家无人商量，至此可见，贾薛联姻已成定局，木石姻缘无望。袭人到潇湘院黛玉处探口气无果。贾芸来找宝玉，袭人不理，只留下一封帖子，宝玉看后将其撕碎。贾政升任工部郎中全家庆贺，宝玉放假在家同乐，此时的宝玉似与前八十回有所不同。王熙凤拿宝玉、黛玉开玩笑。王子腾送戏来庆贺，恰逢黛玉生日，贾府上下热闹非凡。薛姨妈、薛蝌被叫走，乃因薛蟠打死了人，薛府上下一片混乱，此情节在本章回叙述不详细。

三、主要人物

上半回：贾政、贾宝玉、北静郡王、袭人、贾芸、贾母、林黛玉、王熙凤、薛姨妈。

下半回：薛姨妈、薛宝钗、金桂、薛蝌。

四、学养积累

1. 疏通字词

捱〔ái〕次：顺着次序。

生童：生员和童生。

陛〔bì〕见：即谓臣下谒见皇帝。

拟正：正式任命叫拟正。

貂蝉：貂尾和金蝉，汉代侍从官员帽上的装饰物。后用作达官贵人的代称。

吵喜：旧时家里有喜庆，报喜的人喧闹于门，表示祝贺，讨得彩头。也叫"闹喜"。

2. 词句赏析

（1）王熙凤说："你两个那里像天天在一处的。倒像是客一般，有这些套话。可是人说的'相敬如宾'了。"林黛玉满脸飞红，好半天说出一句："你懂得什么！"王熙凤一时回过味来，才知道自己出言冒失。怎样理解这里的"出言冒失"？

明确：王熙凤知道宝黛之间的爱情，但当她明白贾母等人已经放弃黛玉转而选择更符合贾府要求的宝钗时，她便积极促成"金玉良姻"。她用形容夫妻关系的"相敬如宾"来形容宝黛，显然是说错了话，是"出言冒失"。

（2）正要拿话岔开时，只见贾宝玉忽然向林黛玉说："林妹妹，你瞧芸儿这种冒失鬼——"说了这一句，方想起来，便不言语了。贾宝玉为何不言语了？

明确：贾宝玉并不知道贾母等人已经认定薛宝钗，他心里装的只有林

287

黛玉，他一定以为别人也都是这么看。贾芸给他说亲，他就认为是"出言冒失"，贾芸是个"冒失鬼"了。他跟林黛玉说"芸儿这种冒失鬼"，话没有说完就不说了。因为他知道，如果当着那么多人的面把贾芸帖儿上的内容说出来，不是也成了冒失鬼了吗？

五、名家点评

袭人正要说话，只见那一个也慢慢地蹭了过来，细看时，就是贾芸，溜溜湫湫往这边来了。[写芸儿惯用双字，如溜溜湫湫、鬼鬼头头、躲躲藏藏、慌慌张张，搅得宝玉怔怔、闷闷，都是从老太太、凤姐说话含含糊糊一路引来。]

——王伯沆《红楼梦》批语汇录

宝钗在帘内说道："妈妈，使不得。这些事越给钱越闹得凶，倒是刚才小厮说的话是。"[宝钗精通一切世故，包括打死人的处理方法。]

——王蒙陪读《红楼梦》

六、趣味问答

（1）保举贾政的吴巡抚与贾政什么关系？

明确：贾政任学政所在省份的巡抚，"这吴大人本来咱们相好，也是我辈中人，还倒是有骨气的"。

（2）贾宝玉给北静郡王拜寿，北静郡王送他什么礼物？

明确：赠送一块依照通灵宝玉样式仿制的玉。

（3）贾芸给宝玉的那封帖儿写了什么？宝玉看后的反应如何？

明确：贾芸给宝玉说亲（详见第一百一十七回）。宝玉看了之后皱眉、摇头、不耐烦，最后生气将其撕碎。

七、延伸探究

庆贺之时所看的几出戏有什么隐意？

明确：《蕊珠记·冥升》是黛玉夭亡的影子；《吃糠》是宝钗暗苦的影子；《达摩带徒弟过江》是宝玉出家的影子。

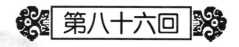

第八十六回

受私贿老官翻案牍　寄闲情淑女解琴书

一、整本阅读，思维导图

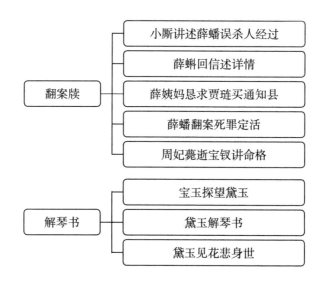

二、回目题解

　　薛蟠杀人案的整个审理与翻案的过程，简直就是葫芦僧判断葫芦案的翻版，薛蟠打死张三，已没有打死冯渊时的嚣张，也可看出薛家开始走下坡路。薛府花了银子，终于翻案，定为误伤。宝玉得空到潇湘馆来看黛玉，见她正看一本"天书"。黛玉告诉他，琴是涵养性情之物。宝玉听了，茅塞顿开。而黛玉在宝玉走后，静处一室，又看到并蒂的兰花，黛玉想到"草木当春，花鲜叶茂，想我年纪尚小，便像三秋蒲柳。若是果能随愿，或者渐渐的好来，不然，只恐似那花柳残春，怎禁得风摧雨送"，不禁滴下泪来，符合人物性格，照应开篇以泪报恩。

三、主要人物

上半回：薛姨妈、薛宝钗、薛蝌、张王氏、李二、知县、薛蟠、张二。

下半回：贾宝玉、林黛玉、紫娟。

四、学养积累

1. 疏通字词

冤抑：冤屈。

当槽儿：也称"当槽儿的"，旧称酒店、饭馆中的伙计。

呈子：即呈文。旧时公文一种，下对上用，属于上行文书。

地保：清朝和民国初年在地方上为官府办差的人。

仵作［wǔ zuò］：旧时官府中检验命案死尸的人。

尸格：也称验状、尸单，验尸时填写尸体状况的表格。

舛［chuǎn］错：谬误，差错。

2. 词句赏析

知县便喝道："好个糊涂东西！本县问你怎么砸他的，你便供说恼他不换酒，才砸的，今日又供是失手碰的！"知县假作声势，要打要夹。

明确：故作姿态的喝声，装腔作势的审理，有钱就可以是黑白颠倒，杀人者无须偿命，写尽了贪官丑态。

3. 文学文化常识

（1）飞天禄马格

飞天禄马格，命理的一种格局。官为禄，财为马。所谓"甲禄在寅"，是指如果日干为甲，四柱中若有地支为寅，则寅为甲的"干禄"。其余类推。禄在年支叫岁禄，禄在月支叫建禄，禄在日支叫专禄，禄在时支叫归禄。

（2）高山流水，得遇知音

"高山流水，得遇知音"出自《列子·汤问》，是俞伯牙得遇钟子期的故事。"伯牙善鼓琴，钟子期善听。伯牙鼓琴，志在高山，钟子期曰：

'善哉，峨峨兮若泰山！'志在流水，曰：'善哉，洋洋乎若江河！'"故后以"高山流水"喻知音。

（3）琴者，禁也

古琴言禁，始自汉《新论·琴道》："琴之言禁也，君子守以自禁。"是儒家思想在音乐鉴赏方面的体现。

五、名家点评

蒙恩拘讯，兄惧受刑，承认斗殴致死。仰蒙宪天仁慈，知有冤抑，尚未定案。生兄在禁，具呈诉辩，有干例禁。生念手足，冒死代呈。伏乞宪慈恩准，提供质讯，开恩莫大。生等举家仰戴鸿仁，永永无既矣。激切上呈。批的是：〔这个利用权势、金钱、亲友关系颠倒黑白为薛蟠开脱死罪的故事写得细，合情合理。比第四回同类事件写得充实。后四十回同类情节能写过前八十回的，绝无仅有，这是一个。〕尸场检验，证据确凿。且并未用刑，尔兄自认斗杀，招供在案。今尔远来，并非目睹，何得捏词妄控？理应治罪，姑念为兄情切，且恕。不准。〔或谓反映了薛家权势的没落？打死冯某时，何等轻松就没了事！〕薛姨妈听到这里，说道："这不是救不过来了么。这怎么好呢！"

——王蒙陪读《红楼梦》

六、趣味问答

（1）薛蟠因何事误杀了张三？

明确：因为这个当槽儿的尽着拿眼瞟蒋玉菡，薛蟠就有了气了。

（2）薛姨妈恳求贾政，贾政答应了吗？最终是谁帮忙买通知县的？

明确：贾政只肯托人与知县说情，不肯提及银物。最终是贾琏帮忙买通知县的。

（3）宫中哪位贵妃薨了，贾府有何反应？为什么穿插周妃薨逝这一情节？

明确：周贵妃。贾府误以为是元妃。周妃薨逝即元妃的影子，实质上是一种预兆，贾府即将开始没落。

（4）惜春问宝钗为何没来，薛姨妈为什么说"使不得"？

明确：当时的习俗是男女双方定亲以后，男女双方就不能见面，女孩子也不能见男方家的人，宝玉已经与宝钗定亲，所以"使不得"。

七、延伸探究

仔细阅读薛家行贿翻供这一情节，你能看到一个什么样的社会。

明确：有钱能使鬼推磨，薛家使了银子就能买通知县这样理应严格执法的官员，众人改了口供，枉死者无处申冤，让我们看到了贪官的丑恶嘴脸，揭露了封建社会官场的黑暗，利用权势、金钱、亲友关系，是非不分、颠倒黑白。

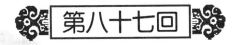

第八十七回

感秋声抚琴悲往事　坐禅寂走火入邪魔

一、整本阅读，思维导图

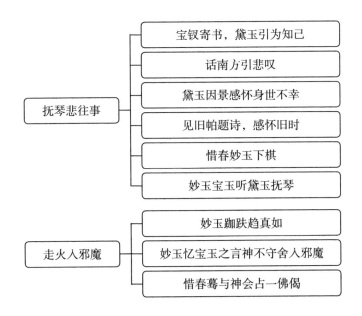

抚琴悲往事
- 宝钗寄书，黛玉引为知己
- 话南方引悲叹
- 黛玉因景感怀身世不幸
- 见旧帕题诗，感怀旧时
- 惜春妙玉下棋
- 妙玉宝玉听黛玉抚琴

走火入邪魔
- 妙玉跚跌趋真如
- 妙玉忆宝玉之言神不守舍入邪魔
- 惜春蓦与神会占一佛偈

二、回目题解

宝钗以黛玉为知心，以冷节遗芳自喻，黛玉看了宝钗书信竟认为是"惺惺惜惺惺"。黛玉归房，看看已是林鸟归西，夕阳西坠。感叹寄人篱下。黛玉当着雪雁的面看宝玉旧帕及自己题诗。惜春同妙玉下棋，宝玉未听出是妙玉的声音。妙玉与宝玉听黛玉抚琴，琴弦断。黛玉将琴弦绷断，本是弹琴实在太入神，奏到忧伤处却情绪悲起，以至于弹断了琴弦，这也许是暗示她后来的悲剧结局。妙玉也说黛玉"恐不能持久"。妙玉认为君弦太高，太过；妙玉坐禅寂走火入魔。

三、主要人物

上半回：林黛玉、探春、李纹、湘云、李绮、紫鹃、宝玉。

下半回：妙玉、惜春。

四、学养积累

1. 疏通字词

萱亲：古时对母亲的称呼。

愍［mǐn］恻：同情，怜悯，语出刘义庆《世说新语·识鉴》："江州当人强盛时，能抗同异，此非常人所行。及睹衰厄，必兴愍恻。"

递嬗［shàn］：依次更替，逐步演变。

促狭：捉弄人，恶作剧。

跏趺［jiā fū］坐下：此为结跏趺坐，又称全跏坐、正跏坐，是各种佛像中最常见的一种坐法。佛教认为这种坐法最安稳，不容易疲劳，且身端心正，因此修行坐禅者经常采取这种坐法。相传释迦牟尼在菩提树下进入禅思，修悟证道，采用的就是这种坐姿。

2. 词句赏析

宝玉也没法儿，只得且吃饭。三口两口忙忙吃完，漱了口，一溜烟往黛玉房中去了。

明确："一溜烟"可见宝玉欲见黛玉之情切。在贾府对宝玉婚事日益关注，贾薛两家即将联姻的时候，宝玉对黛玉的感情也日渐深厚，日益坚定。

五、名家点评

"这里黛玉添了香，自己坐着，才要拿本书看，只听得园内的风自西边直透到东边，穿过树枝，都在那里唏溜哗喇不住的响。一会儿，檐下的铁马也只管叮叮当当的乱敲起来。"［着墨无多，而凄清无聊之景，完全写出，可与第二十六回"凤尾森森，龙吟细细"一节笔致媲美。］

——周绍良《细说红楼》

妙玉道："君弦太高了，与无射律只怕不配呢。"里边又吟道：人生斯世兮如轻尘，天上人间兮感凤因。[写抚琴不若写听琴；写宝玉听琴（不可无）不若写宝玉与妙玉共同听琴；宝玉是情的知音，妙玉是琴的知音：三个两两互补]感凤因兮不可慁，素心如何天上月！

——王蒙陪读《红楼梦》

六、趣味问答

（1）宝钗信中所讲"猇声狺语"指什么？"更遭惨祸飞灾"又指什么事情？

明确：猇，虎怒吼声；狺，犬吠声。猇声狺语指恶言叫骂之声。宝钗此处可理解为其嫂夏金桂；也可理解为薛蟠打死张三，被害家属喊冤叫屈，官府老吏虚张声势，似有颠倒黑白之意。"更遭惨祸飞灾"指薛蟠惹上人命官司一事。

（2）史湘云说起南边的话，黛玉想到了什么？

明确：想到了家乡及家乡的景致，父母若在，诸事可以任意，如今寄人篱下，身世凄苦。

（3）黛玉让雪雁捡晾衣物的时候看到了什么而触物伤情？

明确：宝玉病时送来的题有诗句的旧手帕，剪破了的香囊扇袋、宝玉通灵玉上的穗子。

七、延伸探究

简要赏析本回中黛玉所作诗词。

风萧萧兮秋气深，美人千里兮独沉吟。望故乡兮何处？倚栏杆兮涕沾襟。　山迢迢兮水长，照轩窗兮明月光。耿耿不寐兮银河渺茫，罗衫怯怯兮风露凉。　子之遭兮不自由，予之遇兮多烦忧。之子与我兮心焉相投，思古人兮俾无尤。　人生斯世兮如轻尘，天上人间兮感凤因。感凤因兮不可慁，素心如何天上月！

明确：前八十回黛玉之作多写环境的严酷无情，如春花遭风雨摧残之类，与人物的思想性格扣得比较紧。这里所写秋思闺怨，如家乡路遥、罗衫祛寒等，多不出古人诗词的旧套，在风格上也与宝钗所作雷同。这些都反映了原作和续作在思想基础和艺术修养上的差别。诗的后两章明说宝钗，暗指宝玉，但以宝钗与宝玉二人作表里未必恰当，因为两人所代表的思想是完全对立的，同用"不自由""必相投"之类的话，就容易模糊原作的思想倾向。末章叹人生变幻、一切都是前世命定。

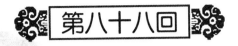

第八十八回

博庭欢宝玉赞孤儿　正家法贾珍鞭悍仆

一、整本阅读，思维导图

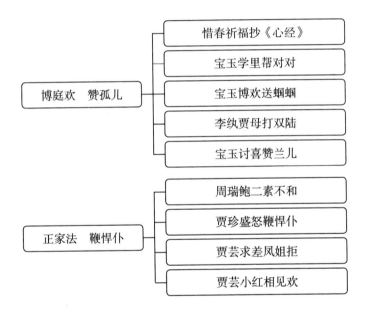

博庭欢　赞孤儿
- 惜春祈福抄《心经》
- 宝玉学里帮对对
- 宝玉博欢送蝈蝈
- 李纨贾母打双陆
- 宝玉讨喜赞兰儿

正家法　鞭悍仆
- 周瑞鲍二素不和
- 贾珍盛怒鞭悍仆
- 贾芸求差凤姐拒
- 贾芸小红相见欢

二、回目题解

　　贾母八十一大寿时，鸳鸯叫惜春写经，惜春对这个差事十分情愿。（惜春最早看破凡尘，而入空门的态度最坚决，要惜春写经，正合她的心意。）宝玉因在学里帮环儿对了对子，贾环买了蝈蝈表示感谢。宝玉给贾母送蝈蝈解闷，正遇李纨在场，宝玉便夸赞兰儿的用功和聪慧，贾母十分高兴。次日，贾珍过来料理诸事，鲍二暗示周瑞作弊，没有头脑的贾珍，却打发鲍二去了。贾珍、贾琏怒打闹仗的周瑞、何三和鲍二。贾芸通过小红引见，求凤姐找个差事，被凤姐拒绝，并拒收贾芸送来的礼物，贾芸只好把凤姐不要的东西给小红两件。

本回内容与回目相符合，但却无甚意味。（周绍良《细说红楼》）虽然没有波浪起伏的情节，其伏笔最多，与后文很多事情相关联。惜春与鸳鸯的对话，暗示了鸳鸯将殉主。写贾宝玉的师傅赞贾兰"一定有大出息"乃是贾兰中举之伏笔。写鲍二与何三打架与贾府院被盗相关。巧姐一见贾芸就哭，伏后来巧姐被串卖一事。还有更为隐晦的暗描笔法，如"贾政工部掌印""水月庵老尼见鬼""鲍二与周瑞拌嘴""贾珍过来料理诸事"都另有其意。红学家认为这一回可能未经增删之稿。

三、主要人物

上半回：贾母、惜春、宝玉、贾环、李纨、贾兰。

下半回：周瑞、鲍二、贾珍、何三、贾芸、王熙凤、巧姐、小红。

四、学养积累

1. 疏通字词

扑籁籁［lài］：形容眼泪纷纷落下的样子。

讪讪：羞涩的，不好意思的样子，形容难为情的样子。

不济事：不能成事；不顶用。

絮挣［zhá zheng］：勉强支撑。

2. 典故释义

羊群里跑出骆驼来

羊群里跑出骆驼来比喻在普通的地方里出了有名的人或事物。

五、名家点评

凤姐骂道："胡说！我这里断不兴说神说鬼，我从来不信这些个话。快滚出去罢。"［凤姐坚持无神论，弄权铁槛寺时已表白过。］

将近三更，凤姐似睡不睡，觉得身上寒毛一乍，自己惊醒了，越躺着越发起渗来，因叫平儿秋桐过来作伴。［紧张、不安，直至恐怖、崩溃的心情，倒是好小说材料。国之将亡，必有妖孽；家之将败，必有狐鬼。亡

败是客观趋势，心惊肉跳是主观反映，心惊肉跳便会幻视幻听，出现各种神秘恐怖现象。］

凤姐因夜中之事，心神恍惚不宁，只是一味要强，仍然紧挣起来。［王熙凤当然无德，但是凤最红火的时候恰是贾府鲜花着锦、烈火烹油之日，凤心劳日拙之时也就是贾府走下坡路之时。］

——王蒙陪读《红楼梦》

六、思考提升

（1）贾宝玉在贾母面前夸贾兰，出于什么心理？这在情节的发展上起到了什么作用？

明确：贾宝玉在贾母面前夸贾兰主要是为了讨贾母的欢心，让贾母高兴。从情节的发展上看，此处是个伏笔，与日后贾兰科举考试中第，重振家业相照应。

（2）贾珍为什么鞭打仆人？

明确：仆人打架。仆人打架是没将主子当回事，这有损主子的威严，仆人也是要维护大家庭内部的秩序。

七、延伸探究

贾政在工部掌印，贾芸想插手弄一点事做，送礼给王熙凤，求其帮忙，王熙凤是怎么样拒绝他的？为什么拒绝？这表明了王熙凤什么样的性格特点？

明确：王熙凤拒绝的理由是"衙门里的事，上头是由堂司官员定的，底下是由书办衙役办的，自家人去了不过是跟着老爷伏侍伏侍。你年纪儿轻，背书儿小，服不住人。你什么事做不得，难道没了这碗饭吃不成"。

拒绝的原因：贾芸的礼少，不足以打动她；对贾芸的为人有了解，对他不放心，怕危及自身利益。表明王熙凤能言善辩、圆滑、精明等特点。

299

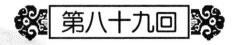

第八十九回

人亡物在公子填词　蛇影杯弓颦卿绝粒

一、整本阅读，思维导图

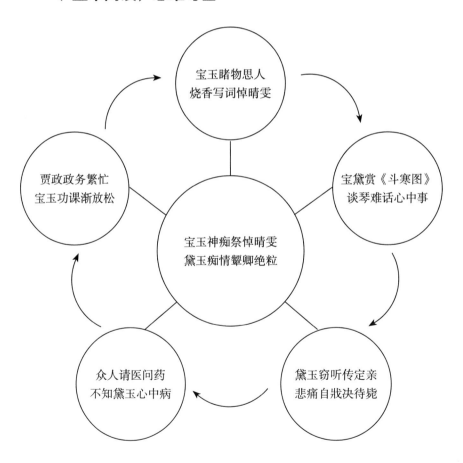

二、回目题解

黄河决口，淹了州县，贾政不回，宝玉功课松了。宝玉为晴雯烧香写悼词并到潇湘馆看黛玉挂的嫦娥《斗寒图》。黛玉听紫鹃、雪雁说宝玉定了亲，便糟蹋自己，绝粒待毙。贾母、王夫人只疑她有病，不知其心事。

三、主要人物

上半回：贾政、凤姐、宝玉、袭人、黛玉。

下半回：黛玉、宝玉、贾母、王夫人、紫鹃、雪雁。

四、学养积累

1. 疏通字词

呼喇喇：象声词。多形容风声、流水声、鸟振翅声等。

生嗔［chēn］：指生气，发怒。

2. 解读诗词

（1）亭亭玉树临风立，冉冉香莲带露开。

注释：亭亭：高高地站立着的样子。玉树，喻身材美。语用杜甫《饮中八仙歌》："宗之萧萧美少年，举觞白眼望青天。皎如玉树临风前。"冉冉：亦作"苒苒"，柔弱的样子。

这是形容黛玉美貌的话。

（2）瘦影正临春水照，卿须怜我我怜卿。

注释：春水：喻镜子。卿：对人的昵称。这里指镜中形象。

这是续作者叹黛玉病中照镜、顾影自怜的话。描写林黛玉临水照影，顾影自怜、自叹、自惜的心境。相似句子有元·商衢《新水令》曲："瘦影儿紧相随，一盏孤灯照。好教我急煎煎心痒难揉，则教我几声长吁到的晓。"

五、名家点评

谁知黛玉一腔心事，又窃听了紫鹃雪雁的话，虽不很明白，已听得了七八分，如同将身摺在大海里一般。［如摺大海的比喻有趣，盖那个时候的中国人有海上航行、海上游泳或失事堕海的经验的人很少，不知此话的经验依据来自何处。〕思前想后，竟应了前日梦中之谶，千愁万恨，堆上心来。左右打算，不如早些死了，免得眼见了意外的事情，那时反倒无趣。又想到自己没了爹娘的苦，自今以后，把身子一天一天的糟踏起来，一年半载，少不得身登清净。打定了主意，被也不盖，衣也不添，竟是合眼装睡。〔谁能无死？唯预先体验设想得如此细致入微，就太令人难过了。黛玉一直生活在死亡的阴影中。生命何等软弱。〕

次日，黛玉清早起来，也不叫人，独自一个呆呆的坐着。〔呆呆的神情最可怕，胜过一切激烈表现。〕紫鹃醒来，看见黛玉已起，便惊问道："姑娘怎么这么早？"黛玉道："可不是，睡得早，所以醒得早。"紫鹃连忙起来，叫醒雪雁，伺候梳洗。那黛玉对着镜子，只管呆呆的自看。〔再次呆呆，连续呆呆。〕看了一回，那泪珠儿断断连连，早已湿透了罗帕。正是：瘦影正临春水照，卿须怜我我怜卿。〔黛玉永远充满着不幸的预感，感受着超前的悲哀。〕

——王蒙陪读《红楼梦》

六、思考提升

（1）为什么王熙凤听见有官事，被吓了一跳？

明确：因为头一天听说了两件事情，涉及鬼神之说，很离奇很诡异，让做了很多亏心事的凤姐心神不宁，有点儿害怕因果报应。当初是凤姐假借贾琏的名义写信给云老爷害的人，所以听到有官事找琏二爷，心里会觉得不是好事情，所以吓了一跳。但听到工部就不怕了，因为工部是营造工程事项的机关，管的是修房子，修园林，不是管案件的刑部，所以凤姐才好了些。

（2）宝玉写悼词怀念的人是谁？其中的"风波"又指的是什么？

明确：怀念的是晴雯。"风波"指的是抄捡大观园后抱病在身的晴雯受人谗言被王夫人无端赶出贾府。

七、延伸探究

黛玉的"心病"是什么？试分析黛玉绝粒一段中黛玉的心理描写。

明确：心病就是担心宝玉舍她而去，与宝钗成亲。"绝粒"一大段，黛玉多心、疑心、忧心的心理描写极为细腻，黛玉的痴情性格，已刻画入微。她对宝玉，爱得真诚，爱得执着，爱得专一，生怕失去了这种爱，所以她宁愿为爱情而生，为爱情而死。"颦卿绝粒"是"焚稿断痴情"的前奏曲，是宝、黛爱情悲剧的开始。

第八十九回　人亡物在公子填词　蛇影杯弓颦卿绝粒

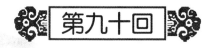

第九十回

失绵衣贫女耐嗷嘈　送果品小郎惊叵测

一、整本阅读，思维导图

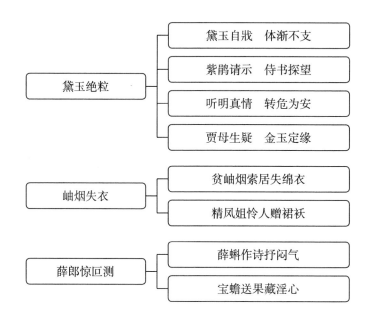

黛玉绝粒
- 黛玉自戕　体渐不支
- 紫鹃请示　侍书探望
- 听明真情　转危为安
- 贾母生疑　金玉定缘

岫烟失衣
- 贫岫烟索居失绵衣
- 精凤姐怜人赠裙袄

薛郎惊叵测
- 薛蝌作诗抒闷气
- 宝蟾送果藏淫心

二、回目题解

　　黛玉立意自戕后，眼看没有指望了。紫鹃上报，独留雪雁在房中看守。侍书前来探望，将宝玉娶亲的误会解清，和雪雁咬耳朵说老太太主张给宝玉娶园子里的姑娘，好亲上作亲。黛玉听了，知是自己无疑了，于是病渐减退。人人都传她病得奇怪，好得也奇怪。贾母将内因猜出了十之八九，主张先将宝钗娶进门来，再给林黛玉说门亲事，不许外传让他人知道。凤姐碰到邢岫烟的丫头与老婆子吵架，要处治婆子，让邢岫烟拦下了。凤姐见邢岫烟的衣物单薄，让平儿送衣物，邢岫烟多次推辞后收下了。宝钗见邢岫烟生活拮据，主张早日将她娶进门。金桂的丫头宝蟾不怀好意，给薛蝌送果品。

三、主要人物

上半回：林黛玉、紫鹃、雪雁、侍书、贾母、王熙凤、邢岫烟。

下半回：薛姨妈、宝钗、薛蝌、宝蟾。

四、学养积累

1. 疏通字词

嗷嘈：号闹之声。

叵测：不可推测。

三生石：佛教说法，指所谓的前世姻缘。

踶防："踶"是"提"的异体字，应写作"提防"。

啐：用力吐出来。

索居：独居。

泥途：比喻困境。

清虚：天上，喻富贵地位。

2. 典故释义

解铃还是系铃人

解铃还是系铃人是说谁惹出来的麻烦，还得由谁去解决。这是一句禅诗，典出明代瞿汝稷的《指月录》。法眼禅师曰："虎项金铃，是谁解得？"意思是：老虎脖子上绑了一只金玲，有谁能够将它解下来？泰钦禅师回答："系者解得。"意思是，是谁把金铃挂上去的，谁就可以将它解下来。法眼听了就对大家说："你们不可以小看他啊！"

五、名家点评

却说黛玉立意自戕之后，渐渐不支，一日竟至绝粒。〔张新之：曰立意自戕，曰渐渐，曰一日，明是追原一往之词以为此回发端。〕从前十几天内，贾母等轮流看望，他有时还说几句话；这两日索性不大言语。心里虽有时昏晕，却也有时清楚。贾母等见他这个病不似无因而起，［张新之：病非无因，贾母知之，众人知之，而终无一言者，见黛之不容于众非一日矣，是为自戕。］也将紫鹃雪雁盘问过两次，两个哪里敢说？

——张新之评点《红楼梦》

六、趣味问答

（1）黛玉听见底下丫头传言说宝玉已定亲，伤心欲绝，自戕绝粒。是什么原因又让她升起求生的欲望，转危为安？

明确：雪雁侍书的一番对话被卧病的黛玉听见了，明白原来听说宝玉定亲的事，是没有说定的。加上侍书说贾母想要亲上加亲，那对象又是在大观园里住着的小姐，于是她立刻想到了自己，所以心中的疑团全然解开。高兴之下，求生意志立刻升起，就喝了两口水，又想再详细询问侍书。这时，贾母、王夫人、李纨、凤姐等听了紫鹃的话，急忙赶来关心黛玉，却见到黛玉的精神已经恢复了一些，而且能够答应，不免觉得疑惑。这就是自己的心事，也只有自己能够解脱开来。

（2）贾母、王夫人、凤姐这一统治集团听了黛玉为婚事而病的情形，既生了反感，也提高了警惕，那么她们决定如何处理宝黛之间的爱情？

明确：她们会商决定了三个决议：①宝黛之间既如此不成体统，唯有赶快给他们分别进行婚嫁。②黛玉性格乖僻，身体多病，恐非寿相，只有宝钗最好。③先给宝玉娶亲，再给黛玉说人家。此外，为了婚嫁进行顺利，宝玉与宝钗订婚的消息绝对不能让宝黛两人知道。

七、延伸探究

（1）在《红楼梦》第五十七回中，宝玉因紫鹃浑说的一句"你妹妹回苏州老家去"，便如焦雷轰顶，竟至于如失去魂魄，呆傻癫狂。而在本回中林黛玉因信了宝玉定亲的消息，而绝食自戕，险些香消玉殒。文章有曲折，有波澜，才显得深刻，才有生动性。请阅读这两个章回，体会宝黛之间深沉曲折的爱情。

（2）邢岫烟是一个家道贫寒，寄人篱下的女子，却不似父母所为。她一向端庄，知书达理，安贫乐业，全无富家女子气息。这使得刁钻如王熙凤者都为之钦佩，也得到了薛姨妈的赏识，求贾母做媒将她许与薛蝌。续作者高鹗是把邢岫烟这样的正派人物作为夏金桂、宝蟾这些淫邪者的对立面来写的。请阅读《红楼梦》中有关夏金桂和宝蟾的有关章节，并谈谈自己的体会。

第九十一回

纵淫心宝蟾工设计　布疑阵宝玉妄谈禅

一、整本阅读，思维导图

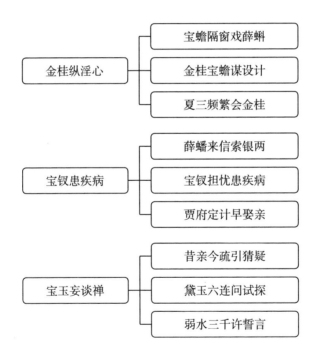

金桂纵淫心
- 宝蟾隔窗戏薛蝌
- 金桂宝蟾谋设计
- 夏三频繁会金桂

宝钗患疾病
- 薛蟠来信索银两
- 宝钗担忧患疾病
- 贾府定计早娶亲

宝玉妄谈禅
- 昔亲今疏引猜疑
- 黛玉六连问试探
- 弱水三千许誓言

二、回目题解

　　夏金桂拿有问题的酒果给薛蝌吃，实际上要勾引薛蝌，被薛蝌发现。薛家犯事，宝钗生病。贾政和王夫人商量早娶宝钗的事。黛玉问宝玉与宝钗的关系问题，宝玉道："宝姐姐为人是最体谅我的。"黛玉和宝玉便争执起来。宝玉说"任凭弱水三千，我只取一瓢饮"，并表示如果黛玉死了，他就去当和尚。

三、主要人物

上半回：夏金桂、宝蟾、薛蝌、薛宝钗、夏金桂。

下半回：贾宝玉、林黛玉。

四、学养积累

1. 疏通字词

觊觎〔jì yú〕：非分之想。

兜揽：搭理。

申饬：斥责。

燔灼〔fān zhuó〕：形容像火烤一样。

禅语：佛教禅宗以问答方式表示对宗教道理的理解，而且大多以各种比喻来表达。

水止珠沉：借指死去。

诳语：骗人的话。

三宝：佛教名词，指佛、法（佛教教义）、僧三者。

2. 典故释义

弱水三千，只取一瓢饮

在古典文学里，"弱水"一般指传说中仙境的河流，距离遥远，不易到达。例如，苏轼《金山妙高台》中有句："蓬莱不可到，弱水三万里。"又如李好古《张生煮海》第三折："小生曾闻这仙境有弱水三千丈，可怎生去的？"

弱水，始见于《尚书·禹贡》："导弱水至于合黎。"孙星衍《尚书今古文注疏》："郑康成曰：'弱水出张掖。'"

三千，盖出于佛家三千大世界，天台宗善言一念三千。

一瓢饮，见于《论语·雍也》：子曰："贤哉！回也。一箪食，一瓢饮，在陋巷。人不堪其忧，回也不改其乐。贤哉！回也。"

3. 精彩片段赏析

黛玉道："宝姐姐和你好，你怎么样？宝姐姐不和你好，你怎么样？宝姐姐前儿和你好，如今不和你好，你怎么样？今儿和你好，后来不和你好，你怎么样？你和他好，他偏不和你好，你怎么样？你不和他好，他偏要和你好，你怎么样？"宝玉呆了半晌忽然大笑道："任凭弱水三千，我只取一瓢饮。"

明确：黛玉因"金玉良缘"一直心存疑虑，只有确定宝玉和宝钗绝无共谱爱曲的可能，她才真正放心。所以黛玉一股脑儿抛出六个问题，虽是她的各般设想，却不是无理取闹，而是长久以来缠绕在心里，猜不透也解不开的结。宝玉没有黛玉千回百转的心结，故而听完黛玉的问题呆了半天，之后才猛然醒悟黛玉是在试探自己对宝钗的心意，遂用打禅语的方式，以一句"任凭弱水三千，我只取一瓢饮"，表达了山盟海誓的情意。

五、名家点评

掩了怀，坐在灯前，呆呆的细想；又把那果子拿了一块，翻来覆去的细看。猛回头，看见窗上纸湿了一块，走过来觑着眼看时，冷不防外面往里一吹，把薛蝌唬了一大跳。听得"吱吱"的笑声 [张新之：看果子匪夷所思矣，此尤匪夷所思。吾不知从何想入，从何写起，真是奇情奇笔，能将淫字写出骨髓。]

——张新之评点《红楼梦》

六、趣味问答

（1）夏金桂是一个娇生惯养之人，外具花柳之姿，内秉风雷之性，嫁到薛家，使薛家上下吃尽了苦头。薛蟠因官司被拘，薛蝌暂为薛姨妈处理家务。这段时间，夏金桂不仅没有继续"搅家"，反倒安分了许多，这是为何？

明确：夏金桂一心想笼络薛蝌，加之宝蟾的怂恿，便无心混闹，薛家也就安静了许多。

（2）为何贾政和王夫人商量要早娶宝钗过门？

明确：薛蟠犯事，吃了官司，加上夏金桂撒泼胡闹，薛家上下被搅得鸡犬不宁。薛蝌连夜启程，到县里料理，一时间家里上上下下都手忙脚乱。宝钗恐家里的人思虑不全，亲来帮忙，直至四更天才歇下。宝钗忧劳过度，于是发烧病倒。薛姨妈将此事告知了贾政和王夫人，二人早已认定宝钗是一家人了，疼惜未来的媳妇，于是商议早娶宝钗过门。

七、延伸探究

（1）"生死契阔，与子成说。执子之手，与子偕老。"这是《诗经》中有关爱情的唯美誓言。恋人之间，情到浓时，谁都渴望自己是对方的今生今世唯一的挚爱，渴望厮守终身、白头偕老。情路迢迢，确认对方心意是情路能否携手同行的先决条件。在本回中，黛玉为了试探宝玉，一口说出了十个"好"和六个"怎么样"。在金庸的武侠小说《倚天屠龙记》里，也有周芷若试探张无忌究竟钟情于何人的情节，请找到这一章节并阅读。

（2）本回中宝黛谈禅的一段话，与后来的情节发展相吻合。事实上，类似的对话还出现在第三十回。当时两个人又因金玉说大吵一架，黛玉赌气说到死，宝玉因而赌气说要出家当和尚。这两段禅语对话，可视为《红楼梦》重要情节的伏笔，请找到相关章节，并阅读体会。

第九十二回

评女传巧姐慕贤良　玩母珠贾政参聚散

一、整本阅读，思维导图

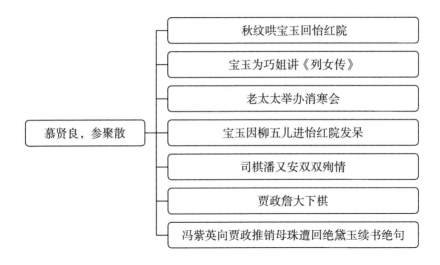

```
慕贤良，参聚散 ┬─ 秋纹哄宝玉回怡红院
              ├─ 宝玉为巧姐讲《列女传》
              ├─ 老太太举办消寒会
              ├─ 宝玉因柳五儿进怡红院发呆
              ├─ 司棋潘又安双双殉情
              ├─ 贾政詹大下棋
              └─ 冯紫英向贾政推销母珠遭回绝黛玉续书绝句
```

二、回目题解

　　本回主要线索人物是宝玉和贾政，宝玉和贾政的活动推动情节的发展，秋纹叫宝玉，怕他不来，故意说老爷叫他。老太太要办消寒会，宝玉高兴地想着宝姐姐也过来。宝玉给巧姐讲起了《列女传》。宝玉见柳五儿越发娇娜妩媚，所以才要她。凤姐吩咐旺儿给司棋母亲撕掳官司，司棋和潘又安双双殉情，是抄捡大观园的恶果。冯紫英推销一万两银子的母珠，贾政不敢买，凤姐以秦氏自居，为贾府后事着想。贾赦来贾政处叙寒温，经济条件已经大不如从前，眼前不过是空门面。

三、主要人物

上半回：宝玉、袭人、麝月、贾母、巧姐、凤姐、司棋、潘又安。

下半回：贾政、冯紫英、贾赦、贾琏、王熙凤。

四、学养积累

1. 疏通字词

鲛绡：亦作"鲛鮹"。传说中鲛人所织的绡。亦借指薄绢、轻纱。

撕掳：张罗，排解；拉扯；撕裂。

针黹〔zhǐ〕：缝纫、刺绣等针线活。

2. 文学文化常识

消寒会：旧俗入冬后，亲朋相聚，宴饮作乐，谓之"消寒会"。此俗唐代即有，也叫暖冬会。

有服、无服：旧时按宗族的亲疏远近，规定不同的丧服形式，分五服内（有服）和五服外（无服）。

下了榔子：打过榔子。

3. 典故释义

（1）陶侃母的截发留宾

东晋陶侃之母因家贫无资款客，遂剪发卖钱，置酒待客。以之为贤母好客的典故。出自《世说新语·贤媛》。

（2）鲍宣妻的提瓮出汲

东汉鲍宣妻桓少君，本富家女，嫁贫士鲍宣后，着布衣，提瓮打水，安于贫困。多用为修行妇道、甘于贫苦的典故。

（3）画荻教子

宋朝欧阳修少时家贫，其母郑氏用荻（芦苇）当笔在地上画字，教欧阳修读书认字。用以称赞母亲教子有方。该成语与欧阳修有关。《宋史·欧阳修传》："家贫，致以荻画地学书。"

（4）姜后脱簪待罪

周宣王正妃姜后，因宣王早睡晏起，荒废政事，为劝谏而自己去掉簪珥，在永巷待罪。宣王感动，遂勤于政事。

（5）苏蕙的回文感主

苏蕙，东晋人。因丈夫携妾上任，断绝音信，苏蕙织锦成回文诗，反复循环，皆能成诗，感动其夫。另说其夫获罪流放，苏蕙思念丈夫织回文锦诗以寄之。

五、名家点评

"……他外甥笑道：'一口装不下，得两口才好。'［何等悲壮，何等壮烈！殉情亦如殉国，是有点"精神"的。］司棋的母亲见他外甥又不哭，只当是他心疼的傻了。岂知他忙着把司棋收拾了，也不啼哭，眼错不见把带的小刀子往脖子里一抹，也就抹死了。［本是中国的罗密欧与朱丽叶，无奈写得太粗。另此处对于司棋表兄的描写似与前边不谐，前边是写他胆小跑掉的。］司棋的母亲懊悔起来，倒哭的了不得。如今坊上知道了，要报官。他急了，央我来求奶奶说个人情，他再过来给奶奶磕头。"凤姐听了诧异道："那有这样傻丫头，偏偏的就碰见这个傻小子！［能爱的人，珍惜爱情的人，非癫即傻。］怪不得那一天翻出那些东西来，他心里没事人似的，敢只是这么个烈性孩子。［只有摒弃了爱，才能聪明。］"

——王蒙点评《红楼梦》

六、趣味问答（用原文词句回答）

（1）每年的十一月初一，老太太那里必定有个老规矩，举办什么会？

明确：消寒会。

（2）司棋母亲听完司棋坚定要嫁给潘又安，气得不得了，便哭着骂着说话时，司棋发生什么事情？

明确：哪知道那司棋这东西糊涂，便一头撞在墙上，把脑袋撞破，鲜血直流，竟死了。

（3）甄家被抄家后，贾赦为何说"咱们家是最没有事的"？冯紫英如何应答？

明确：冯紫英道："果然，尊府是不怕的。一则里头有贵妃照应，二则故旧好亲戚多，三则你家自老太太起至于少爷们，没有一个习钻刻薄的。"

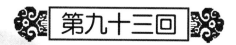

第九十三回

甄家仆投靠贾家门　水月庵掀翻风月案

一、整本阅读，思维导图

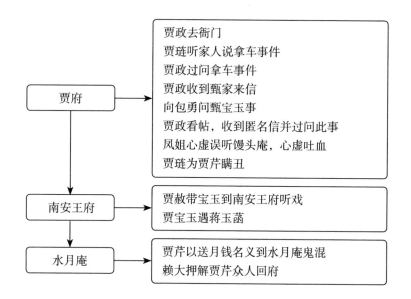

贾府
- 贾政去衙门
- 贾琏听家人说拿车事件
- 贾政过问拿车事件
- 贾政收到甄家来信
- 向包勇问甄宝玉事
- 贾政看帖，收到匿名信并过问此事
- 凤姐心虚误听馒头庵，心虚吐血
- 贾琏为贾芹瞒丑

南安王府
- 贾赦带宝玉到南安王府听戏
- 贾宝玉遇蒋玉菡

水月庵
- 贾芹以送月钱名义到水月庵鬼混
- 赖大押解贾芹众人回府

二、回目题解

　　此回线索人物是贾政，承接上回冯紫英贾政谈人世枯荣、仕途得失，贾雨村和甄家被抄。南安王府来了一班小戏子，请贾政去吃酒。贾政本要去，但因贾政要到衙门办事，临安伯来人请看戏，贾政叫贾赦带上宝玉去，宝玉见到蒋玉菡。贾政见到甄家仆人包勇，询问关于甄家及甄宝玉的情况。包勇说甄宝玉"改邪归正"，能帮老爷料理家务。下半回贾政要去衙门时听到水月庵的丑事，接着又收到匿名信，亲自过问水月庵风月案，赖大到水月庵押贾芹和众女孩回府，王熙凤误听馒头庵，心虚吐血，承接第十五回内容，害怕事情败露。贾琏替贾芹瞒丑，一丘之貉。

三、主要人物

上半回：贾政、贾赦、贾琏、蒋玉菡、包勇。

下半回：贾政、贾琏、贾芹、赖大、王熙凤、平儿。

四、素养积累

1. 疏通字词

悫〔què〕实：诚实。

喧阗〔tián〕：喧闹杂乱。多指车马喧闹声。

行次〔xíng cì〕：行当，差事。

2. 典故释义

占花魁

《占花魁》是清朝李玉根据话本《卖油郎独占花魁》改编的传奇。写卖油郎秦重与妓女莘瑶琴的故事。

3. 文学文化常识

堂派：即由上司派下来的事。旧时中央各部主管长官通称"堂官"。

牌票：衙门对下发的公文称"牌票"。

襜帷：车帷子，代指车子。襜：一种短的便衣。借指车驾，如唐王勃《滕王阁序》："宇文新州之懿范，襜帷暂驻。"

五、名家点评

贾政叫上来问道："你们有什么事，这么鬼鬼祟祟的？"门上的人回道："奴才们不敢说。"贾政道："有什么事不敢说的？"门上的人道："奴才今儿起来开门出去，〔一个信息交通十分迟滞的环境里"揭帖"确实带有相当的爆炸性〕见门上贴着一张白纸，上写着许多不成事体的字。"贾政道："那里有这样的事，写的是什么？"〔点评当然，坏人也会利用这种形式。〕门上的人道："是水月庵里的腌臜话。"贾政道："拿给我瞧。"门上的人道："奴才本要揭下来，谁知他贴得结实，揭不下来，〔点评大（小）字报——揭帖，"红"已有之。〕只得一面抄，一

316

面洗。刚才李德揭了一张给奴才瞧，[点评大（小）民主，"红"已有之。]就是那门上贴的话。奴才们不敢隐瞒。"说着，呈上那帖儿。

——王蒙点评《红楼梦》

六、趣味问答（用原文词句回答）

（1）包勇向贾政说完甄宝玉"改邪归正"事件后，贾政的反应？

明确：贾政默然想了一会，道："你去歇歇去吧。等这里用着你时，自然派你一个行次儿。"

（2）王熙凤询问外头匿名揭帖的话，吓一跳，忙问贴的什么，平儿不留神就错说了，说成了哪里的事情？

明确：馒头庵。

（3）凤姐本来就心虚，听到馒头庵的事情时什么反应？

明确：这一吓直吓怔了，一句话没说出来，急火上攻，眼前发晕，咳嗽了一阵，"哇"的一声吐出一口血来。

七、延伸探究

通过水月庵风月案，你看到了贾府的哪些弊端？

明确：水月庵，是贾府的一座家庙。管理此庙的是贾府的同族人，叫贾芹。他利用职权，与庵中的尼姑们谈情说爱。此事被人揭发，贴出大字报。贾琏派人去调查时，正逢贾芹和尼姑们喝酒取乐，逮了个正着。这样的事按照贾府规矩是要严惩的。而结果却出人意料，主子们大事化小，小事化了，排解了此事。有道是，家丑不可外扬，上梁不正下梁歪。如此掀闹一时的风月大案就这样被翻了。一个豪门望族，真正的人物很少，纠纠缠缠的鼠窃狗盗之徒、爬虫癞蛙之类附着的很多。水至清则无鱼，清是困难的，一条浑水弄脏一河一江水，浑了也是不行的。贾政思清，实际无能治家。贾琏、王熙凤之类本身就是"四不清""干部"。这一闹剧颇耐人寻味。

第九十三回　甄家仆投靠贾家门　水月庵掀翻风月案

317

第九十四回

宴海棠贾母赏花妖　失宝玉通灵知奇祸

一、整本阅读，思维导图

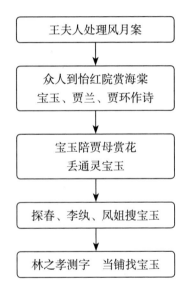

二、回目题解

　　此回开头承上回贾琏处理水月庵风月案事件，贾琏为推脱责任请示王夫人。上半回围绕怡红院海棠突然开花展开。贾母让宝、环、兰作诗，叫办酒席赏花。平儿代凤姐贺喜，私下叮咛袭人别说混说，以防不测。下半回主要围绕通灵宝玉展开，宝玉陪贾母出去赏花换衣服未戴玉，回来不见了，全家忙乱寻找宝玉下落。

三、主要人物

上半回：贾政、赖大、贾芹、贾琏、贾母、紫鹃、黛玉、李纨、探春、贾兰、贾环。

下半回：宝玉、袭人、麝月、探春、李纨、王夫人、凤姐、林之孝家的、邢岫烟。

四、素养积累

1. 疏通字词

踩缉：寻访追捕的意思。

鱼龙混杂：比喻坏人和好人混在一起。

怂恿：指从旁边劝说鼓动别人去做某事。

2. 动词妙用

"环儿一去，必是嚷得满院里都知道了，这可不是闹事了么。"袭人等急得又哭道："小祖宗，你看这玉丢了没要紧，若是上头知道了，我们这些人就要粉身碎骨了！"说着，便嚎啕大哭起来。

明确：袭人急得哭，随后又号啕大哭起来。因为袭人的使命是把宝玉看住、拴住，这时候她已经意识到，她不可能成功，无助，无望。

五、名家点评

王夫人因说道："你也听见了么，这可不是奇事吗？刚才眼错不见就丢了，再找不着。你去想想，[偷窃是可查的。]打从老太太那边丫头起至你们平儿，谁的手不稳，谁的心促狭。[自行走失是不可查的]我要回了老太太，认真的查出来才好，不然是断了宝玉的命根子了。"凤姐回道："咱们家人多手杂，[宝玉的命根子是那块玉，无玉的人的命根子呢？]自古说的，'知人知面不知心'，那里保得住谁是好的。[丢玉是天意]但是一吵嚷已经都知道了，偷玉的人若叫太太查出来，明知是死无葬身之地，[找玉是人事，是徒劳，是制造混乱。]他着了急，反要毁坏了灭口，那时可怎么处呢。[凤姐的思路则是阴柔一路，外松内紧一路。]据我的糊涂想头，只说宝玉本不爱他，撂丢了，也没有什么要紧，只要大家严密些，别叫老太太、老爷知道。"

——王蒙点评《红楼梦》

六、趣味问答（用原文词句回答）

（1）众人谈论海棠花开得古怪原因时，探春什么心理？

明确：探春虽不言语，心内想："此花必非好兆。大凡顺者昌，逆者亡。草木知运，不时而发，必是妖孽。"只不好说出来。

（2）宝玉因何事转喜为悲？又因何事转悲为喜？

明确："晴雯死的那年海棠死的，今日海棠复荣，我们院内这些人自然都好。但是晴雯不能像花的死而复生了。"顿觉转喜为悲。忽又想起前日巧姐提凤姐要把五儿补入，或此花为他而开，也未可知，却又转悲为喜，依旧说笑。

（3）宝玉本来穿着一裹圆的皮袄在家歇息，忽然听说贾母要来，便去换了一件狐腋箭袖，罩一件元狐腿外褂子，出来迎接贾母。匆匆换袜，将什么落下了？

明确：通灵宝玉。

（4）李纨提出要搜身找通灵宝玉的时候，众人赞同，唯独探春不同意，探春说了什么？

明确：探春嗔着李纨道："大嫂子，你也学那起不成材料的样子来了。那个人既偷了去，还肯藏在身上？况且这件东西在家里是宝，到了外头，不知道的是废物，偷他做什么？我想来必是有人使促狭。"

（5）众人知道丢玉事件无法隐瞒，商量面对贾母等人时，宝玉如何说？

明确：宝玉道："你们竟也不用商议，硬说我砸了就完了。"

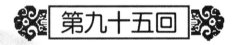

第九十五回

因讹成实元妃薨逝　以假混真宝玉疯颠

一、整本阅读，思维导图

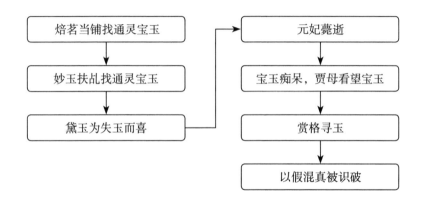

二、回目题解

此回接上回宝玉丢失通灵宝玉，岫烟叫妙玉扶乩，众人不懂乩。贾琏告诉王夫人，王子腾升内阁大学士。贾政哭告元妃痰气壅塞，四肢厥冷。贾母等进宫，元妃薨，四十三岁。黛玉为宝玉失玉而喜，以为宝玉配偶必然是自己。薛姨妈征求宝钗对婚事的意见。贾母让贾琏悬赏寻玉。有人送假玉来，被认出退回。

三、主要人物

上半回：宝玉、焙茗、邢岫烟、妙玉、袭人、麝月、黛玉、贾政、紫鹃、探春。

下半回：凤姐、宝钗、探春、贾母、袭人、贾政、贾琏。

四、学养积累

1. 疏通字词

痰厥：中医术语，指因痰壅昏迷。

趱行［zǎn xíng］：赶路；快走（多见于早期白话）。

赏格：悬赏所定的数额。

2. 解读诗词

寻玉乩书

噫！来无迹，去无踪，青埂峰下倚古松。欲追寻，山万重，入我门来一笑逢。

宝玉丢失了通灵玉，一家人到处寻找，还测字打卦，都不中用，就请妙玉扶乩。据说，这就是仙乩在沙盘上所写下的话。

3. 文学文化常识

宣麻：古代任命将相，用麻纸书写诏书，宣告天下，谓之"宣麻"。后用"宣麻"代指"拜相"。

拐仙：即"八仙"中的李铁拐。

内阁大学士：清代大学士为最高品级官员。

三百里的文书：即急递文书，以日夜行程三百里的速度传递。

扶乩［fú jī］：同"扶箕"。扶，指扶架子。乩，谓卜以问疑。术士制丁字形木架，其直端顶部悬锥下垂。架放在沙盘上，由两人各以食指分扶横木两端，依法请神，木架的下垂部分即在沙上画成文字，作为神的启示，或与人唱和，或示人吉凶，或与人处方。旧时民间常于农历正月十五夜迎紫姑、扶乩。

椒房：这里指妃嫔家属。

寝庙：指古代宗庙的正殿称庙，后殿称寝，合称寝庙。

五、名家点评

门上的人禀道："奴才头里也不知道，今儿晌午琏二爷传出老太太的话，叫人去贴帖儿，才知道的。"［解释虽然不同，家道该衰则已成为共识。谣言可畏。］贾政便叹气道："家道该衰，偏生养这么一个孽障！

［养尊处优，太平无事。一旦有事，乱了阵脚，对策不一致。］才养他的时候满街的谣言，隔了十几年略好了些，这会子又大张晓谕的找玉，成何道理！"说着，忙走进里头去问王夫人。王夫人便一五一十的告诉。［老太太急于找玉，有点不择手段。］贾政知是老太太的主意，又不敢违拗，［贾政多少有些政治头脑，考虑影响。］只抱怨王夫人几句。又走出来，叫瞒着老太太，背地里揭了这个帖儿下来。［不但通俗化，而且群体行动、群众运动化了。］岂知早有那些游手好闲的人揭了去了。

——王蒙点评《红楼梦》

六、趣味问答（用原文词句回答）

（1）邢岫烟到栊翠庵见了谁？求她做什么？

明确：妙玉，求妙玉扶乩。

（2）邢岫烟问妙玉请的是何仙？

明确：拐仙。

（3）贾娘娘去世时多大？

明确：四十三岁。

（4）众人劝宝玉，为何探春没有心思劝他？

明确：哪知探春心里明明知道海棠开得怪异，"宝玉"失得更奇，接连着元妃姐姐薨逝，家道不祥，日日愁闷，那有心肠去劝宝玉。况兄妹们男女有别，只好过来一两次，宝玉又终是懒懒的，所以也不大常来。

七、拓展延伸

你如何看待对丢玉与宝玉的痴呆化设计。

明确：这里的丢玉与宝玉痴呆化的设计颇具匠心。①丢玉是灾难的象征。②丢玉是呆化的原因，而呆化是宝玉的命运的必然，他的性情与环境已经不共戴天，除了呆化，能是别的化吗？③丢玉很小说化、世俗化，为小说增添热闹，读者有看热闹感。内行看门道，外行看热闹。与《水浒》《三国》《西游》比，"红"更需热闹，没有世俗，就没有小说的热闹。

第九十六回

瞒消息凤姐设奇谋　泄机关颦儿迷本性

一、整本阅读，思维导图

二、回目题解

这回讲的是在贾家衰落的大背景下，自宝玉失玉以来，贾府发生了一系列变故，元妃薨逝，王夫人的弟弟王子腾回京途中去世，宝玉变傻。贾母叫来贾政商议，要给宝玉娶宝钗冲冲喜，贾政虽然不大同意，又不敢违背母命。袭人知道后，想到宝玉与黛玉昔日的情景，只怕不能冲喜，是催命，就禀告了王夫人和贾母。凤姐提出一个调包儿的歪主意，丫鬟傻大姐无意中把消息泄露给了黛玉，黛玉听说宝玉要娶宝钗，痴痴迷迷病倒了。

三、主要人物

上半回：王夫人、贾政、贾母、宝玉、凤姐儿、黛玉、众侍女。

下半回：傻大姐、宝玉、凤姐、王夫人、贾母、宝钗、黛玉。

四、学养积累

疏通字词

忿忿：愤怒不平貌。

违拗：违背；有意不依从（上级或长辈的主意）。

昏愦：①头脑昏乱；神志不清。②愚昧；糊涂。

坐床撒帐：旧时婚仪，新婚夫妇拜堂后，入房就座，女向左坐，男向右坐，妇女以金钱彩果散掷。

撂开手：①分手；不再计较；撒手不管。②手放得开。比喻经济宽裕。

谥：君主时代帝王、贵族、大臣等死后，依其生前事迹所给予的称号。

薨：古代称诸侯之死。后世有封爵的大官之死也称薨。

五、名家点评

稍刻，小太监传谕出来，说："贾娘娘薨逝。"是年甲寅年十二月十八日立春，元妃薨日，是十二月十九日，已交卯年寅月，存年四十三岁。〔周批357：此处的"元春"之死，是虚构的。弘晓的大姐"元春"是1776年去世的，享年七十四岁。〕

——《周传授真评红楼梦》

六、延伸探究

（1）贾母为什么要拆散贾宝玉与林黛玉？

明确：①林黛玉的身世不好，父母双亡，寄人篱下，不能给宝玉带来家族利益。反观宝钗，他是四大家族的薛家出身，珍珠如土金如铁，而且贾史王薛四大家族一向互相联姻，且又有金锁与宝玉相配，薛宝钗做事落落大方，实为一个贤妻良母。

②宝钗能力强，可与王熙凤、探春匹敌，为人亲和，说话做事会察言观色。宝钗适合做夫人，持家，黛玉则比较适合做小姐。

③考虑到传宗接代问题，黛玉有不足之症，恐难生养，同时，黛玉也绝不会同意宝玉娶妾。

④黛玉说话尖酸刻薄，不留情面；为人敏感多疑，无端猜忌；心眼狭小，动不动爱使小性子。

（2）试分析贾母的人物形象

明确：①贾母有大慈悲心肠。在小说里，我们随处可见贾母对于那些小厮小丫鬟的疼爱。

②贾母重感情。在清虚观打醮一节，张道士说宝玉像他爷爷，"贾母听说，也由不得满脸泪痕，说道：'正是呢，我养这些儿子孙子，也没一个像他爷爷的，就只这玉儿像他爷爷。'"说到丈夫就满脸泪痕，说明贾母和丈夫感情很深。而她疼爱宝玉也是因为这个孙子依稀有丈夫的影子，能够使她得到安慰。

③贾母疾恶如仇。贾赦看上了贾母的贴身大丫鬟鸳鸯，千方百计要达到目的，被贾母知道，臭骂了一顿。她为了一个丫鬟，而得罪自己的大儿子，表现出一种正义凛然的风骨。

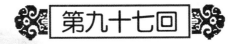

第九十七回

林黛玉焚稿断痴情　薛宝钗出闺成大礼

一、整本阅读，思维导图

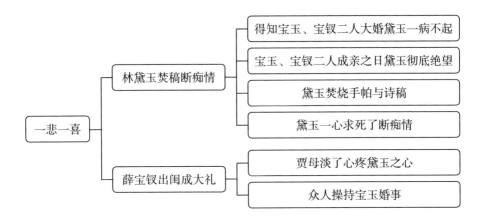

二、回目题解

　　黛玉得知宝玉和宝钗将要成亲的消息，一病不起，日重一日。宝玉和宝钗成亲之日，黛玉身边只有紫鹃、雪雁。陷入彻底绝望中的黛玉挣扎着狠命撕那题诗的旧帕（绢子），又叫雪雁点上灯、笼上火盆，黛玉先后将旧帕（绢子）和诗稿撂在火上，此时的黛玉已经不再伤心，只希望快快死去，以了结这段痴情。贾母知道了这件事的原委后，疼黛玉的心淡了许多，一心只放在宝玉宝钗的婚事上。

三、主要人物

　　上半回：贾母、黛玉、王夫人、薛姨妈、薛宝钗、凤姐儿、薛科、薛蟠、鸳鸯、宝琴、贾琏、贾政、紫娟、雪雁、李纨。

下半回：宝玉、凤姐、王夫人、贾母、赵姨娘、贾政、贾赦、宝钗、黛玉、贾珍、薛姨妈、袭人、尤氏。

四、学养积累

1. 疏通字词

妆奁〔lián〕：原指女子梳妆打扮时所用的镜匣。后泛指随出嫁女子带往男家的嫁妆。

蠲〔juān〕免：（动）免除（租税、罚款等）。

撕掳：拉扯；扭打。择开；分清。料理；解决。

庚〔gēng〕帖：八字帖。

挑饬：意思是挑剔责备。

妆蟒：指妆缎和蟒缎。绣堆，指用绣花和堆花这两种不同的工艺方法制作的花绣织品。

羊酒：羊与酒。古时用作馈赠、定亲、祭祀的礼物。

昏愦：愚昧，糊涂。

2. 词句赏析

贾母心里只是纳闷，因说："孩子们从小儿在一处儿顽，好些是有的。如今大了懂的人事，就该要分别些，才是做女孩儿的本分，我才心里疼他。若是他心里有别的想头，成了什么人了呢！我可是白疼了他了。你们说了，我倒有些不放心。"

明确：从中可以看出贾母虽然疼爱黛玉，但是只要涉及宝玉，其他的人和事都得靠边。贾母对黛玉的爱是有保留的爱，她看不上黛玉的出身，不同意黛玉和宝玉两人有男女之情。所以当知道黛玉懂得了人事对宝玉有了情，就淡了对黛玉的疼爱。

五、延伸探究

赏析"黛玉焚稿断痴情"的写作手法。

明确：这段文字运用白描手法，述说了黛玉焚稿的经过。黛玉乍闻宝玉、宝钗订婚，急怒攻心，一病不起。绝望之时，便叫雪雁拿来诗稿、诗帕。她接过丝帕，便狠命地撕。撕不动，就叫点灯生火。趁紫鹃无暇顾及，先烧诗帕，再焚诗稿，彻底斩断了与宝玉的情思。这段描述，把一个娇弱无力、万念俱灰、心性刚烈的林黛玉刻画得神形兼备，惟妙惟肖。

六、走近林黛玉

黛玉六岁时母亲病故，十一二岁便来到外祖母的身边。不久，父亲又撒手人寰。她孤苦伶仃，只好长居贾府。第一，林黛玉长得很漂亮，是西施捧心式的病态美。第二，黛玉少时就酷爱读书，在日常生活中，她也吟咏不辍。在著名的《葬花吟》中，她以落花自况，血泪作墨，抒写了"花落人亡两不知"的哀愁和悲愤。第三，黛玉多愁善感，常以泪洗面。第四，黛玉生性清高孤傲，说话刻薄，爱使小性儿。第五，黛玉多疑好妒。在她看来，不管是薛宝钗的金锁，还是史湘云的金麒麟，都是对她爱情的直接威胁。即便宝玉不为所动，她仍心存猜疑、不断试探。

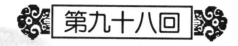

第九十八回

苦绛珠魂归离恨天　病神瑛泪洒相思地

一、整本阅读，思维导图

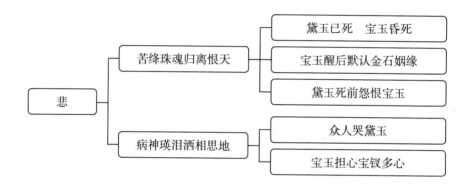

二、回目题解

这一回讲到宝玉欲死。宝钗说黛玉已死，宝玉昏死。醒来觉得金石姻缘已定，自己也心宽了好些。宝玉渐将爱黛玉之心移至宝钗身上。众人得知黛玉死讯痛哭不已。

三、主要人物

上半回：宝玉、薛姨妈、宝钗、袭人、黛玉、莺儿、李纨、紫娟、黛玉。

下半回：宝玉、凤姐、王夫人、贾母、宝钗。

四、学养积累

1. 疏通字词

忧忿：忧虑悲愤。

壅闭：堵塞；阻隔。

诰〔gào〕封：就是诰命封赏。皇帝命令有诰命与敕命之分，在明清之际，对文武官员及其妻室赠予爵位名号时，五品以上授诰命，称诰封；六品以下授敕命，称敕封。

生禄：指寿数。

2. 词句赏析

（1）宝玉越加沉重，次日连起坐都不能了。日重一日，甚至汤水不进。

明确：金石姻缘已定，但宝玉仍然没法接受，由此可以看出宝玉对黛玉是有爱的。只是他们命运早在判词中设定好了。黛玉只是为了报答前世神瑛侍者浇灌绛珠仙草之恩还泪而来。所以注定二人无法在一起。

（2）当时黛玉气绝，正是宝玉娶宝钗的这个时辰。紫鹃等都大哭起来。李纨探春想他素日的可疼，今日更加可怜，也便伤心痛哭。

明确：黛玉临死时的周围没有亲人围绕，只有紫娟、奶妈和几个小丫头，让人倍感落寞。黛玉咽气时却是宝玉大婚时，这一喜一悲的对比更显得黛玉的可怜。大家表面是哭黛玉，其实也是在哭自己。在等级森严的封建大家庭中有几个人能获得真正的幸福呢？每个人都被枷锁桎梏。

五、走近贾宝玉

1. 贾宝玉的判词

第一首：

> 天不拘兮地不羁，心头无喜亦无悲。
> 只因锻炼通灵后，便向人间觅是非。

第二首：

> 粉渍脂痕污宝光，绮栊昼夜困鸳鸯。
> 沉酣一梦终须醒，冤孽偿清好散场！

贾宝玉的生活思想被作者蒙上了一件厚厚的风月情孽和宗教宿命的外衣，其中又渗透着作者对现实人生无可奈何的悲观主义情绪，这样，不仅把事情的本质弄得扑朔迷离，而且也给人以消极的思想影响。

2. 宝玉形象分析

（1）眉清目秀、英俊潇洒。

（2）痴情。同大观园女儿相互关心相互体谅。同时宝玉将这种痴情升华为一种博爱，对世间任何美好事物都怀有一种深厚的博爱之情，甚至于悲风伤月，落红伤怀。

（3）叛逆。痛恨社会的虚伪、丑恶、腐朽无能、庸陋可憎，比如不喜读《四书》《五经》，痴迷《西厢记》等。

（4）主张平等。贾宝玉曾说自己就是一块顽石，和他人没有什么两样。

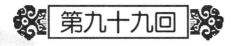

第九十九回

守官箴恶奴同破例　阅邸报老舅自担惊

一、整本阅读，思维导图

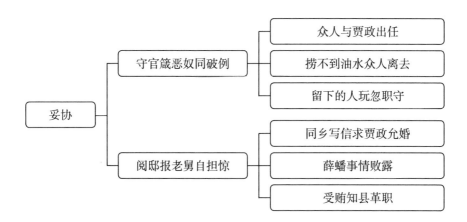

二、回目题解

这回讲的黛玉逝去，贾母和王夫人伤心。凤姐把宝玉和宝钗新婚生活告诉了她们，惹得全场一阵欢乐。贾政外出做官，有不少随从，他们想捞点银子，可没料到贾政清正廉洁，概不受贿，于是大量随从离去，只留得几个家里的下人，其中李十儿出主意让贾政有所感悟。之后，薛蟠的案子有了转变。

三、主要人物

上半回：薛姨妈、宝钗、宝玉、凤姐儿、贾母、李十儿、贾政、詹会。

下半回：贾政、李十儿。

四、学养积累

1. 疏通字词

谕：告诫的言辞。告诉；吩咐（用于上级对下级或长辈对晚辈）。

藩库：清代布政司所属的粮钱储库。

规谏：以正义之道劝人改正言行不当之处。

谦仄：遗憾；抱歉。

当槽：旧称酒店、饭馆中的伙计。

仵作：旧时官府中检验命案死尸的人。

2. 词句赏析

（1）话说凤姐见贾母和薛姨妈为黛玉伤心，便说："有个笑话儿说给老太太和姑妈听"，未从开口，先自笑了，因说道："老太太和姑妈打谅是那里的笑话儿？就是咱们家的那二位新姑爷新媳妇啊。"

明确：黛玉死后众人忧伤不已，王熙凤却把宝玉宝钗新婚闺房的对话当作笑料讲给众人听，引得贾母、薛姨妈等人笑语一片。黛玉尸骨未寒，这些人却这样开心，验证了紫鹃的话"但这些人怎么竟这样狠毒冷淡"！

（2）李十儿坐在椅子上，跷着一只腿，挺着腰说道："找他做什么？"李十儿便站起，堆着笑说："这么不禁顽，几句话就脸急了。"

明确：通过动作描写可以看出李十儿的嚣张跋扈，狡猾圆滑。他本是贾政的门官，却能撺掇贾政默认他胡作非为，使贾政犯下大错。由此可见，李十儿头脑灵活，左右逢源。对上哄好贾政，对下狐假虎威，自己作威作福。

五、助读

与贾政议探春婚事书

金陵契好①，桑梓②情深。昨岁供职来都，窃喜常依座右③，仰蒙雅爱，许结朱陈④，至今佩德勿谖⑤。祇因调任海疆，未敢造次⑥奉求，衷怀歉仄⑦，自叹无缘。今幸荣戟遥临⑧，快慰平生之愿，正申⑨燕贺，先蒙翰教，边帐光生⑩，武夫额手⑪，虽隔重洋，尚叨⑫樾荫⑬。想蒙不弃卑寒，希望茑萝⑭之附。小儿已承青盼⑮，淑媛⑯素仰芳仪⑰。如蒙践诺，即遣冰人⑱。途路虽遥，一水可通。不敢云百辆之迎，敬备仙舟以俟。兹修寸幅⑲，恭贺升祺[20]，并求金允[21]。临颖[22]不胜待命之至[23]！

世第周琼顿首

注释：①契好：友好。契，情投意合。②桑梓：桑树和梓树，古代家宅边多种植，后用以作故乡的代称。③座右：座位的旁边。④朱陈：村名。⑤勿谖：未忘。⑥造次：冒失。⑦衷怀歉仄：内心感到遗憾。⑧荣戟遥临：指贾政远道出任江西。荣戟，有彩帛套子或涂上油漆的木戟，古代官吏出行时作前导的一种仪仗。⑨申：表达。⑩边帐光生：边地的军帐内为之而增加光彩。周琼是武人，所以这样说。⑪额手：以手加额，表示庆幸。"额手称庆"是成语。⑫叨：承受。⑬樾荫：两木交聚而成的树荫。⑭茑萝：茑和女萝，都是蔓生植物，附于他物上生长。比喻同别人有亲戚关系，有依附及自谦之意。⑮青盼：爱重。⑯淑媛：犹言"令爱"，指探春。⑰芳仪：美好的仪容。⑱冰人：媒人。⑲寸幅：简短的书信。⑳升祺：增福。㉑金允：允许。对人表示客气的说法。㉒临颖：提笔写信之时。颖，笔锋。㉓不胜待命之至：盼望答复的谦辞。

破好事香菱结深恨　悲远嫁宝玉感离情

一、整本阅读，思维导图

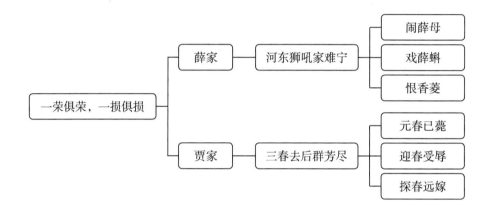

二、回目题解

本回分两条线铺排贾家与薛家的败落。薛家被不肖子薛蟠及媳妇金桂闹得人心惶惶，鸡犬不宁；贾家则是元春已薨，贾政外放，迎春受辱，探春远嫁。薛贾两家已是势败难回。看似琐碎而不事声张的描写，都是为后来锦衣军查抄宁国府张本。"三春过后诸芳尽，各自须寻各自门"，寻得门如何？未寻得门又如何？都不过是大梦一场，幻境难猜。

三、主要人物

上半回：贾政、李十儿、薛姨妈、宝钗、金桂、宝蟾、薛蝌、香菱。

下半回：贾母、王夫人、迎春、宝钗、袭人、探春、赵姨娘、宝玉。

四、学养积累

1. 疏通字词

镇海总制：官名，即总督。明武宗尝自称"总督军务"，臣下避之，乃改总督为总制。

纵恿：通"怂恿"，鼓励人去干坏事。

大审：明朝的会审制度之一，是皇帝定期派出使者，代表皇帝重新审理在押囚犯的制度。

泆〔fú〕上水：游向上游。比喻巴结有权势的人。

脑杓〔sháo〕：头的后部，又名脑后骨，俗称后脑勺。

2. 语段赏析

正说着，只听见金桂跑来外间屋里哭喊道："我的命是不要的了！男人呢，已经是没有活的分儿了。咱们如今索性闹一闹，大伙儿到法场上去拼一拼。"说着，便将头往隔断板上乱撞，撞的披头散发。气得薛姨妈白瞪着两只眼，一句话也说不出来。还亏得宝钗嫂子长、嫂子短，好一句、歹一句的劝他。金桂道："姑奶奶，如今你是比不得头里的了。你两口儿好好的过日子，我是个单身人儿，要脸做什么！"说着，便要跑到街上回娘家去，亏得人还多，扯住了，又劝了半天方住。把个宝琴唬的再不敢见他。

这一部分用什么手法刻画金桂的形象？有什么效果？

明确：①正面描写，即语言、动作描写。②侧面描写。通过薛姨妈及宝琴的反应烘托其形象。这段描写深见曹公的写作技法之高超，寥寥数笔，生动地刻画出一个无教养，嚣张跋扈的泼妇形象，也为后文狠下毒手欲害死香菱做了很好的铺垫。

五、名家点评

王夫人道："孩子们大了，少不得总要给人家的。就是本乡本土的人，除非不做官还使得，若是做官的，谁保得住总在一处。只要孩子们有造化就好。譬如迎姑娘倒配得近呢，偏是时常听见他被女婿打闹，甚至不给饭吃。就是我们送了东西去，他也摸不着。近来听见益发不好了，也不放他回来。两口子拌起来就说咱们使了他家的银钱。可怜这孩子总不得个出头的日子。前儿我惦记他，打发人去瞧他，迎丫头藏在耳房里不肯出来。老婆子们必要进去，看见我们姑娘这样冷天还穿着几件旧衣裳。他一包眼泪的告诉婆子们说：'回去别说我这么苦，这也是命里所招。'"［东观阁侧批：却是一位（姚燮侧批：）好女子。］［姚燮眉批：回去别说我苦，其苦更甚，遇人不淑，鸦且打凤，命矣夫！］［姚燮眉批：其苦至此，只得付之于命而已。］［姚燮眉批（东观阁夹批：观书者至此，已经悽然泪下。）真令人唤无可奈何！］

——《三家评本：红楼梦》

六、延伸探究

（1）夏金桂为何对香菱怀恨在心？

明确：薛蟠信任香菱。他有什么东西都是托香菱收着，衣服缝洗也是香菱。薛蟠与香菱的关系在金桂看来有些不一般。他们两个人偶然说话，见金桂来了，就会急忙散开，引发了金桂醋意。金桂调戏薛蝌，拉住他往里死拽时又恰巧被香菱撞见。金桂在薛家飞扬跋扈，任谁也入不得她的眼，却偏偏对薛蝌暗生淫情，而薛蝌为避嫌不得不对她敬而远之，嫉妒心促使她对香菱恨之入骨。

（2）探春为何在赵姨娘走后又气又笑又伤心？

明确：气者，气自己的母亲不争气，无法理解自己的平时行事，竟在自己要远嫁时说些风凉话；笑者，笑自己争强好胜，却最终成为家族利益博弈的牺牲品；伤心者，伤心于远嫁在即，竟无一人理解自己的心情，即便是生身之母都做不到。贾家败落至此，她无法左右自己的命运，只能成为一颗棋子，任人摆布，而且还是她最亲的人。如此辛酸悲楚，谁人可以体会一二？

第一百零一回

大观园月夜感幽魂　散花寺神签惊异兆

一、整本阅读，思维导图

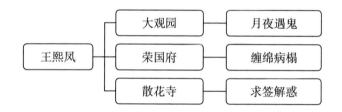

二、回目题解

　　本回把笔墨几乎都集中在王熙凤身上。贾府这座"大厦"即将倾倒，作为当家人的凤姐虽杀伐决断，用尽机关，却也无法扭转"树倒猢狲散"的局面。从来不信什么鬼神、因果报应的凤姐竟至于遇到鬼，又竟至于信鬼神，岂不奇哉？大观园由乐园变鬼域，李妈半夜骂巧姐号丧，凤姐身体日渐衰弱，如此种种，一种诡异、阴戾之气弥漫于贾府上下。"山雨欲来风满楼"，究竟谁能自救？

三、主要人物

　　上半回：王熙凤、小红、丰儿、贾琏、平儿、袭人、宝玉、宝钗、贾母。

　　下半回：贾母、王熙凤、平儿、周瑞家的、宝钗、宝玉。

四、学养积累

疏通字词

十旺八旺：身体健旺。

打撒手：袖手旁观，放手不管。

动秤儿的：实际干事的。

开吊：丧家出殡前选定日期接受亲友吊唁。

搬驳：盘问，反驳。

大萝卜还用屎浇：谚语，"浇"谐音"教"。指用不着别人指教。

衣锦还乡：《史记》记载，楚霸王项羽攻占咸阳后，有人劝他定都关中，但项羽乡土观念很浓，说："富贵不归故乡，如锦衣夜行，谁知之者！"

五、名家点评

王希廉点评：凤姐因料理探春妆奁，想去瞧瞧，恰在人情之内，并非无端想起。又因日间事忙，或黄昏后贾琏在家，不能分身。适值黄昏人静，贾琏未回，遂到园中去，情事逼真。

主婢四人同行，碍难见鬼，一个一个以次遣去，止剩凤姐一人，秦氏幽魂，才可出现。一路写来，令人毛发森然。

——《三家评本：红楼梦》

六、趣味问答（用原文词句回答）

（1）凤姐在大观园遇到的鬼魂是谁？鬼魂说了什么？凤姐反应如何？

明确：①贾蓉的先妻秦氏。②"婶娘连我也不认得了！""婶娘只管享荣华受富贵的心盛，把我那年说的立万年永远之基都付于东洋大海了。"③啐了一口，方转回身，脚下不防一块石头绊了一跤，犹如梦醒一般，浑身汗如雨下。

（2）李妈为何半夜咬牙向那孩子身上拧了一把？那孩子是谁？

明确：①平儿连向那边叫道："李妈，你到底怎么着？姐儿哭了。你到底拍着他些。你也忒好睡了。"那边李妈从梦中惊醒，听得平儿如此说，心中没好气，只得狠命拍了几下，口里嘟嘟哝哝的骂道："真真的小短命鬼儿，放着尸不挺，三更半夜嚎你娘的丧！"②王熙凤与贾琏之女——大姐儿。

（3）贾琏道："叫他什么，叫他'忘仁'！"这里的"他"是谁？为何贾琏叫他"忘仁"？

明确：①他是王熙凤的哥哥——王仁。②是忘了仁义礼智信的那个"忘仁"哪！

七、延伸探究

（1）王熙凤遇到的鬼魂是秦可卿，秦可卿亦曾托梦给王熙凤。试解析其中缘由。

明确：这是一种前后呼应、草蛇灰线的写法。王熙凤素与秦可卿关系好，她又操持荣国府上下，可以说把控着贾府。秦可卿托梦凤姐，是想让凤姐为贾家日后早做打算；而又以鬼魂相见，则无异于是对凤姐的警告——不听劝告，要尽权谋，只会落得个灯尽人亡的下场！

（2）王熙凤求得第三十三签，上上大吉。上面写着"王熙凤衣锦还乡"，底下写的是：去国离乡二十年，于今衣锦返家园。蜂采百花成蜜后，为谁辛苦为谁甜！ 行人至，音信迟，讼宜和，婚再议。你是如何解读签文内容的？

明确：①衣锦还乡，本是功成名就，穿着锦袍回家，这里可能暗示凤姐的结局是殓衣裹体，尸返金陵。②去国离乡，离开故乡。国，都邑。书中王熙凤离开故乡估计已有二十年时间。③唐代罗隐《蜂》中："采得百花成蜜后，为谁辛苦为谁甜？"这与《好了歌》注中"到头来，都是为他人作嫁衣裳"是同一个意思。或是隐喻她一生所追逐的金钱、权势，终将成为泡影。④签末四句"行人至，音信迟，讼宜和，婚再议"。是对求签人的具体指示，对于凤姐来说，可能暗示：凤姐知道赵姨娘死后被阴司拷打，勾魂的无常就要到了，即使自己忏悔也已经太迟了。以前结下的冤仇都不必计较了，因为凤姐曾包揽狱讼，害死人命。"婚再议"一说凤姐死后贾琏把平儿扶了正，一说其女儿巧姐婚事的变化。

第一百零二回

宁国府骨肉病灾襁　大观园符水驱妖孽

一、整本阅读，思维导图

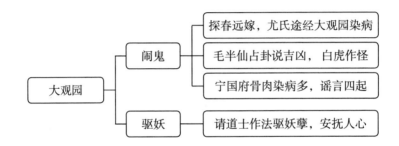

大观园
- 闹鬼
  - 探春远嫁，尤氏途经大观园染病
  - 毛半仙占卦说吉凶，白虎作怪
  - 宁国府骨肉染病多，谣言四起
- 驱妖
  - 请道士作法驱妖孽，安抚人心

二、回目题解

　　本回重点写大观园之衰败。大观园乃《红楼梦》里少男少女们的一片净土、一片乐园。过去有多繁华热闹，而今就有多凄凉寂寞。盛筵不再，萧条满目，去者染病，见者言妖。大观园已成恐怖之地，人人避而远之。这正是大祸降临的先兆。然真恐怖者，不在妖，而在人。大厦之将倾也，人心惶惶，驱鬼而降妖，却难除心魔，难挽颓势。宁国府之尤氏、贾珍、贾蓉等皆病倒，荣国府之贾政被参劾，不禁让人浮想联翩……

三、主要人物

　　上半回：王夫人、宝钗、探春、尤氏、贾蓉、贾珍、毛半仙。
　　下半回：贾赦、吴贵媳妇、贾蓉、贾珍、道士、贾琏、贾政。

四、学养积累

疏通字词

灾祲〔jìn〕：祲，妖气，不祥之气。灾祲，灾异。

女墙：是指建在城墙顶部内外沿上的薄型挡墙。其与大城相比，极为卑小，故称女墙。

揲蓍〔shé shī〕：亦称"揲蓍草"。数蓍草。古代问卜的一种方式，用手抽点蓍草茎的数目，以决定吉凶祸福。

坐更〔gēng〕：意思是夜间警卫。

真人府：道教得道成仙或真人居住的府第。

三清：太清，上清，玉清。

马、赵、温、周：道教四大灵官，即四大护法神像。

牙笏〔hù〕：象牙手板。亦指朝笏，也称牙简。原为大臣朝见皇帝时所执用，其后道士在朝真或斋醮时也使用。

幡〔fān〕：用竹竿等挑起来直着挂的长条形旗子。

行走：犹言入值办事。清制，凡不属于专设官职，调充某项职役的都用此称。

五、名家点评

姚燮：袭人兰形棘心，能使王夫人念念不忘。其固宠牢荣之术，如肯传示，必有愿拜门墙者。

贾赦不信鬼怪，而到园先持器械，气已中馁；比闻浮光掠影之谈，害怕缩走，旋请道士建醮：则不信者较信者为更信。

大观园中本来是住妖孽之地，彼妖者去，而此妖者来矣。如其不信，向之所住之妖，何独不五色灿烂者耶？

——《三家评本：红楼梦》

六、趣味问答（用原文词句回答）

（1）王夫人打发人唤来宝钗，说了几件事？哪几件？

明确：两件。一是开导探春，二是柳家媳妇的丫头补在你们屋里。

（2）尤氏为何生病？怎样治疗的？

明确：①尤氏过来送探春起身，因天晚省得套车，便从前年在园里开通宁府的那个便门里走过去了。觉得（园里）凄凉满目，台榭依然，女墙一带都种作园地一般，心中怅然如有所失，因到家中，便有些身上发热。②请了大夫看视，尤氏服了两剂，并不稍减，后请毛半仙占卜。

（3）吴贵是谁？他媳妇怎么死的？外面的人如何说的？

明确：晴雯的表兄。本有些感冒着了，日间吃错了药。外面的人因那媳妇子不妥当，便都说妖怪爬过墙吸了精去死的。

（4）贾赦请谁来园中作法事？贾蓉等小弟兄反应如何？贾珍又说了些什么？

明确：道士。背地都笑个不住。"糊涂东西，妖怪原是聚则成形，散则成气，如今多少神将在这里，还敢现形吗！无非把这妖气收了，便不作祟，就是法力了。"

（5）贾政因何被参？朝廷是怎么处理的？

明确：失察属员，重征粮米，苛虐百姓；念初膺外任，不谙吏治，被属员蒙蔽，着降三级，加恩仍以工部员外上行走，并令即日回京。

七、延伸探究

大观园真的闹鬼了吗？为什么？

明确：没有。一来此时的大观园已经荒芜，杂草丛生，成为野兽的栖息之所，人迹罕至，自然显得有几分可怕；二来自凤姐、尤氏染病，再加上晴雯的嫂子病死，谣言四起，人人说鬼；三来宁府自上而下多行不轨之事，贾家败落，他们心中焉能无鬼？即便是只野鸡被人惊吓飞起，被下人说成一个黄脸红须绿衣青裳的妖怪，贾赦也信之无疑。这是小说笔法的高超之处，闹鬼、驱鬼都是不祥之兆，皆为后文贾家被抄做铺垫。

第一百零三回

施毒计金桂自焚身　昧真禅雨村空遇旧

一、整本阅读，思维导图

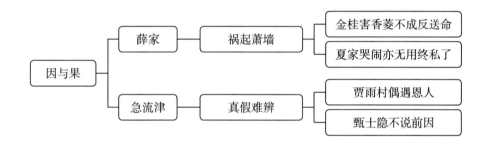

二、回目题解

本回首写夏金桂之死，次写贾雨村遇旧。写金桂，写其心肠歹毒，写其母兄无赖，绘人写事，极为逼真，为不可多得的好文字。雨村入世，士隐出世，二人又于急流津相遇，偶然相逢中定大有深意。

三、主要人物

上半回：薛姨妈、宝钗、宝琴、金桂、宝蟾、香菱、贾琏。
下半回：贾雨村、甄士隐。

四、学养积累

疏通字词
没嘴道儿：尝不出味道。

具结拦验：由死者亲属出具保证文书阻拦官府验尸，表示对死因不怀疑、不追究。

通衢〔qú〕：四通八达、宽敞平坦的道路。

获隽公车：隽，才智出众。公车，代称入京应试的举人。此句指会试得中。

觐：朝见，进见。

五、名家点评

王希廉、姚燮：贾政被参，是抄没先声，接写金桂毒死，真是六亲同运。

贾琏说必须经官才了得下来，所见固是。

宝钗说汤是宝蟾做的，该捆起宝蟾，一面报官，一面通信与夏家，更为老到细密。才女见识，高出贾琏几倍。

宝钗叫将女人动用的东西检点收拾，才检出毒药空纸包。宝蟾说出因耗子作闹，向舅爷要的，然后寻看匣子箱柜，已俱室空，宝钗得以查问，宝蟾说出金挂私自带回。以金桂之母同宝蟾拌嘴，供出实情。由浅入深，层层追出，不松不骤。有宝钗之才能，自当有才人之描写。

宝钗先放宝蟾，开导实供；是问听讼者若能如此，何患不得实情？

——《三家评本：红楼梦》

六、延伸探究

（1）金桂是如何死的？为何她母兄最后愿意私了？

明确：①金桂叫宝蟾做两碗汤，宝蟾故意在一碗里头多放了一把盐，记了暗记儿，原想给香菱喝的。金桂趁宝蟾不在将砒霜撒进汤中，却不知道宝蟾已经换碗，她误喝毒汤，中毒而亡。②自知理亏。其一，金桂的首饰每每带回家去，被薛家认为私带东西贴补娘家；其二，宝蟾指证夏家母子支持金桂闹得薛家家破人亡后将东西卷包儿一走，再配一个好姑爷；其三，系金桂作孽想害香菱在前，且有人证、物证。

（2）夏金桂在薛家是正经的大奶奶，却为什么如此嚣张跋扈？

明确：①在娘家娇养太过。她父亲去世早，又无同胞弟兄，寡母独守此女，娇养溺爱，不啻珍宝，养成了盗跖的性气。②薛蟠气质刚硬，举止骄奢，二人气概相平。她想管住丈夫，便拿出跋扈之气来。③薛姨妈良善，总帮助金桂说教儿子。长此以往，金桂更是有恃无恐。④夏金桂的陪嫁应该丰厚，她在娘家就嚣张惯了。如今嫁入薛家，发现薛家已经大不如前，心里难免有落差、有怨气。⑤薛蟠作为丈夫，喜新厌旧，没个常性。金桂嫁入薛家后，渐受冷落。薛蟠又到处惹是生非，落得个秋后大审的结局。作为妻子的金桂，其怒、其怨、其愤可想而知。

（3）你是如何理解贾雨村在"急流津"遇到甄士隐的？

明确： 急流者，急流勇退之意。急流津是个渡口。贾雨村正要从这个渡口渡过彼岸。此时的贾雨村升了京兆府尹兼管税务，已经不是过去的落魄书生，可以说他依托贾家势力已经登上仕途的顶峰。月满则亏，物极必反。贾家如此，贾雨村又何尝不是？他与甄士隐一问一答极为玄妙，二人于此地相遇，不过是警示贾雨村急流勇退，方可保全，但深陷名利场的贾雨村如何能懂？佛家讲"结缘"，去恶行善、积德修福，可以结来世因缘，得到超度。如今的贾雨村，官威正炽，见到恩人竟想以富贵动之，其心思之污浊可见一斑。因果不差，贾雨村的结局可想而知了！

第一百零四回

醉金刚小鳅生大浪　痴公子余痛触前情

一、整本阅读，思维导图

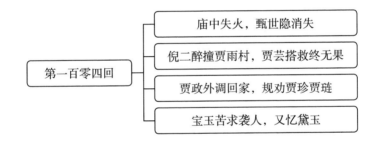

第一百零四回
- 庙中失火，甄世隐消失
- 倪二醉撞贾雨村，贾芸搭救终无果
- 贾政外调回家，规劝贾珍贾琏
- 宝玉苦求袭人，又忆黛玉

二、回目题解

本回出现的人物倪二是贾芸的邻居，绰号醉金刚，虽是市井泼皮，却颇有侠义之名，倪二拦路醉骂贾雨村，被贾雨村收监。他心生怨气，怒骂贾芸、贾琏，借金刚之口说起贾府重利盘剥和贾琏霸占尤二姐之事。

外调的贾政回京，在内阁听到其他官员说贾珍、贾琏诸事留神，为下回抄家埋下伏笔。贾政回家后见了家人，规劝贾珍、贾琏。因贾政提起黛玉，宝玉又忆起黛玉，感慨自伤。宝玉想给黛玉写祭文，却不知从何写起，伤心忧切，思念至深。

三、主要人物

上半回：倪二、贾雨村、贾芸、倪二妻女。

下半回：贾政、贾母、王夫人、宝玉、宝钗、贾琏、贾珍、袭人、麝月。

四、学养积累

1. 疏通字词

复旨回曹：复旨，指所做所言是对圣旨要求办理的事情的一种答复。曹，古代分科办事的官署或部门。"复旨回曹"的意思就是按照圣旨要求回到地方政府相关部门。

箭役：箭门里的差役。

2. 动词妙用

（1）宝玉轻轻地叫袭人坐着，央他把紫鹃叫来，有话问他。

（2）宝玉摆手道："不用言语。"

明确： 上面两句是宝玉因贾政回家提起黛玉，又思念起黛玉，让袭人喊来黛玉贴身丫鬟紫鹃，问问黛玉死时为何烧了诗稿，麝月打趣宝玉和袭人，宝玉因伤心而不言语。"轻轻地叫袭人坐着"，因为知心人黛玉的死，宝玉也早已心死如槁木，此时的宝玉内心很是孤独伤心，又很绝望。因宝钗"她本是我不愿意的"，宝玉的心事无人理解，只能"央"求袭人喊来紫鹃问话，喊紫鹃来，也只是再次忆起黛玉。

"摆手"，麝月打趣宝玉和袭人，宝玉因忆黛玉而伤心，打趣再有趣，也终无趣。

五、趣味问答

（1）贾芸和贾府什么关系？

明确：《红楼梦》书中没有具体说贾芸的父亲是谁，只道是贾府的旁支，自幼丧父，母亲是"后廊上住的五嫂子"。

（2）倪二被打回家，酒后的胡话"若说贾二这小子他忘恩负义，我便和几个朋友说他家怎样倚势欺人，怎样盘剥小民，怎样强娶"。借倪二之口怒骂贾琏，怒骂贾府，这样写有什么好处？

明确： 倪二心直口快，颇有侠士之气，借倪二之口，怒骂贾琏强占尤二姐，在外仗势欺人，表明贾府的腐败已经深入骨髓，坏事做尽，口碑很差。

（3）贾芸求见贾琏未成，在贾府吃了闭门羹，这是贾芸的一段心理描写："那年倪二借银与我，买了香料送给他，才派我种树。如今我没有钱去打点，就把我拒绝。他也不是什么好的，拿着太爷留下的公中银钱在外放加一钱，我们穷本家要借一两也不能。"文中"他"指的是谁？文中"拿着太爷留下的公中银钱在外放加一钱，我们穷本家要借一两也不能"，指的是什么事？

明确："他"是王熙凤。文中"拿着太爷留下的公中银钱在外放加一钱，我们穷本家要借一两也不能"，指的是王熙凤重利盘剥，在外放高利贷，为后文抄家查出罪证做了铺垫。

六、延伸探究

晴雯是宝玉的丫鬟，死的时候，宝玉为了悼念她，给她写了一篇祭文《芙蓉女儿诔》，为何黛玉死了，宝玉却一点灵机都没有，为何不知从何下笔？

明确：都说晴为黛影，晴雯是黛玉的影子，脂砚斋在评《芙蓉女儿诔》时，留下八个字：名为晴雯，实为颦儿。宝玉给晴雯的祭文，实际是写给黛玉的，这是曹雪芹惯用的写作手法，就是前后伏线。

黛玉的死对宝玉而言，这种悲痛是无法用语言表达出来的，伤心至深，不知从何说起，也许这就是所谓的欲哭无泪、欲说无言吧！

第一百零五回

锦衣军查抄宁国府　骢马使弹劾平安州

一、整本阅读，思维导图

第一百零五回
- 荣禧堂宴请，赵堂官抄家
- 二王全力照应，凤姐借券被查
- 焦大怒骂不肖子孙，薛蝌出力探消息

二、回目题解

　　本回写贾政在设宴请客时，锦衣卫突然抄家，贾府由盛转衰走向没落。西平王处处用情，赵堂官处处挑拨，但是北静王的及时赶到，又令人神魂稍定，云散风和。最终凤姐的借券被发现。在此绝望之时，焦大的吵闹，又将贾珍等人平日作为和抄家情景，细说一遍，以补笔、旁笔写出正文。但最后写出薛蝌出力探事，这一情节不但能见亲情之厚，也见薛蝌之能。

三、主要人物

　　上半回：贾赦、贾政、赵堂官、西平王、北静王。

　　下半回：贾母、王夫人、宝玉、宝钗、凤姐、贾琏、贾政、贾兰、焦大、薛蝌。

四、学养积累

1. 疏通字词

有忝［tiǎn］祖德：有愧于祖宗的德行，辱没了祖宗的声誉。

爨［cuàn］：本义指烧火做饭。

包揽词讼：招揽承办别人的诉讼，从中谋利。

2. 动词妙用

（1）贾政等抢步接去，只见赵堂官满脸笑容，并不说什么，一径走上厅来。

（2）赵堂官抢上去请了安，便说："王爷已到，随来各位老爷就该带领府役把守前后门。"

明确：这一"笑"，一"抢"活化出赵堂官的人物形象。

"笑"描写出赵堂官满脸笑容，但是这个笑很可怕，让人感觉来者不善，这"笑"里暗藏杀机。

等到王爷到了，赵堂官翻脸无情，他不笑了，反而"抢"上去请安，摩拳擦掌，迫不及待要动手抄家！赵堂官实在是个落井下石、绵里藏针的小人！

五、名家点评

查抄家产，偏在设席请客时，才是出于意外。

写西平王处处用情，赵堂官处处挑拨，令人急杀，以为贾母、王夫人及宝玉房中必均遭荼毒。

幸有北静王来宣明恩旨，令人神魂稍定。文情如疾风暴雨时忽然云散风和。

于天翻地覆腾忽插入焦大噪闹，又将贾珍等平日作为及被抄情形钿说一遍，以补笔旁笔写出正文，方不是印板文字。

——王希廉评点《红楼梦》

六、趣味问答

（1）贾赦犯了什么罪行，被抄家？王熙凤的借券被发现，这又是什么罪行？

明确：①两宗人命案都与贾赦有关：一是贾赦为谋玉扇坠，害死石呆子；二是贾赦与平安州的官员互相勾结，包揽讼词，虐害百姓。②文中王熙凤的借券，实际就是放高利贷，这是"违例取利的"，会让人"家散人离"，锦衣卫赵全立即定性为"好个重利盘剥，很该全抄"。

（2）贾府抄家时候，西平王处处照应，北静王也及时赶到，二王到底与贾府是什么关系？

明确：西平王和北静王可以说是贾家在朝的政治靠山。负责抄家的赵堂官见北静王来后直接心里说"我好晦气，碰着这个酸王……"。从这句话可以看出北静王是个正直之人，贾府被抄家时，为了保护自己的政治集团，二王竭力护贾府周全。

七、延伸探究

（1）因为锦衣卫赵堂官突至贾府，不知何事，原本给贾政祝贺外调回家的众亲友吓了一跳，文中人物的神态、众亲友的神态动作实在是耐人寻味，有的假意寒暄，有的害怕躲避，有的见机行事。最后确定来者不善，贾府抄家，"那些亲友听见，就一溜烟如飞的出去了"，真是显出原形，个个逃之夭夭。

明确：俗话说"树倒猢狲散"，这就是世态人情，只有看过世间百态，尝过人情冷暖的人才会有如此鲜活的感受。文中可怕的不是真坏人，而是那些假好人，贾府落难，逃之夭夭的看客。与之相反，薛蝌雪中送炭尤为让人感到温暖又及时，给绝望又无助的贾府带来亲情的温厚。

（2）此时贾政魂魄方定，犹是发怔。贾兰便说："请爷爷进内瞧老太太，再想法儿打听东府里的事。"这是文中少有的对贾兰的描写，爷爷贾政被抄家吓得六神无主，小小年纪的贾兰却冷静沉着，形成对比。

明确：贾政的慌乱无措，足见他确实没有理家的才能，小小年纪的贾兰在极慌乱中，提醒贾政去看贾母，显出他日后必定成器，可见作者写如此纷乱场面，用笔却纹丝不紊。

第一百零六回

王熙凤致祸抱羞惭　贾太君祷天消祸患

一、整本阅读，思维导图

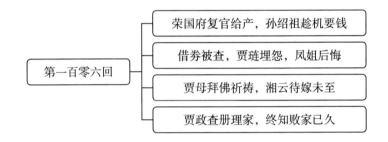

第一百零六回
- 荣国府复官给产，孙绍祖趁机要钱
- 借券被查，贾琏埋怨，凤姐后悔
- 贾母拜佛祈祷，湘云待嫁未至
- 贾政查册理家，终知败家已久

二、回目题解

　　宁国府被抄家，贾府乱作一团，幸得北静王、西平王帮助，荣国府复官给产，贾政官复原职，唯有借券登记入官，王熙凤一辈子积攒的钱财，付诸东流，后悔万分。贾母悲伤过后，眼见祖宗世职革去，子孙在监受审，家里日夜不宁，拜佛祈祷，消除祸患，情深意切，感天动地。

三、主要人物

上半回：贾母、贾政、贾琏、平儿、凤姐。

下半回：贾母、王夫人、宝玉、宝钗、贾政、赖大。

四、学养积累

1. 疏通字词

溘［kè］逝：逝世。溘，忽然。

阙：古典的城门，宫阙，陵墓前两边的石牌坊。后来指代宫殿，朝廷。

同寅：旧称在一处做官的人。

浮借：暂借。浮，暂时。

2. 动词妙用

平儿哭道："如今事已如此，东西已去不能复来。奶奶这样，还得再请个大夫调治调治才好。"贾琏啐道："我的性命还不保，我还管他么！"凤姐听见，睁眼一瞧，虽不言语，那眼泪流个不尽。

明确：凤姐晕厥，守在身边贴心照顾的只有平儿一人，平儿"哭"可见她的忠心和仁厚；为人夫君的贾琏面对凤姐却"啐"，这是辱骂，更是埋怨，悔恨，真是"夫妻本是同林鸟，大难临头各自飞"。此时的凤姐真是可怜可叹之人，只能"睁眼""不言语""眼泪流个不尽"，失去的只是身外之物，真正伤心的是贾琏的无情。

五、名家点评

荣府家产概行给还，独抄出借券照例入官，王凤姐一生盘剥积蓄，尽化为乌有，所谓"采得百花成蜜后，不知辛苦为谁甜"。

贾母祷天哭泣，引出王夫人、宝玉、宝钗大哭，鸳鸯等亦皆陪哭，各人有各人心事。

贾政查看家人名册及出入帐簿，只有踱来踱去，绝无方法。描写不能理家情形如画。

于哭声嘈乱时，插叙史家人来，一则好止住哭声，一则声说湘云即日出阁不来探望之故。情事周匝无遗。

——王希廉评点《红楼梦》

六、趣味问答

（1）正说着，只见薛蝌进来说道："我打听锦衣府赵堂官必要照御史参的办去……"古代御史是什么官职？

明确：自秦朝开始，御史专门作为监察性质的官职，负责监察朝廷官吏，一直延续到清朝。监察御史，唐宋为从三品，明清为正一品，位列三公。

（2）有的说："也不怪御史，我们听见说是府上的家人同几个泥腿在外头哄嚷出来的。"文中"泥腿"是什么意思？

明确："泥腿"，指无赖，旧时多用于对农民的蔑称。文中"泥腿"，东观阁（姚燮）侧批：倪二金刚在内。

七、延伸探究

（1）贾府被抄家，惨遭家变，贾政作为荣国府的当家人，表现却尴尬，除了"着急慌张"就是"泪满衣襟"，家族落难，怎样理解贾政的"泪"？

明确：贾府被抄家贾政三次流泪，依次是：①北静王宣旨从轻判处贾府，贾政听了"感激涕零"，这时候无力回天的政老爷，又有了复兴家族的希望，悲喜交加；②又一次流泪，贾府急需用钱，面对"寅年吃卯粮"的家庭经济情况"泪流满面"，充斥着自责，懊悔和痛恨；③一百零七回贾母深明大义，把嫁妆折现成银子分给子孙，贾政"俱跪下哭"，这次"哭"，则是惭愧，充满着悲天悯人感。

（2）"现在儿孙监禁，自然凶多吉少，皆由我一人罪孽，不教儿孙，所以至此。我今即求皇天保佑：在监逢凶化吉，有病的早早安身。总有合家罪孽，情愿一人承当，只求饶恕儿孙。"贾母祈祷，很是感人，但是贾府的抄家，贾母有没有责任？

明确：儿子不成才，母亲当然有责任，贾母虽是名誉"大家长"，但是对子孙的约束力不强，最后贾赦、贾珍等犯错，卷入北静王和皇帝的权力之争，导致贾府衰败。

第一百零七回

散余资贾母明大义　复世职政老沐天恩

一、整本阅读，思维导图

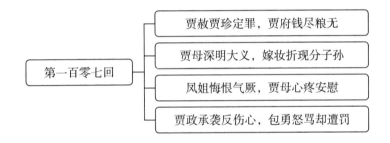

二、回目题解

　　贾赦、贾珍定罪，贾府连给他们打点的盘缠都没有。贾母深明大义，将自己几十年积攒的东西，分派给子孙。分配完之后，贾母又去看望病危的凤姐贴心安慰。皇上格外开恩，让贾政承袭荣国公世职，但贾府已是家计萧条，无人能用。贾府仆人包勇很忠心，听说贾雨村在这次抄家案子中落井下石，借机怒骂贾雨村，但是却被贾政惩罚看园。

三、主要人物

　　上半回：北静王、贾政、贾母、贾赦、贾珍、贾蓉、邢夫人、王夫人、鸳鸯、凤姐、平儿。

　　下半回：贾政、宝玉、包勇、贾雨村。

四、学养积累

1. 疏通字词

严鞫〔jū〕：严厉审问。

勤黾〔miǎn〕：指勤勉。黾，勉力，努力。

前愆：从前的罪过。愆，过失，罪过。

2. 动词妙用

本回处处有分别，母子分别，兄弟分别，父子分别，夫妻分别。字字有哭声，贾政泪流满面，贾母大哭，平儿哭得眼红，宝玉竟比傻子尤甚，见人哭他就哭，贾府能到处听见两三处哭声。真可谓"千红一哭，万艳同悲"！

"哭"，是悔恨，是懊恼，是惭愧，是伤心，荣华富贵梦一场，最终树倒猢狲散。

五、名家点评

贾母不问家事，贾政实难诉说，趁此一问，据实回明。又说贾赦、贾珍盘费，只可折变衣饰，才见贾母分散财费，是明白大义，不是贾政觊觎。

写贾母分给银两衣物，安顿眷口度日，送回黛玉棺柩，及送还甄家银两，减省男女婢仆，井井有条，可见贾母年少理家，宽严得体，出入有经；较之凤姐苛刻作成，相去天壤。福泽之厚薄，亦于斯可见。

贾政复职，亲友都来贺喜，世态如斯，不足为怪。

贾化暗伤贾府，借旁人传言说出，是文章暗补法。

包勇看园，本是受罚，岂知转为后来御盗得力之人；若不预伏此人，惜春必遭掳劫，事出无心，文却有意。

——王希廉评点《红楼梦》

六、趣味问答

（1）贾政回道："犯官自从主恩钦点学政，任满后查看赈恤，于上年冬底回家，又蒙堂派工程，后又往江西监道，题参回都，仍在工部行走，日夜不敢怠惰。"文中贾政公职繁忙，哥哥贾赦却很闲适，为什么？

明确：贾赦是一品将军爵位，世袭而来，是虚职；贾政是从五品工部员外郎，是实职。

（2）贾府抄家，家道没落，贾政要把家产给还，"愿将祖宗遗受重禄积余置产一并交官"。北静王说他多此一举，众官也说不必，贾政为何执意要归还家产？

明确：贾政想通过这种做法，向皇帝表忠心，弥补过错，希望得以赦免。

（3）贾赦包揽词讼，因"惟有倚势强索石呆子古扇一款是实的"定罪，石呆子的死还跟谁有关系？

明确：还跟贾雨村有关系。贾赦看中石呆子的扇子，石呆子不肯卖，贾雨村诬他拖欠官银，扇子被抄没，石呆子生死不明，背后贾雨村才是真正的罪魁祸首，这为后文贾雨村革职被贬埋下伏笔。

七、延伸探究

（1）贾府抄家，家道没落，贾母散尽余资，面面俱到，怎样理解贾母说"但愿这样才好，我死了也好见祖宗。你们别打谅我是享得富贵受不得贫穷的人哪"这句话？

明确：贾母的一生中富贵来富贵去，贾府的抄家，算是唯一一次惊吓。作者笔下的贾母，抄家之后，表现大气，一字一句地吩咐安慰，安了她的儿孙之心，是一位可敬的老太君。

（2）包勇酒后闲逛，听到有人闲聊，议论贾雨村，贾府抄家，"他便狠狠的踢了一脚，所以两府里才到底抄了"，包勇气愤难忍，怒骂贾雨村忘恩负义，替贾府抱不平，为何贾政反要责骂他，罚他看园？

明确：包勇本是心直口快、豪爽之人，替主不平，反遭惩罚。可见贾政好听谗言，好坏不分，真是糊涂啊！其中贾雨村暗伤贾府，借旁人传言说出，是文章暗补法。

第一百零八回

强欢笑蘅芜庆生辰　死缠绵潇湘闻鬼哭

一、整本阅读，思维导图

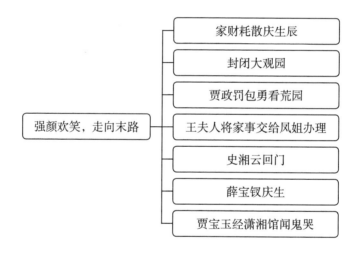

二、回目题解

这一回写了贾政将包勇罚看荒园。王夫人将家事（内事）交凤姐办理。贾母对湘云说宝钗有福气，黛玉小性儿又多心，所以不长寿。贾母受湘云怂恿拿一百两银子给宝钗做生日。贾母叫请邢夫人，为顾及凤姐说的"齐全"。宝玉中途退席去看尤氏，经潇湘馆闻鬼哭。

三、主要人物

上半回：贾政、贾母、王夫人、史湘云、迎春、薛姨妈、薛宝钗、李纹、李绮、宝琴、香菱、李纨、王熙凤、鸳鸯、五儿、宝玉。

下半回：宝玉、袭人、秋纹、贾母。

四、学养积累

1. 疏通字词

断断：绝对。

七颠八倒：十分凌乱。

扯臊：不顾羞耻的胡扯。

出阁：女子出嫁。

沾染：因接触而受到某些影响。

呕：古同怄，怄气。

兴头：高兴起劲。

一盅酒：盅泛指没有把的小杯子，一杯酒。

2. 酒令赏析

骰子酒令四首

说明：这是贾母为婚后的宝钗举办的生日酒席上所行的令。行令的还是鸳鸯，但这次把三张牙牌改为四个骰子轮着说：先说骰子名儿，再说曲牌名儿，末了说一句《千家诗》。

其一（四"幺"）

商山四皓①。（鸳鸯）

临老入花丛。（薛姨妈）

将谓②偷闲学少年。（贾母）

注释：①商山四皓——秦末，东园公、甪（lù）里先生、绮里季、夏黄公避世隐居商山（在陕西商县东南），四人年纪都在八十以上，须眉皓然，世称商山四皓。汉时，吕后曾据张良建议迎四皓以佐助太子。骰子中"幺"是白色的，故有此名。下两句曲名、诗句，皆顺着此句意思发挥。②"将谓"句——宋朝程颢《春日偶成》诗："时人不识余心乐，将谓偷闲学少年。"以上三句相连，取意于唐代刘禹锡《刑部白侍郎谢病长告改宾客分司以诗赠别》诗："九霄路上辞朝客，四皓丛中作少年。"

其二（四"二"）

刘阮入天台①。（鸳鸯）

二士入桃源②。（李纹）

寻得③桃源好避秦。（李绮）

注释：①刘阮入天台——刘晨、阮肇入天台山遇仙故事。参见《赞会芳园》"天台之路"注。②二士入桃源——即刘、阮入天台事，以桃源泛指仙境。③"寻得"句——参见《花名签》袭人所得"桃花"签注。"桃源"程高本误作"桃花"，据王雪香评本改。

其三（二"二"二"三"）

江燕引雏。（鸳鸯）

公领孙。（贾母）

闲看儿童捉柳花。（李绮）

注释："闲看"句——南宋杨万里《闲居初夏午睡起》诗："日长睡起无情思，闲看儿童捉柳花。"

其四（二"二"二"五"）

浪扫浮萍。（鸳鸯）

秋鱼入菱窠。（贾母）

白萍吟尽楚江秋。（湘云）

注释："白萍"句——宋朝程颢《题淮南寺》诗："南去北来休便休，白萍吹尽楚江秋。"所引异一字，或草体形讹。

评说：这是对"金鸳鸯三宣牙牌令"的效颦。应该描写贾府败落的时候，偏又行酒令、掷起骰子来，情节松散游离。所引曲牌、诗句略无深意，只是卖弄博彩知识罢了！

五、名家点评

姚燮：贾母说"受得富贵，耐得贫贱"二语，虽曰女则，亦实男诫，不同老生常谈。家遭耗散而庆生辰，不过破涕为笑耳，尚用银一百；从前之穷奢极欲，概行托出。颦卿善哭，生前有泪而无声，死后有声而无泪。

潇湘馆上，哭泣两星，朗然高照。此回入宝钗生日，已是丙辰年事。宝钗盖生于正月二十一日也。

——姚燮评点《红楼梦》

六、延伸探究

本回中酒令的魅力。

（1）酒令是掷曲牌名的游戏。

（2）酒令是助兴游戏，本是为了热闹，没想到物是人非，昔盛今衰。

（3）酒令在第一百零八回中的作用：第一，酒令切合了"悲凉之雾，遍被华林"的氛围；第二，行酒令一节同样推动了情节的发展。

第一百零九回

候芳魂五儿承错爱　还孽债迎女返真元

一、整本阅读，思维导图

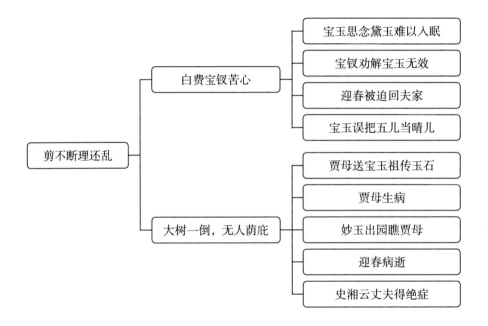

剪不断理还乱
- 白费宝钗苦心
  - 宝玉思念黛玉难以入眠
  - 宝钗劝解宝玉无效
  - 迎春被迫回夫家
  - 宝玉误把五儿当晴儿
- 大树一倒，无人荫庇
  - 贾母送宝玉祖传玉石
  - 贾母生病
  - 妙玉出园瞧贾母
  - 迎春病逝
  - 史湘云丈夫得绝症

二、回目题解

这一回写了宝玉欲梦黛玉而不得，贾母积食受凉，胸口纳闷，头晕目眩。迎春死，贾母痛哭。史湘云丈夫得了暴病。贾府日渐衰微。

三、主要人物

上半回：宝玉、宝钗、袭人、迎春、贾母、五儿。

364

下半回：宝玉、宝钗、鸳鸯、岫烟、妙玉、王夫人、彩云、鸳鸯、贾琏、贾政、赖大、王熙凤、琥珀。

四、学养积累

1. 疏通字词

轻薄：不庄。

酸文假醋：装出一副文雅有礼貌的样子。

朦胧：感觉不分明。

光景：景象。

讪笑：羞惭尴尬的笑。

赧颜抱惭：感到惭愧。

假以辞色：好言好语，和颜悦色地对待。

结褵〔lí〕：男女结婚。

噏噏：轻细的声音。

2. 考证

看柳五儿之未死

近十数年，许多红学家们一直认为在脂批本上老太妃下葬期间的第五十八回开始到第六十四回上半部，柳五儿就业已悄悄"短命死了"，而在程本一百二十回中，从第七十七回到第一百零一回到第一百一十八回等，共计九回里都提到或重点安排故事情节。只有林语堂、周绍良等先生认为，第一百零九回"候芳魂五儿承错爱"是原作，而俞平伯先生《红楼梦研究》承认此回"较有精彩，可以仿佛原作的"。最早朱一玄《红楼梦人物谱》里明确指出程本中后来五儿起死而复生，虽然承认"在情节的前后照应上是经过周密考虑的"，只是在性格上和前文"没有相近之处"，判别为程乙本改写的。

五、名家点评

宝玉一身，原是梦中人、梦中境，宝钗欲以梦醒之，是慧心人作用。无如两夜无梦，自费宝钗苦心。迎春临别说"没有再来的时候"，为下回伏钱。宝钗劝母早为薛蝌完姻，不但近情合理，且为岫烟于归伏钱。五儿自补入宝玉房中，并未与宝玉交言，借此一叙，必不可少。若非外面声响，宝钗咳嗽，宝玉与五儿如何分散？文人之笔，收纵自如。宝玉与宝钗自成亲后，虽相恩爱，终非鱼水；至此宝钗欲移花接木，方得两情浃恰。不但写宝钗是夜多情，且可见平日端庄。"二五之精，妙合而凝"，宝钗已有身孕。北静王之玉，是正衬通灵；无赖之假玉，是反衬通灵；贾母之玉玦，是旁衬通灵。玦者，决也，为贾母与宝玉永诀之兆。凡人遇有丧亡祸患，与其强颜欢笑，不若放声大哭。盖放声大哭，郁气可伸；强颜欢笑，闷怀愈结。故宝玉大哭黛玉，脉气顿和；贾母勉强寻欢，停食胸闷。妙玉探望贾母，却是闲文，要紧处在问知惜春住房，为异日遇盗埋根。贾母垂危，迎春先死，湘云将寡，真如大树一倒，人无荫庇。

——王希廉评点《红楼梦》

六、延伸探究

（1）从贾母之病看贾府兴衰。

明确：借用焦大的话来看，以前只有焦大跟着老太爷拿人，从没被人拿过。也就是说，作为贾府精神支柱的贾母活了几十年，见过诸多的风风雨雨，没想到这场风雨现在降临到自己家里了，这种打击不可谓不小。贾母由小病到大病，实则是贾府再无力翻身的暗喻。

（2）识时务的五儿。

明确：第一百零九回，候芳魂五儿承错爱，就详细说了贾宝玉因思念晴雯，把感情倾注在五儿身上，把柳五儿当成了替代品。

柳五儿，是金陵十二钗又副册中的第十二名，号称"情失"。"失"，就是得不偿失的意思。好日子，理想的日子过上了；同时，失去的也很多，包括做人的尊严，等等。最早之时五儿很想伺候贾宝玉，想"靠的大树好乘凉"，在第一百零九回柳五儿如愿以偿。她伺候宝玉"候芳魂"，宝玉"把他当作晴雯，只管爱惜起来"，她却是很有分寸，直说"你自己放着二奶奶和袭人姐姐，都是仙人儿似的，只爱和别人混搅""我回了二奶奶，看你什么脸见人"。可见，柳五儿虽然长得像晴雯，弱弱的像黛玉，但性格特征与她们俩完全不同。骨子里老实，行为上很务实，柳五儿的核心价值观恰恰就是如此。柳五儿有些小算计，喜欢攀高枝、靠大树，又比较自私，当贾府大厦将倾的时候，柳五儿肯定是第一波大难来时各自飞的。

第一百一十回

史太君寿终归地府　王凤姐力诎失人心

一、整本阅读，思维导图

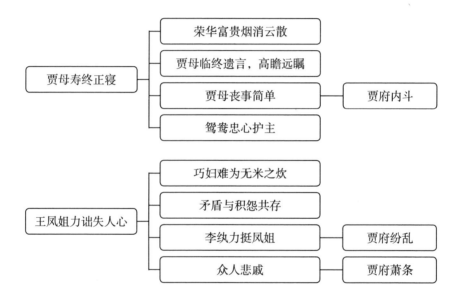

二、回目题解

这一回写了鸳鸯求凤姐把老太太丧事办得风光些。凤姐给贾母办丧事，钱少力诎，上下结怨。

三、主要人物

上半回：宝玉、宝钗、袭人、迎春、贾母、贾兰、王熙凤、邢夫人、贾琏、李纨。

367

下半回：宝玉、宝钗、鸳鸯、王夫人、贾琏、贾政、王熙凤。

四、学养积累

疏通字词

回光返照：人死前精神突然兴奋。

丁忧：遭逢父母丧事。

谙练：熟悉。

掣肘：有人从旁牵制。

五、名家点评

此回合下回为一大段，收拾史，收拾《易》，以收拾众人文字也。史辨贤奸，以宝钗之奸险而不能知；《易》别阴阳，以宝钗之阴小而不能知，而失心欺天如此，是书所以不能不作也。太君曰"归地府"，鸳鸯曰"登太虚"，作者直窃予夺之权，说陟降之理。此回上半文字少，下半文字多，面子是凤姐，底里是宝钗，皆"强欢笑"文字也。用一李纨为纲领，虽万绪千头，总归提挈，特看官不喜搜寻耳。

——张新之评点《红楼梦》

六、延伸探究

（1）王熙凤力绌失人心的警示。

明确：透过王熙凤力绌失人心的悲剧，折射出曹公的创作意图：贾史王薛四大家族，一荣俱荣，一损俱损。"覆巢之下，焉有完卵。"王熙凤的命运，不过是贾府"盛极而衰"的缩影。作为贾府的管家，自然在贾府这座大厦倾颓后，随之被压垮。

（2）从李纨力挺王熙凤看出贾府的人情冷暖。

明确：李纨看出了凤姐的难处，说道：牡丹虽好，全仗绿叶扶持。叮嘱下人们不要和别人一样去作践凤姐，并且还告诉鸳鸯不是凤姐不在老太太的事情上用心，只是银子钱都不在她的手里，她就是个巧媳妇也做不了没有米的粥饭呀。

这个平素一直冷眼旁观的人，在凤姐给贾母为丧事的这件事情上倒是说了一次公道话。这个时候反观邢夫人，也就知道她到底是个怎样的人了，贾政对于庶务一概不通才说出要一切以悲切为好，不可过于铺张，她竟为了好留下几个钱日后过日子一个劲儿地赞同。

（3）贾母在临终前对别人都有交代，为何对薛宝钗只有一声叹息？

明确：①木石姻缘的缔造者——贾母

贾母是木石姻缘的缔造者，这条线索是贯彻全书始终的：

第一，贾母是宝黛两小无猜的培育者。

第二，贾母是冤家聚头的唤醒者。

第三，贾母是门当户对的破除者。

第四，贾母是黛玉形象的维护者。

第五，贾母是木石姻缘的策划者。

②金玉良缘——贾母临终的叹息

贾母对金玉良缘的态度是非常令人深思的。

一方面，贾母在不同的场合多次赞扬薛宝钗，如在第三十五回，在一次谈话时，贾母说："提起姊妹，不是我当着姨太太的面奉承，千真万真，从我们家四个女孩儿算起，全不如宝丫头。"第八十四回，贾母有次对薛姨妈说，"我看宝丫头性格儿温厚和平，虽然年轻，比大人还强几倍……都象宝丫头那样心胸儿脾气儿，真是百里挑一的。不是我说句冒失话，那给人家做了媳妇儿，怎么叫公婆不疼，家里上上下下的不宾服呢。"

另一方面，宝钗来到贾府这么多年，贾母从没有提起过宝钗的婚姻问题，相反，宝钗的表妹宝琴刚到贾府，贾母马上向薛姨妈"细问他的年庚八字并家内景况"，薛姨妈也知道，贾母"大约是要与宝玉求配"。只是贾母后来"听见已有了人家，也就不提了"。这些说明了什么呢？这只能说明一点：贾母的内心是不喜欢薛宝钗的，更不喜欢金玉良缘。虽然贾母多次夸奖过薛宝钗，但贾母在批评薛宝钗的时候，语气之重，在大观园小姐中也是前所未有的。

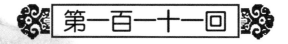

第一百一十一回

鸳鸯女殉主登太虚　狗彘奴欺天招伙盗

一、整本阅读，思维导图

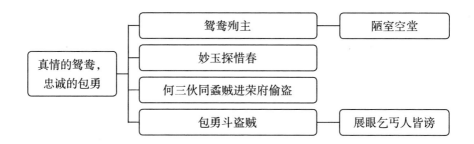

二、回目题解

这一回写了鸳鸯在秦氏启发下寻死，宝玉先哭后笑，袭人以为他又要疯了，宝钗却说他有他的意思，宝玉喜宝钗知他之心，"别人那里知道"。邢夫人不要贾琏为鸳鸯行礼。宝钗哭祭鸳鸯。周瑞干儿子何三和赌友商量行窃。妙玉和惜春正下棋，贼盗来家，包勇打死周瑞干儿子何三。

三、主要人物

上半回：王熙凤、邢夫人、贾琏、王熙凤、秋桐、鸳鸯、琥珀。

下半回：宝玉、宝钗、王夫人、贾琏、贾政、林子孝、何三、包勇、妙玉、惜春、贾芸。

四、学养积累

疏通字词

辞灵：出殡前亲友向灵枢行礼告别。

五更：天将亮时。

五、人物赏析

1. 鸳鸯人物介绍

金鸳鸯是个"家生子儿"，虽然是贾母的红人，但她自重自爱，从不以此自傲，仗势欺人，因此深得上下各色人等的好感和尊重。

2. 鸳鸯的性格特征

（1）世俗才华。

（2）善良本性。

（3）刚烈敢为。

六、名家点评

鸳鸯殉主，固是义气，亦是怨气。贾赦虽已远去，邢夫人应胆虚心战。凤姐睡倒，秋桐一看便去，平见即嘱丰儿回明邢王二夫人，一笔不漏。鸳鸯自缢时，寻取所剪头发揣入怀中，顿使前事刺人心目，文笔灵警异常。秦氏多情而淫，何能超出情还，归入情天？痴情一司，恐尚未能卸事。况秦氏生前递无看破凡情影响，此说似属无根。慧心人须将册中题画及该当悬梁等语前后细参，此中有作者隐语真情，借笔写影深文，可以意会，不可言传。

宝玉、宝钗一样行礼，两样心事。

强聘彩霞，是来旺之子；引路上盗，是周瑞干儿。俱是凤姐信用之人，安得不招物议？何三说看干妈情儿上，不知周瑞家与何三有何情分，是作者暗笔。

妙玉是夜忽在惜春处住宿，以激被盗窥见，为明日被劫之由。数固有定，文亦有意。

此时包勇进来，盗不端门，专为保全惜春而说。

——王希廉评点《红楼梦》

七、延伸探究

（1）包勇在第一百一十一回的意义。

明确：①衬托贾府人物，与贾府一众人形成鲜明的对比。贾雨村受贾府荫庇才得以平步青云，却在贾府落难之时撇清关系，落井下石，令人不齿。贾家的主子们，在贾家每况愈下之时，不仅不想如何去改变贾府情况，还幸灾乐祸，等着分财产。更有甚者，想为几两银子，将凤姐的女儿卖与烟花之地。真是没有人性！贾府的奴仆更是不用说，平时狗仗人势，背靠大树好乘凉，没少从主子手里拿好处，大祸临头却都各自飞了。同样是奴仆，对比却是如此鲜明。不由让人感叹世态炎凉，人情冷暖。②结构篇章，补充情节。包勇的出场，使得甄贾两家连通了起来。甄家的由荣而衰，由衰再起的情况，都是通过包勇引出来的。有穿针引线的作用。③身负使命。作者安排包勇来贾府，不仅是为了人物对比和结构篇章的作用，包勇还身负着一项特殊使命，即包勇是甄家派来向贾府催要债务的。甄家派武功高强的包勇来贾府，也是随时提醒贾府不得昧下这笔银两，反映了"假仁假义"的贾府人物形象。

（2）鸳鸯在第一百一十一回的意义。

明确：金鸳鸯是《红楼梦》中具有反封建精神的典型代表。鸳鸯不是殉主，而是以生命来保卫自己"人"的尊严。她是小说中依赖于封建家族、封建社会而又反抗性最强的人物，这也侧面展现了贾府的丑陋险恶。

第一百一十二回

活冤孽妙尼遭大劫　死雠仇赵妾赴冥曹

一、整本阅读，思维导图

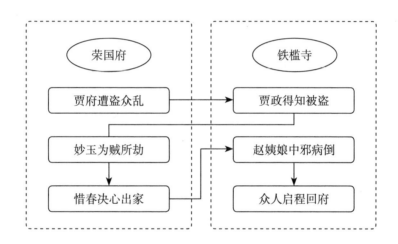

二、回目题解

本回写一伙强盗趁贾府丧乱之时偷盗钱财，并用迷香熏倒了妙玉，将妙玉也劫持走了。从此，妙玉就下落不明，印证了妙玉的判词"可怜金玉质，终陷淖泥中"。

赵姨娘在贾母灵前突然变得神志不清，口吐白沫，自言自语说出自己和马道婆合谋陷害凤姐之事，似乎为了说明她的死是因果报应。赵姨娘的死状非常凄惨，死后只有贾环在一旁料理，赵姨娘的一生也是可悲可怜的。

三、主要人物

上半回：妙玉、凤姐、惜春、平儿、包勇。

下半回：赵姨娘、贾政、贾琏、贾芸。

四、学养积累

疏通字词

关津：设在水陆交通要道上的关卡。

亮钟：天明时，钟楼上敲五更钟。

俵〔biào〕：方言，把东西分给人。

安厝：因待葬或要改葬而暂将灵柩停放某处。

动过家："抄过家"的讳称。

玄墓：即玄墓山。因东晋时刺史郁泰玄葬于此，故名。

搭膊：一种长方形的布袋，中间开口，两端可盛钱物，系在衣外作腰巾，亦可肩负或手提。

五、名家点评

这丢的东西你告诉营里去说，实在是老太太的东西，问老爷们才知道。〔张新之：不辨东西，但委之命。千古无心而坏大事者比比皆然。甚矣。利令智昏也。〕

李纨说道："我也在这里罢。"王夫人道："可以不必。"于是大家都要起身。贾环急忙道："我也在这里吗？"王夫人啐道："糊涂东西！你姨娘的死活都不知，你还要走吗！"〔张新之：纨则请留，环则要去。一善一恶，一阳一阴。循理无端，正糊涂东西之理也。〕贾环就不敢言语了。宝玉道："好兄弟，你是走不得的。我进了城打发人来瞧你。"〔张新之：你是去不得的，用对照法以透"独承家"。〕

林之孝只管跪着，不敢起来。贾政道："你还跪着干什么！"林之孝道："奴才该死，求老爷开恩。"正说着，赖大等一干办事家人上来请安，呈上丧事帐簿。贾政道："交给琏二爷算明了来回。"〔张新之：以周瑞、林之孝作结，乃一篇之主骨。以帐簿截然而止正一篇不了帐也。〕

——脂砚斋评点《红楼梦》

六、趣味问答

（1）"三姑六婆"分别是指哪"三姑"和"六婆"？

明确：指旧时几类职业妇女，含贬义。三姑者，尼姑、道姑、卦姑也；六婆者，牙婆（人贩子）、媒婆、师婆（巫婆）、虔婆（鸨母）、药婆、稳婆（接生婆）也。

（2）"只是爷府上的规矩，三门里一个男人不敢进去的，就是奴才们，里头不叫，也不敢进去。"府上为什么会有这样的规矩？

明确：防男女之事更胜于防盗。

七、延伸探究

中国古代自从周代开始，就有一套完整而复杂的丧葬仪式。作为"百科全书"式的《红楼梦》，里面多次写到丧葬。请试着回忆《红楼梦》中有哪些丧葬的描写？

明确：丧事期间，对孝子有些特别的要求，诸如"藉草枕块""席地坐下"等，即睡干草，枕土块。第六十四回写贾敬丧事期间，"贾珍贾蓉此时为礼法所拘，不免在灵旁藉草枕块，恨哭居丧"。并且还要求孝子要席地而坐，本回写贾母丧事期间，贾政"到书房席地坐下"。丧事期间，丧家要用白纸将门神遮盖起来，第一百一十回贾母去世时，"从荣府大门起至内宅门扇大开，一色净白纸糊了"。

丧家居丧时穿戴的服饰叫丧服或孝服。丧服根据与死者关系上分为五个等级，即斩衰、齐衰、大功、小功、缌麻五等，也称五服。第九十二回冯紫英问贾政，贾雨村与贾府"是有服还是无服"，相当于询问其亲疏关系。我们平时讲五服，指关系较近的亲戚。

第一百一十三回

忏宿冤凤姐托村妪　释旧憾情婢感痴郎

一、整本阅读，思维导图

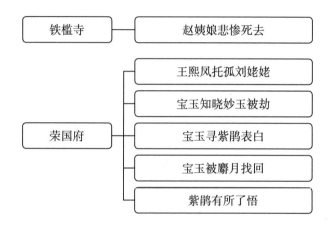

二、回目题解

本回写刘姥姥在贾府经历过抄家的重大打击之后，第三次进了贾府。这次见到的凤姐是"骨瘦如柴，神情恍惚"，凤姐还将巧姐托付给了刘姥姥。这一细节表明贾府已是日暮穷途。

紫鹃因为宝玉在黛玉弥留之际与宝钗成了亲而一直无法原谅宝玉，对宝玉有种怨恨。本回写宝玉向紫鹃剖明心迹，紫鹃避而不见。两人屋里屋外有一番对话，这次对话让紫鹃对宝玉的怨恨有所释怀，更重要的是使紫鹃对世俗红尘有了一种了悟感。

三、主要人物

上半回：王熙凤、刘姥姥、巧姐、平儿。

下半回：贾宝玉、紫鹃、麝月。

四、学养积累

1. 疏通字词

村姬：乡村老妇。

喑〔yīn〕哑：不能说话。

门神都糊了：旧俗，凡丧事时均用白纸糊住门神、对联等彩色的装饰物，以示守丧。

讲究：研究。

衰颓：衰落颓败。

遗绪：前人留下来的功业。

2. 词句赏析

（1）那大夫用手一摸，已无脉息。贾环听了，然后大哭起来。众人只顾贾环，谁料理赵姨娘。只有周姨娘心里苦楚，想到："做偏房侧室的下场头不过如此！况他还有儿子的，我将来死起来还不知怎样呢！"于是反哭的悲切。

明确："只顾"二字写出了人情的冷漠，无人看顾赵姨娘，贾环毕竟也是个公子少爷。"只有周姨娘心里苦楚"只这一句写出了对周姨娘的同情，也唤起了读者对赵姨娘的怜悯。

（2）刘姥姥看着凤姐骨瘦如柴，神情恍惚，心里也就悲惨起来，说："我的奶奶，怎么这几个月不见，就病到这个分儿。"

明确：刘姥姥前两番进贾府，目睹了贾府鲜花着锦、烈火烹油之势，受到了贾府的接济。现在，她见到的是贾府没落的景象，贾府居然成了她帮助的对象。从刘姥姥的视角，勾动贾府今昔对比，反差效果强烈。

五、名家点评

后来又听见说这里老爷升了，我又喜欢，就要来道喜，为的是满地的庄稼来不得。〔张新之：能留则坏事都成好事，便是满地庄稼。而述传闻为虚笔，妙合神情。〕

这里凤姐愈加不好，丰儿等不免哭起来。〔张新之：一部书不是念佛，而是捣鬼而已。而写来酷肖，自"一进""三宣"到此，写一刘姥姥，或欢乐，或丧乱，总令人认得，笔妙故也。]巧姐听见赶来。刘姥姥也急忙走到炕前，嘴里念佛，捣了些鬼，果然凤姐好些。

宝玉还要说话，因见麝月在那里，不好再说别的，只得一面同麝月走回，一面说道："罢了，罢了！我今生今世也难剖白这个心了！惟有老天知道罢了！"说到这里，那眼泪也不知从何处来的，滔滔不断了。[张新之：题曰"释旧憾"，递"双护玉"也；文则"结旧憾"，逼"却尘缘"也，演一心之书止矣。]

——脂砚斋评点《红楼梦》

六、趣味问答

（1）巧姐儿的名字谁起的？为什么叫巧姐儿？有什么深意？

明确：巧姐儿名字是刘姥姥起的，因为她生于七月初七日乞巧节。巧姐儿小时时常生病，刘姥姥起这个名字时说："这叫作'以毒攻毒，以火攻火'的法子。姑奶奶定要依我这名字，他必长命百岁。日后大了，各人成家立业，或一时有不遂心的事，必然是遇难成祥，逢凶化吉，却从这'巧'字上来。"

（2）"想到此处，倒把一片酸热之心一时冰冷了。"紫鹃为什么"酸热之心一时冰冷了"？猜想她最终可能会有怎样的结局？

明确：紫鹃也有所了悟，人生一切前定，勉强不得。死了的人未必知道，这活着的真正苦恼伤心，不如草木无情，倒也免除了这些痛苦。

第一百一十四回

王熙凤历幻返金陵　甄应嘉蒙恩还玉阙

一、整本阅读，思维导图

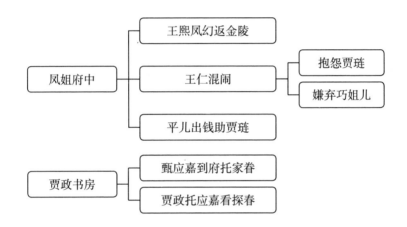

二、回目题解

本回写曾经在贾府呼风唤雨的凤姐成了"末世英雄"，随着贾府的衰败，她凄凉地死去了。甄家和贾家一样被抄过家，后来因皇恩浩荡而赐还了世袭之职。甄应嘉来拜祭贾母，并且见到与自己小儿甄宝玉样貌相同的贾宝玉。

三、主要人物

上半回：王熙凤、贾琏、王仁、巧姐儿、平儿。

下半回：甄应嘉、贾政、贾宝玉。

四、学养积累

疏通字词

扶乩〔jī〕：又称抬箕、扶鸾等，是中国道教的一种占卜方法。

罣〔guà〕误：因过失或牵连而受到处分。

行取：行文取调。

温谕：臣下对皇帝的命令、文告的一种恭敬称呼。

越寇：浙江的贼寇。

仙逝：婉辞，指人死。

尊纪：称别人的仆人。

贱眷：谦称自己的家眷。

小犬：谦称自己的儿子。

缟素：白色丧服。

五、名家点评

你只说邢妹妹罢，自从我们这里连连的有事，把他这件事竟忘记了。你们家这么一件大事怎么就草草的完了？〔张新之：适说册子，便了结册外人。曰草草完了，正草之得所，为婚姻之正也。亦补亦叙，宾主合宜。〕

平儿道："二爷也不用着急，若说没钱使唤，我还有些东西旧年幸亏没有抄去，在里头。二爷要就拿去当着使唤罢。"〔张新之：尤二姐死得平助，凤死亦得平助，此平所以为平也。枉了凤姐。〕

那甄老爷即是甄宝玉之父，名叫甄应嘉，表字友忠，〔张新之：甄应嘉犹言真应假，真假递嬗，相应无穷也。字友忠，有忠也。忠文中心，正真假相应、无伪无虚之根底。〕也是金陵人氏，功勋之后。

——脂砚斋评点《红楼梦》

六、趣味问答

（1）袭人提醒宝玉当年做梦所说的"册子"是个什么东西？

明确：那个"册子"是指金陵十二钗的所谓"正册"。

（2）甄应嘉名字隐喻的真名是什么？

明确：真应假。

（3）凤姐返金陵的寓意是什么？

明确：签文暗示了王熙凤尸返金陵的结局。

七、延伸探究

（1）《红楼梦》第五回中有这样的判词："凡鸟偏从末世来，都知爱慕此生才。一从二令三人木，哭向金陵事更哀。"这是谁的判词？其中的"一从二令三人木，哭向金陵事更哀。"概括了她的什么命运？请简述。

明确：这段判词写的是王熙凤。其中的"一从"是指王熙凤在贾府顺从最高统治者贾母；"二令"是她在贾府可以发号施令；"三人木"的"人木"合成一个"休"字，是指她最终要被休弃的。王熙凤的娘家在金陵（现在的南京），被休后的她只有哭着回去，下场更悲哀。但续书写王熙凤因病而亡，这与曹雪芹的原意不符。

（2）本回甄老爷和贾老爷一番对话中出现了很多谦敬辞，有关谦敬辞请归纳总结。

明确：谦敬辞可归纳为"家大舍小令外人"一句话，即对别人称比自己年龄大的家人时冠以"家"，如家父（家严）、家母（家慈）、家叔、家兄等；对别人称比自己小的家人时则冠以"舍"，如舍弟、舍妹、舍侄等；称别人家中的人，则冠以"令"，如令堂、令尊、令郎、令爱等。

除了"家""舍"这两个谦辞和"令"这一敬辞外，"小"（小女）、"拙"（拙见、拙荆：自己的妻子）、"鄙"（鄙见）、"寒"（寒舍）、"愚"（愚见）、"浅"（浅见）等都是指自己的，属于谦辞。常用敬辞有"贵"（如贵校、贵公司）、"大"（如大作，用于称对方的作品）、"高"（如高见）、"尊"（如尊姓大名）、"拜"（如拜托）、"赐"（如赐教，请别人指教）、"雅"（如雅正，请对方指正）、"惠"（如惠顾）等。

第一百一十五回

惑偏私惜春矢素志　证同类宝玉失相知

一、整本阅读，思维导图

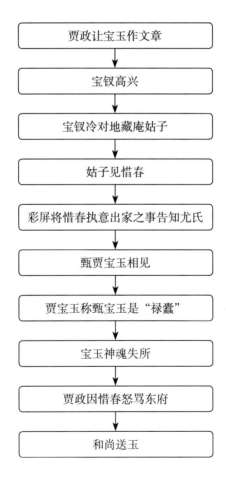

贾政让宝玉作文章

↓

宝钗高兴

↓

宝钗冷对地藏庵姑子

↓

姑子见惜春

↓

彩屏将惜春执意出家之事告知尤氏

↓

甄贾宝玉相见

↓

贾宝玉称甄宝玉是"禄蠹"

↓

宝玉神魂失所

↓

贾政因惜春怒骂东府

↓

和尚送玉

二、回目题解

贾政叫宝玉念书写文章，他要检查。地藏庵姑子来贾府受到宝钗冷遇，激惜春出家。贾宝玉与甄宝玉貌象无异，宝玉呆病发作。和尚送来"宝玉"，宝玉死而复生。和尚要一万两银子。

三、主要人物

上半回：贾宝玉、宝钗、贾政、地藏庵两个尼姑、彩屏、惜春、尤氏。

下半回：贾政、贾宝玉、甄宝玉、贾环、贾兰、王夫人、袭人、贾琏、和尚、麝月。

四、学养积累

疏通字词

粗夯［cū bèn］：即粗笨。

诰命夫人：跟其丈夫官职有关，有俸禄，没实权。

逊谢：道歉谢罪。谦让辞谢。

亲炙：是指亲身受到教益，出自《论衡·知实》。

消索：消散；消失。寂寞冷落。犹匮乏。

禄蠹［lù dù］：窃食俸禄的蛀虫。喻指贪求官位俸禄的人，一心扎进仕途经济的并成为权位金钱奴隶的人。禄，仕途经济。蠹，虫也，这里用比喻人。

五、名家点评

贾政叫宝玉作文，不过借此截断同宝钗说话，无甚紧要，所以不日宝玉病重，亦不复提起。

借地藏庵姑子口中竟说妙玉跟了人去，且说只怕是假惺惺，不但是文人暗笔，且见妙玉平日不满人意情事。

宝玉一见甄宝玉，想起梦中光景，以为必是同心知己，是反跌下文。

兰却是甄宝玉知己，是旁衬法。

宝玉连自己相貌都不愿要，却是深合"我相非相"妙义，宜其一病几死，病好便要超凡也。

惜春出家，因宝玉病重，暂时搁起。若此时即办，贾政、贾琏在家，殊难安顿，是文章下坡勒马法。

宝玉于病到极危时，忽有和尚送还通灵，一见便好，喜出望外；于正要坐起时，一闻麝月砸破一言，忽然晕倒，惊出意外：文章变幻不恻。

——王希廉评点《红楼梦》

六、延伸探究

（1）请简述惜春的结局，并谈谈其性格特点。

明确：惜春最后的结局是出家。她常和妙玉亲近，终于下决心剪发修行。在惜春出场时，作者就形容她尚小，在以后情节中也没有改变她这一幼小形象。她没有参加姊妹们的吟诗活动，但第四十二回的为大观园作画却是特为她写的，说明她精晓绘画艺术。惜春在抄检大观园一回，表现出她的孤绝的性格。所有的人在这次事件中，都侧面地显示着他们性格的特征。不同于迎春的懦弱，小小年纪的惜春却表现出非常镇定的性格，只不过这种镇定是对于现实的舍弃和逃避。她这一特征终于导致第八十回以后较为活跃的表现，在贾母病重和丧事期间，她和凤姐一起掌管家务。

（2）贾宝玉失去玉后变得痴呆以致大病一场，可以说他的一生的命运都与他随身的一块玉密切相关，请简述贾宝玉与玉有关的两件事。

明确：①宝玉摔玉。表妹林黛玉来投亲，宝黛初见，宝玉觉得是"天上掉下个林妹妹"，有十分的好感。可当他闻知黛玉无玉，便摔玉于地说："这玉连人的高下都不识，不要了。"此举惊坏了黛玉，也吓得众人一拥去抢，多方哄他才作罢。②金玉良缘。宝玉至梨香院探望在家养病的宝钗，宝钗因早记挂着宝玉项上的那块通灵宝玉，就要来细细地鉴赏了一番。她把玉托于掌上，"看毕，又从新翻过正面来细看，口内念道：'莫失莫忘，仙寿恒昌。'念了两遍，乃回头向莺儿笑道：'你不去倒茶，也在这里发呆作什么？'莺儿嘻嘻笑道：'我听这两句话，倒像和姑娘的项圈上的两句话是一对儿。'宝玉听了，忙笑道：'原来姐姐那项圈上也有八个字，我也赏鉴赏鉴。'"于是宝玉也细细赏鉴了宝钗的金锁及上面所錾的八个字"不离不弃，芳龄永续"。

第一百一十六回

得通灵幻境悟仙缘　送慈枢故乡全孝道

一、整本阅读，思维导图

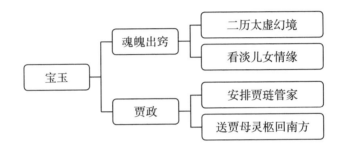

二、回目题解

宝玉听了麝月的话，复又死去，二历幻境，读了金陵十二钗正副册。宝玉厌弃功名，看淡儿女情缘。贾政见宝玉无大碍，决定送母亲灵枢回南方，家里事情交给贾琏照应。

三、主要人物

上半回：贾宝玉、王夫人、和尚、贾政、仙女、麝月、宝钗、袭人、惜春、尤氏。

下半回：贾政、贾宝玉、王夫人、贾琏、紫鹃、五儿。

四、学养积累

1. 疏通字词

丁忧：也称"丁艰"。根据儒家传统的孝道观念，朝廷官员在任期间，如若父母去世，则无论此人任何官职，从得知丧事的那一天起，必须辞官回到祖籍，为父母守制二十七个月，叫丁忧。

2. 对联

（1）联额原文：

真如福地

假去真来真胜假，

无原有是有非无。

真如，佛家语，即所谓永恒真理。真，真实；如，如常不变。福地，仙境，所谓幸福之地。"真如福地"恰好是"太虚幻境"的反义。"无原有是有非无"句：与上一句对仗，意谓"无"本来是存在的，但它与"有"不同。

（2）联额原文：

福善祸淫

过去未来，莫谓智贤能打破；

前因后果，须知亲近不相逢。

福善祸淫：指行善的得福，作恶的受祸。《尚书·汤诰》："天道福善祸淫，降灾于夏，以彰厥罪。"

（3）联额原文：

引觉情痴

喜笑悲哀都是假，

贪求思慕总因痴。

引觉情痴：引导痴心者觉悟的意思。

五、名家点评

宝玉初次之梦是真梦，所以金册题词俱不记得；此番是神游幻境，并不是梦，故十二首诗词俱牢牢记得，读者莫亦作梦看。

宝玉神游幻境，除在世诸人自当不见外，其录迎春、黛玉、凤姐、秦氏、尤三姐、鸳鸯、晴雯皆恍惚见面；元春是皇妃，不便与众相同？

故止写词中一语，隐隐逗明，最为得体；若妙玉如果被害，莫魂亦应仍归幻境，必当与宝玉一见，乃独不提及，是作者深文隐义，不可不知。

王夫人说到"生也是这块玉"，下句是"死也是这块玉"，忽然止住不说，流下泪来，神情如画。

宝玉牢记册上诗句，心中早有成见，与惜春之意相合；故借惜春口中说破"入我门"三字。

贾政扶柩回南，了却无数未完事件，且好叙后来一切家事；若贾政在家，便有许多掣肘处。

写紫鹃、五儿两人心事不同，有清独泾渭之分。

——王希廉评点《红楼梦》

六、延伸探究

（1）宝玉看到"堪羡优伶有福，谁知公子无缘"，先前不懂，见上面尚有花席的影子，便大惊痛哭起来。宝玉为何大哭起来？

明确：因为袭人是他身边的丫鬟，感情素来深厚，连袭人这样的丫鬟也要离他而去，嫁给蒋玉菡，故伤感而大哭。

（2）见了宝玉进来，便悄悄的说道："这就是神瑛侍者么？"引着宝玉的说道："就是。"在此，为何称宝玉为神瑛侍者？

明确：宝玉的前身是天上的神瑛侍者，下凡到人间成了贾宝玉，此时贾宝玉到了仙界，故众人称其为神瑛侍者。

第一百一十七回

阻超凡佳人双护玉　欣聚党恶子独承家

一、整本阅读，思维导图

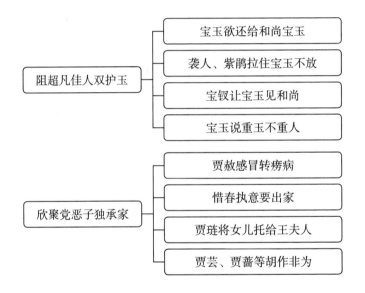

二、回目题解

　　本回写贾宝玉要把宝玉还给和尚，紫鹃、袭人拉住不放；宝钗接过贾宝玉，让贾宝玉去见和尚，贾宝玉说他们重玉不重人。贾赦感冒转痨病，贾琏要去看父，将女儿托于王夫人。荣府诸人各顾自己，不管别人，贾芸、贾蔷、贾环等胡作非为。邢大舅说笑话骂贾蔷是看不住家的假墙。惜春执意要出家，众人同意。

三、主要人物

上半回：贾宝玉、王夫人、宝钗、和尚、袭人、紫鹃。

下半回：贾琏、平儿、巧姐儿、贾芸、贾蔷、贾宝玉、王夫人、邢大舅、王仁、贾环、尤氏、惜春。

四、学养积累

疏通字词

款洽：亲密；亲切。

怄〔òu〕人：使人生气、不愉快。

五、名家点评

宝玉问和尚来路，和尚说："你自己来路还不知道，便来问我。"真是当头一棒，喝醒痴迷。凡人眷恋妻儿名利，至死依依不舍，皆是不知自己来路；若晓得来路便是去路，有何可窃处？

宝玉说："还了你玉。"和尚说："也该还了。"缄锋相对。须知不是还玉，是反真还原。袭人听说还玉，此惊实非小可，正如王夫人所说"生也是这块玉"，下句"死也是这块玉"。凡人所见，不过生死为重，岂知佛门另有不死不生一义？

宝钗不还玉，以为有玉即有人。宝玉说"重玉不重人"，是在人不在玉。暗里机锋灵警异常。

小厮学和尚同宝玉说话，妙在似明白似糊涂。只有宝钗是慧心人，必是想起乱语，所以发怔。

宝玉说和尚住处，说远就远，说近就近，却是返求不远之义也。

宝玉说出"一子出家"的话，是文章明点法，必不可少；随以顽话撇开，是文章纵放法。不点则眼不明，不纵则势不宽。

接写贾琏匆忙出门，才好叙巧姐、惜春诸事。

贾琏求王夫人照管巧姐，可见邢夫人平日行为甚不合乃郎之意。

薛姨妈搬去自住，拢翠庵求人管理，一是补离，一是伏笔。

贾琏说若惜春真正寻死比出家更不好，已允许出家一着。所言邢夫人及尤氏、平儿诸人平素行为，亦甚明白；惟托王仁、贾芸、贾蔷等照管家事，殊欠知人之哲。

——王希廉评点《红楼梦》

六、趣味问答

（1）本回中，最先阻止宝玉将玉还给和尚的是谁？

明确：袭人。

（2）"欣聚党恶子独承家"，此处的恶子指何人？

明确：贾芸、贾蔷。

第一百一十八回

记微嫌舅兄欺弱女　惊谜语妻妾谏痴人

一、整本阅读，思维导图

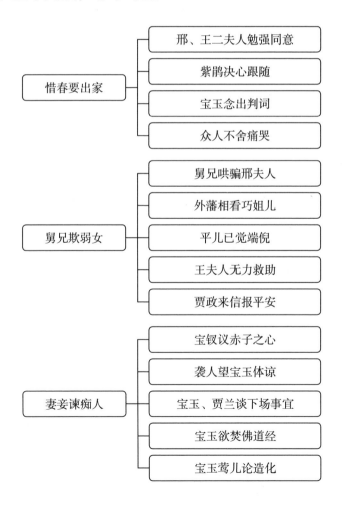

惜春要出家
- 邢、王二夫人勉强同意
- 紫鹃决心跟随
- 宝玉念出判词
- 众人不舍痛哭

舅兄欺弱女
- 舅兄哄骗邢夫人
- 外藩相看巧姐儿
- 平儿已觉端倪
- 王夫人无力救助
- 贾政来信报平安

妻妾谏痴人
- 宝钗议赤子之心
- 袭人望宝玉体谅
- 宝玉、贾兰谈下场事宜
- 宝玉欲焚佛道经
- 宝玉莺儿论造化

二、回目题解

本回主要讲了三件事情：其一，邢、王二夫人同意惜春出家，紫鹃自愿请求陪侍，宝玉给众人念了惜春的"判词"；其二，贾芸、贾环为捞钱想要把巧姐儿卖给外藩做偏房，让王仁、邢大舅串通去哄骗邢夫人，邢夫人已被蒙蔽，竟同意此事；其三、宝玉和宝钗因为《秋水》而引发对古圣先贤尽孝道的讨论，袭人也帮腔让他尽孝道。宝玉似乎是接受了妻妾的说理，专心应考。

三、主要人物

邢夫人、王夫人、惜春、贾宝玉、薛宝钗、袭人、贾芸、贾环、王仁、邢大舅、巧姐儿、平儿、贾兰。

四、学养积累

1. 疏通字词

援了例监：明清制度，由捐纳取得监生资格者称为例监。援，引用成例。

《秋水》：《庄子》篇名。全篇用各种生动的譬喻说明大与小、是与非、善与恶都是相对的，主张率性自然、无所追求。因此被宝钗看作"出世离群"之作。

尧舜不强巢许，武周不强夷齐：巢许，即巢父和许由，相传为唐尧时的隐士。尧要让天下给巢父，他不受，尧又让许由，由也引以为耻，逃走隐居起来。武周，西周的武王和周公；夷齐，即伯夷叔齐，相传为殷代孤竹君之二子。武王灭殷，天下宗周，伯夷叔齐义不食周粟，隐居首阳山，终于饿死。

2. 动作、语言显个性

紫鹃求邢王二夫人让自己跟着惜春一道修行，服侍其一生时的动作和语言能够体现出她的什么性格特点？

明确："跪"字可以看出紫鹃的真诚与决心。恳求的一番话语透露了对黛玉的深切思念和要服侍惜春一辈子的果敢和无私。她是这个世态炎凉、封建落后社会里的一个品格高尚的少女。

五、名家点评

护花主人评曰：王夫人即不问彩屏等愿跟惜春与否，紫鹃亦必跪求；但径行叙入，不但文情率直，且不显王夫人之周到处。因此一问引出紫鹃，极有步骤。袭人也愿跟惜春出家，亦是反跌后文。宝玉此时虽已明白因缘，但听见紫鹃提起黛玉，一阵心酸；看见袭人痛哭，也觉伤心，尚有尘心未净。插叙贾政向赖尚荣借银一段，写尽奴仆负恩样子。串卖巧姐，是贾环起意，王仁听从。设法当以贾环为首，王仁为从，贾芸、邢大舅又减一等。

邢夫人势利熏心，毫无主见，实在不堪，写得如见其人，文人之笔令人可畏。平儿看出相看巧姐之人不像是对头亲，也不像是藩王府里人，灵慧可爱。借王夫人说话中补明宝琴已嫁，湘云已寡，简净得法。

——《红楼梦注评本》

六、趣味问答

（1）宝钗为什么在听完惜春的判词后放声大哭？

明确：宝钗聪明、理性，这止不住的痛哭，不光有对惜春的不舍，更是在观察宝玉的所为所言之后，猜出宝玉也已有斩断尘心的念头，因此痛哭不止。

（2）巧姐儿被卖除舅兄需要钱外，还有什么原因？

明确：巧姐是王熙凤的女儿，前八十回我们可以找出王仁对凤姐有怨恨的线索，再说贾环，从本回中"贾环本是一个钱没有的，虽是赵姨娘积蓄些微，早被他弄光了，那能照应人家。便想起凤姐待他刻薄，要趁贾琏不在家要摆布巧姐出气。"可以看出，巧姐儿被舅兄欺负还有母亲王熙凤积累的宿怨。

七、延伸探究

宝钗看到宝玉在看《秋水》为什么觉得心里烦闷？

明确：人生观、价值观不同，让宝玉得意妄言的《庄子·秋水》讲道家哲学，主张率性自然、无所追求，被宝钗看成是"出世离群"的作品，而宝钗的价值观并不是遁世离群，她嫁进贾府，要维持那一套儒家秩序，希望宝玉能考个功名，衣锦还乡，不枉天恩祖德。《秋水》的主题是所有的一切都是平等、一样的，宝钗希望的功名在道家是毫无吸引力的。所以，宝钗看到后很不舒服。

第一百一十九回

中乡魁宝玉却尘缘　沐皇恩贾家延世泽

一、整本阅读，思维导图

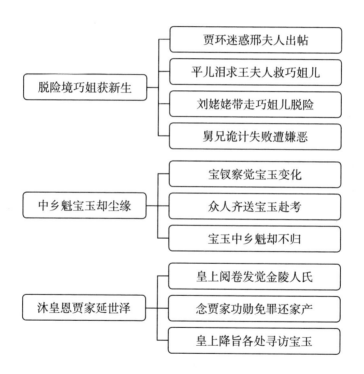

```
脱险境巧姐获新生 ─┬─ 贾环迷惑邢夫人出帖
                  ├─ 平儿泪求王夫人救巧姐儿
                  ├─ 刘姥姥带走巧姐儿脱险
                  └─ 舅兄诡计失败遭嫌恶

中乡魁宝玉却尘缘 ─┬─ 宝钗察觉宝玉变化
                  ├─ 众人齐送宝玉赴考
                  └─ 宝玉中乡魁却不归

沐皇恩贾家延世泽 ─┬─ 皇上阅卷发觉金陵人氏
                  ├─ 念贾家功勋免罪还家产
                  └─ 皇上降旨各处寻访宝玉
```

二、回目题解

　　"中乡魁宝玉却尘缘"是说，到了考试那天，宝玉眼含泪水跪别王夫人，向李纨、宝钗作完揖后与众人告别，考试结束后贾宝玉走丢，寻找无果却传来贾宝玉中了第七名举人的消息。

"沐皇恩贾家延世泽"，皇上亲自阅卷，查明第七名的贾宝玉、第一百三十名的贾兰和贾妃出自一家，想起贾家祖辈功勋，免了贾赦等人的罪并将家产归还，降旨五营各衙门用心寻访贾宝玉。

三、主要人物

贾宝玉、贾兰、王夫人、邢夫人、薛宝钗、巧姐儿、刘姥姥、贾琏。

四、学养积累

1. 疏通字词

龙门口：这里指科举考场的门口。旧时以"在龙门"比喻科举中式，飞黄腾达。

序同年：科举制度下称同科考中的人为"同年"，明清时代乡试会试同榜登科者都称"同年"。序，排列、次第。

知贡举：主考官。《清史稿·选举志》："以大员总摄场务，乡试曰监临，会试曰知贡举。"这里写的是乡试，所以此处"知贡举"是泛指主考官。

座师：明、清时代举人、进士称本科主考官为"座师"或"座主"。

2. 词句赏析

走求名利无双地，打出樊笼第·关。

明确："名利无双地"指科举考场，樊笼的比喻义众多，这里是指世俗名利的羁绊。宝玉已经决心出家，而去参加科举考试，追求名利，是为了报答父母的恩情，这正是打出樊笼束缚的第一关。

五、名家点评

大某山民评曰：宝玉之于宝钗，比肩二年，毕于临走一揖。回思因病成亲，奠雁未揖，御轮未揖，今日反来作揖，悲哉此揖，忍哉此揖！凤姐照顾刘姥姥，十分加厚，深得敬老怜贫之意；今番脱巧姐于难，谁谓施而无报？贾氏四春，惟三姑娘最为锐利，而结果独好。可知懦弱人，皇天久不眷佑矣。贾氏渐复兴旺，必多照应。惜环儿有服，不能入场；苟其混进，亦必中式，不比孤寒奇士，年年打毷氉也。作者极力写袭人痛哭发晕，正深恶其水性杨花，讨好巴结，搬唆他人为狐媚子，自己再嫁小旦。

——《红楼梦注评本》

六、趣味问答

（1）分析加点字。

① 只见宝玉一声不哼，待王夫人说完了，走过来给王夫人跪下，满眼流泪，磕了三个头……

② 宝玉却转过身来给李纨作了个揖……

③ 此时宝钗听得早已呆了……宝玉走到跟前，深深的作了一个揖……

明确："跪""磕""作揖"是深怀愧疚之情感恩母亲，辞别亲人，向妻子告别，充满了离家不归的意味，在出家之前他想还了这些恩情，想与这些世俗了结，还完情债，遁入空门。

（2）在阻止巧姐儿被卖一事中，王夫人和刘姥姥的表现有何不同？这不同能说明什么问题？

明确：王夫人也哭道："妞儿不用着急，我为你吃了大太太好些话，看来是扭不过来的。我们只好应着缓下去，即刻差个家人赶到你父亲那里去告诉。"

刘姥姥道："这有什么难的呢，一个人也不叫他们知道，扔崩一走，就完了事了。"

两种不同的处理结果可以看出王夫人被太多的犹豫牵绊，不果断，而刘姥姥搭救巧姐儿，除了报答当年的救济之恩，在她身上我们还可以看到普通老百姓那最朴实、最直接的处事态度和忠厚的本色。

七、延伸探究

宝玉为什么厌恶科举考试，那又为什么还参加了科举考试？

明确：当时科举盛行考八股文，形式死板僵硬，思想观点被禁锢。贾宝玉不喜拘束，对抗儒家传统，不愿参加科举。后四十回中，贾宝玉的思想在慢慢变化，本回中答应家人去参加科举考试，因为他已下定决心出家，出家前参加科举考试是为了完成父亲贾政的心愿，满足母亲王夫人的期盼，实现妻子宝钗的愿望，这样一来他也就还了恩情，了了俗愿，可去做自己最想做的事情。

甄士隐详说太虚情　贾雨村归结红楼梦

一、整本阅读，思维导图

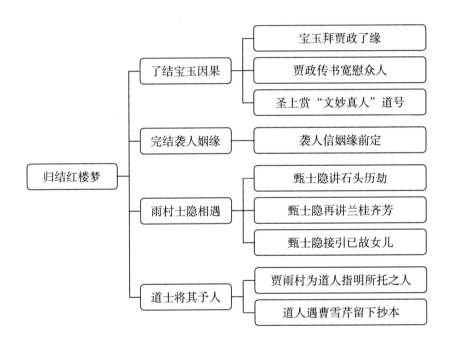

二、回目题解

甄士隐详说太虚情：贾雨村与甄士隐相遇，甄士隐谈起宝玉的来历和下落，贾雨村又询问了荣宁二府的命运。甄士隐度脱了香菱，将她送到太虚幻境，又见那一僧一道要将宝玉携归青埂峰下。

贾雨村归结红楼梦：空空道人再次抄录《石头记》，想要寻个世上清闲无事的人来传，几世几劫后，见到了曹雪芹，便将贾雨村言了，又把这《石头记》交给了他，请他传世。

三、主要人物

贾政、贾宝玉、袭人、甄士隐、贾雨村。

四、学养积累

1. 疏通字词

服阕：父母死后守丧三年，期满除服称为"服阕"。服，丧服。阕，终了的意思。

褫籍为民：革去官职禄籍，贬为平民百姓。褫，黜革，剥夺。

以承宗祧〔tiāo〕：宗祧即宗庙。传宗接代叫承祧。

尘梦劳人，聊倩鸟呼归去：尘世的梦幻使人烦恼，不如借助杜鹃的鸣声唤醒迷梦，寻找归宿。尘梦，尘世的幻梦。见唐代曹唐《仙子洞中有怀刘阮》。劳，烦恼、纷扰。鸟呼归去，传说杜鹃的鸣声像"不如归去"。

2. 分析贾雨村和甄士隐名字的寓意和作用

明确：他们都是《红楼梦》线索式的人物。

贾雨村——存假语，"既是假语村言，但无鲁鱼亥豕以及背谬矛盾之处，乐得与二三同志，酒余饭饱，雨夕灯窗之下，同消寂寞，又不必大人先生品题传世，似你这样寻根问底，便是刻舟求剑，胶柱鼓瑟了。"他推动重要故事情节发展，始终跟在贾府的身后，见证了贾府的衰败。

甄士隐——应真事，他是作品的引子，是作品中人物命运的预言者。

五、名家点评

护花主人评曰：甄士隐说"福善祸淫""兰桂齐芳"，是文后余波，劝人为善之意，不必认为真事。了结香菱，简净跳脱，又是一样文法。

第一百二十回一大段应分四小段：贾政回家陛见，奏明宝玉情事，圣上赏给"文妙真人"道号，为一段，了结宝玉因果，即带叙薛蟠赎罪回家，香菱扶正；自宁府收拾齐全，至袭人嫁蒋玉菡止，为一段，完结袭人因缘，并巧姐许字；自贾雨村遇见甄士隐，至士隐拂袖而起，为一段，说明宝玉去来原委；自雨村睡熟草庵至末，为一段，作者自述作此书为游戏笔墨，扫空一切，为更进一层之意。

——《红楼梦注评本》

六、趣味问答

（1）简要分析贾政面对宝玉出家所表现出的态度。

明确：明白了宝玉是下凡历劫的，且在家书里劝谕大家不必想念了，宝玉出家是有一定的道理。贾政是封建秩序的维护者，一心想宝玉学些经济致仕的学问，最终宝玉为了满足父亲的心愿考了功名。贾政作为一个父亲，面对宝玉出家的选择，算是给予了最后的理解和成全。

（2）贾政去追宝玉，却只见白茫茫一片旷野，并无一人。这里的"白茫茫一片旷野"有何意味？

明确：宝玉拜完父亲贾政后，所有的俗缘、喜怒哀乐、七情六欲就都了了，"一片旷野"也正是宝玉的心境，此时宝玉已然超脱，历完劫的他也不想再为父母留下什么伤心难过，只留下空无一人的白茫茫的旷野。

七、延伸探究

举例分析《红楼梦》在第一回和最后一回中体现出的首尾圆合的特点。

明确：①从首回的顽石成玉到最后一回的宝玉成石，让我们见证了宝玉一生的浩劫；②以"甄士隐梦幻识通灵"为切入点，用"甄士隐详说太虚情"作结来展现人世的变迁；③以"满纸荒唐言，一把辛酸泪。都云作者痴，谁解其中味！"到"说到辛酸处，荒唐愈可悲。由来同一梦，休笑世人痴！"更转一竿头。

编后语

　　《普通高中语文课程标准（2017年版）》公布后，令广大高中语文教师耳目一新，其中最亮眼的莫过于以学习任务群的形式架构高中语文课程。

　　"整本书阅读与研讨"作为新课程的第一个学习任务群，其重要意义不言自明。对于身处"读屏时代"的当代中学生来说，繁重的课业负担之外，热衷于通过微博、微信、头条等方式获取信息的人越来越多，经典阅读、纸质书籍已渐行渐远，随之而来的是思维的碎片化、语言的单一化。应该说，"整本书阅读与研讨"这一学习任务群的设计，能够有效促进高中生语文学习方式的转变，有利于学生回归经典，接受优秀传统文化和先进文化的熏陶，有利于培养学生的语文核心素养。

　　哈密市张茗弈高中语文教学能手培养工作室积极探讨语文新课程标准内容，并在教学实践中努力践行新课程标准精神。此次，我们把《红楼梦》作为"整本书阅读与研讨"的学习对象，力争通过我们的导引设计，为学生阅读《红楼梦》一书扫除字词障碍；通过我们的赏析示例，使学生管中窥豹，初步领略古典名著的艺术魅力。为此，工作室全体成员齐心协力，建言献策；同时，工作室充分发挥辐射引领作用，带动了哈密市第八中学一批优秀的中青年语文教师共同完成此项工作。正是有了大家的诚心诚意，通力合作，精益求精，才有了《伴读〈红楼梦〉》一书的面世。

　　在此，对悉心参与本书编写、修订工作的各位同人表示衷心感谢！

　　本书的顺利出版得益于哈密市第八中学校领导和工会的大力支持，在此一并表示衷心感谢！

张茗弈

2021年11月30日